ELISABETH IN MARBURG
DER DIENST AM KRANKEN

ELISABETH IN MARBURG
DER DIENST AM KRANKEN

Eine Ausstellung des Universitätsmuseums für Kunst und Kulturgeschichte Marburg
im Auftrag des Landes Hessen unter Mitwirkung des Landeswohlfahrtsverbandes Hessen,
der Emil-von-Behring-Bibliothek für Geschichte und Ethik der Medizin
und des Bildarchivs Foto Marburg
24. März bis 25. November 2007 Landgrafenschloss Marburg

Gesamtleitung
Dr. Paul Jürgen Wittstock

Wissenschaftlicher Beirat
Prof. Dr. Ursula Braasch-Schwersmann
Dr. Andreas Hedwig

Ausstellung

Kuratorin
Katja Wehry M. A.

Wissenschaftliche Leitung
Dr. Rainer Atzbach M. A.
Prof. Dr. Gerhard Aumüller
Natascha Noll M. A.
Prof. Dr. Irmtraut Sahmland
PD Dr. Christina Vanja

Technische und konservatorische Leitung
Ulrich Ostendorf

Aufbau
Wolfgang Baumann, Jürgen Katz,
Adriana Markantonatos,
Ulrich Ostendorf, Klaus Rösser

Design
EigenArt – Gabriele Rudolph / Thomas Neutze

Sekretariat
Maria Katz

Katalogbuch

Redaktion
Dr. Paul Jürgen Wittstock

Gestaltung und Satz
EigenArt – Gabriele Rudolph / Thomas Neutze, Marburg
Umschlag unter Verwendung einer Zeichnung von Alissa Theiß,
die »Mantelspende« auf der Marburger Elisabeth-Glocke

Druck und Bindung
Bing & Schwarz, Kassel

ISBN 3-925430-49-0

Inhaltsverzeichnis

6   Grußwort

8   Vorwort

Rainer Atzbach (Bearbeiter)
10   **Elisabeth**
     Das Hospital in Marburg

Christa Meiborg
66   Die Ausgrabungen an der West- und Südseite
     der Elisabethkirche in Marburg

Natascha Noll
74   Medizin und der Dienst am Kranken im Mittelalter

Irmtraut Sahmland
94   Das Hessische Hohe Hospital Haina
     in der frühen Neuzeit

Christina Vanja
134   Das Krankenhaus im 18. bis 20. Jahrhundert

Gerhard Aumüller, Matthias Mengel, Friedhelm Schuber
174   Behandeln, Leben und Sterben im modernen Krankenhaus

Marion Kohl-Eckardt
210   Seelsorgerliche Begleitung von kranken und sterbenden
     Menschen in der Universitätsklinik

Grußwort

Es war nicht nur in den Augen der Zeitgenossen ein fast unvorstellbarer Vorgang, dass die heilige Elisabeth, ungarische Königstochter und Landgräfin von Thüringen, sich als Witwe der Pflege bedürftiger und vor allem kranker Menschen verschrieben hatte. Den Fürstensitz auf der Eisenacher Wartburg hatte sie verlassen, um in Marburg ein Hospital zu gründen, in dem sie sich ohne hinderliche Bindungen der tätigen Nächstenliebe in der Nachfolge Christi hingeben konnte.

Zur 800. Wiederkehr des Jahres ihrer Geburt möchten wir 2007 durch eine Sonderausstellung an die Marburger Jahre der Heiligen erinnern, die 1231 mit ihrem frühen Tod endeten. Das von Elisabeth gegründete Hospital war ab 1970 Ziel einer Grabung, deren noch nicht publizierten Ergebnisse in der Ausstellung und dem sie begleitenden Katalogbuch erstmals dokumentiert werden, zusammen mit den ersten Erkenntnissen aus der jüngsten, noch nicht abgeschlossenen Grabung.

Mit dieser Hospitalgründung hat die Heilige eine Tradition der Krankenpflege in Marburg begonnen, die bis zur Gegenwart reicht. Es scheint daher kein Zufall zu sein, dass der erste Hospizdienst in Deutschland 1974 in Marburg gegründet wurde, um sterbende Menschen und ihre Angehörigen in dieser schweren Situation zu unterstützen. Auch die Gründung der »Elisabeth von Thüringen-Akademie für Gesundheitsberufe« an den Kliniken in Gießen und Marburg steht in der beschriebenen Tradition.

Frau Prof. Dr. Ursula Braasch-Schwersmann, Direktorin des Hessischen Landesamtes für geschichtliche Landeskunde, Herrn Dr. Andreas Hedwig, Leitender Archivdirektor am Hessischen Staatsarchiv, und Herrn Dr. Paul Jürgen Wittstock, Direktor des Universitätsmuseums, (alle Marburg) danke ich sehr herzlich für die Realisierung des Vorhabens.

Udo Corts
Hessischer Minister
für Wissenschaft und Kunst

Danksagung

Wir danken herzlich allen Institutionen, Firmen und Privatpersonen, die uns durch ihre Bereitschaft, Leihgaben zur Verfügung zu stellen, durch intensive Beratung, durch Hinweise und Ratschläge, und auf andere Weise geholfen haben. Insbesondere:

Frau Prof. Dr. Inge Auerbach, Marburg

Deutsches Medizinhistorisches Museum Ingolstadt
Frau Prof. Dr. Dr. Christa Habrich, Herrn Michael Kowalski

Diakoniekrankenhaus Marburg-Wehrda – Schwester Sabine Buck

Elisabethgemeinde – Pfarrerin Ulrike Börsch

Fachdienst Kultur der Stadt Marburg – Frau Karin Stichnothe-Botschafter

Foto Marburg – Herrn Horst Fenchel

Freunde des Marburger Universitätsmuseums – Herrn Horst Piringer

Germanisches Nationalmuseum, Nürnberg
Herrn Gen. D. Prof. Dr. G. Ulrich Großmann

Frau Maria Hinz, Friedberg

Hochschulrechenzentrum der Philipps-Universität

Freies Institut für Bauforschung und Dokumentation, Marburg

Johannitermuseum Ritterhaus Bubikon
Frau Daniela Tracht M.A., Herrn Präsident Adolf Burkhardt

Krankenhaus Sachsenhausen – Oberin Johanna Achenbach

Schwester Edith Ludwig, Marburg

Marburg Tourismus und Marketing GmbH

Dr. Johannes Gottfried Mayer, Würzburg

Museen der Stadt Bamberg – Dr. Regina Hanemann

Pharmakognostische Sammlung der Philipps-Universität Marburg

Glocken- und Kunstgießerei Rincker, Sinn

Frau Dr. Barbara Rumpf-Lehmann, Marburg

Frau Dr. Katharina Schaal, Marburg

Stadtmuseum Gütersloh – Herrn Dr. Rolf Westheider

Technologie Transfer Marburg e.V. – Herrn Dr. Ruweeza

Universitätsklinikum Marburg-Gießen

Verein für Hessische Geschichte und Landeskunde

Zentrum für Graphische Datenverarbeitung, Darmstadt

3D Sales Technologie GmbH – Herrn Dr. Bernd Kehrer

Vorwort

2007 jährt sich der Geburtstag der heiligen Elisabeth zum 800. Male. Schon zur Zeit ihres kurzen Lebens hochverehrt, wurde nach ihrem Tod die Grabstätte in Marburg zum Ziel vieler Pilger.

Über die Jahrhunderte hinweg haben sich die Formen der Verehrung verändert, sie ist aber nie erloschen. Elisabeth ist immer eine volkstümliche Heilige gewesen. Als Königstochter und Landgräfin hat sie sich den Kranken und Bedürftigen zugewandt, nicht als lästige Pflichterfüllung, sondern als Auftrag aus christlicher Nächstenliebe heraus.

Nachdem ihr 750. Todestag in Marburg, ihrem Sterbeort, 1981 durch eine eigene Ausstellung gewürdigt wurde, wird der 800. Geburtstag vor allem in unserer Thüringer Partnerstadt Eisenach durch eine Thüringer Landesausstellung festlich begangen und damit an dem Ort, an dem Elisabeth den größten Teil ihres Lebens zugebracht hat. Das Land Hessen unterstützt dieses Projekt nach Kräften, will aber auch nicht darauf verzichten, im hessischen Marburg eine Referenzausstellung als spezifisch hessischen Beitrag zum Elisabethjahr zu zeigen. Da Leben, Bedeutung und Wirkung der Heiligen in der Eisenacher Ausstellung »Elisabeth von Thüringen – Eine europäische Heilige« dargestellt werden, widmet sich die Marburger Ausstellung nur einem, für diesen Ort aber besonders wichtigen Aspekt, der Gründung des Hospitals durch Elisabeth außerhalb der Stadt. Hierzu werden neuere und neueste Ausgrabungsfunde erstmals herangezogen.

Die damit begründete Tradition der Krankenpflege in Marburg reicht bis zum heutigen Tag und schließt die medizinische Versorgung wie die Betreuung durch Pflegepersonal, das für ganz Hessen in Marburg ausgebildet wird, ein. Deshalb soll die Marburger Ausstellung Behandlung und Pflege von den Zeiten der Heiligen bis in die Gegenwart skizzieren, die Unterbringung der Kranken im »Hohen Hospital« Haina und die Entwicklung des modernen Krankenhauses. Den Abschluss bildet die aktuelle Diskussion um Leben und Sterben im Krankenhaus der Gegenwart. Das Wirken der heiligen Elisabeth wird gerade in einer solchen Perspektive wieder lebendig und richtet an uns die Frage, wie wir dem Anspruch eines solchen Vorbildes gerecht werden können.

Stellvertretend für alle Mitarbeiter danke ich Frau Katja Wehry M. A., die mit großem Engagement und Umsicht die verschiedenartigen Anregungen zur Ausstellung aufgegriffen und in eine Gesamtkonzeption eingearbeitet hat.

Ein weiterer Dank gilt Frau Prof. Dr. Braasch-Schwersmann vom Hessischen Landesamt für geschichtliche Landeskunde und Herrn Dr. Andreas Hedwig, Hessisches Staatsarchiv Marburg, die mit der Realisierung des Gesamtvorhabens und der Koordination des Projekts befasst waren.

Marburg, März 2007

Dr. Paul Jürgen Wittstock, Direktor des Universitätsmuseums
für Kunst und Kulturgeschichte

Holzschnitt aus der
»Cronica sanct Elisabet«,
Erfurt 1520

ELISABETH
Das Hospital in Marburg

Bearbeitet von Rainer Atzbach

Abb. 1: Elisabeths Geburt, liegend ihre Mutter Gertrud, rechts König Andreas von Ungarn

Elisabeth von Thüringen – kurze Übersicht über ein kurzes Leben

Elisabeth von Thüringen zählt zu den in Deutschland am meisten verehrten Heiligen. Sie wurde im Jahr 1207, nach späterer Überlieferung am 7. Juli, in Ungarn geboren. Der genaue Geburtsort ist unbekannt. Angenommen werden die Burg Sárospatak oder Etzeburg-Althofen. Ihre Eltern waren König Andreas II. von Ungarn und seine Gemahlin Gertrud von Andechs-Meranien. Auf Grund politischer Beziehungen zwischen Elisabeths Onkel Ekbert von Andechs-Meranien, Bischof von Bamberg, und dem Landgrafen Hermann I. von Thüringen aus der Familie der Ludowinger wird Elisabeth schon als Säugling dessen erstgeborenem gleichnamigem Sohn versprochen. Mit der Verheiratung wollten die staufisch gesonnenen Reichsfürsten den ungarischen König als Bundesgenossen gegen den welfischen König Otto IV. gewinnen.

Abb. 2: Die Burg Sárospatak

1211 wird Elisabeth bereits im Alter von vier Jahren mit einer ansehnlichen Mitgift auf die Wartburg an den Hof des Landgrafen von Thüringen gebracht und mit ihrem zukünftigen Mann verlobt. 1213 wird ihre in Ungarn verhasste Mutter Opfer eines Mordanschlages. Drei Jahre später stirbt Elisabeths Verlobter. Beide Ereignisse erschütterten das Beziehungsgeflecht der Ludowinger und stellten Elisabeths Zukunft in Frage. Nach einigem Hadern wird sie jedoch schließlich dem nun erbberechtigten zweiten Sohn Hermanns I., Ludwig, versprochen, der ab 1217 als Landgraf von Thüringen und Pfalzgraf von Sachsen regiert. Die Hochzeit wird 1221 vollzogen, zu diesem Zeitpunkt ist Elisabeth 14 Jahre alt und nach fränkischem Recht volljährig. Schon ein Jahr darauf wird ihr erster Sohn Hermann geboren. 1223 folgt die Geburt der Tochter Sophie (eigentlich: Sophia), die spätere Herzogin von Brabant.

Im gleichen Jahr wird Elisabeth durch den franziskanischen Laienbruder Rodeger mit den Idealen des Franz von Assisi vertraut gemacht, worauf sie sich entschließt, getreu diesen Idealen ein Leben in freiwilliger Armut, Selbsterniedrigung und tätiger Nächstenliebe zu führen. Ihr Ehemann unterstützt diesen Entschluss. So kommt es, dass Elisabeth und Ludwig 1223 gemeinsam ein Hospital in Gotha gründen. 1224/25 fördert Elisabeth die Niederlassung der Franziskaner in Eisenach, eine der frühesten in Deutschland.

Als in Thüringen im Jahr 1226 eine Hungersnot ausbricht, gründet Elisabeth ein Hospital am Fuße der Wartburg, in dem sie selbst bei der Pflege der Kranken mitwirkt.

Schon 1225 kam der Prediger Magister Konrad von Marburg an den thüringischen Hof, um für den schon lange geplanten Kreuzzug zu werben, an dem auch Elisabeths Ehemann Ludwig teilnehmen wollte. Konrad von Marburg stammte aus dem hessischen Ministerialadel, wahrscheinlich aus dem Marburger Raum, wie sein Name andeutet. Er war päpstlich bevollmächtigter Kreuzzugprediger und Inquisitor. 1226 macht Elisabeth mit Ludwigs Zustimmung Konrad zu ihrem Beichtvater und gelobt ihm ein Leben in strenger Askese und geistiger Disziplin, er verlangt von ihr außerdem Gehorsam und Eheverzicht, falls Ludwig sterben sollte, und machte ihr zur Auflage, nichts in Anspruch zu nehmen, was auf unrechtmäßiger Eintreibung beruhte. Dies führte gerade am prunkvollen Thüringer Hof zu großen Konflikten, da erhebliche Teile des luxuriösen Lebensstandards auf Pflichtabgaben beruhten. Elisabeths – von Ludwig stets unterstützte – Ablehnung ihrer Teilhabe war ein offener Affront gegen die übrige Hofgesellschaft.

1227 stirbt Ludwig auf dem Kreuzzug bei der Überfahrt von Otranto nach Palästina an einer Seuche, kurz danach bekommt Elisabeth ihr drittes Kind, die Tochter Gertrud.

Elisabeths Schwager Heinrich Raspe übernahm schon bei Ludwigs Abreise die Regentschaft in Thüringen. Aus Angst vor Elisabeths unbegrenzter Freigebigkeit und deshalb in berechtigter Sorge um den Bestand der Landgrafschaft verweigerte Heinrich Raspe Elisabeth die Herausgabe ihres Witwenerbes (Wittum) und räumte ihr lediglich die Teilnahme an der landgräflichen Tafel an. Dies kam vor dem Hintergrund von Konrads Befehlen einem Speiseverbot gleich. Nach einem Streit über die Güter verließ Elisabeth im Winter mit ihren beiden Hofdamen die Wartburg. Dieser Auszug markiert den Wendepunkt in ihrem Leben: Während sie sich selbst ganz der Nachfolge Christi widmet, bleiben ihre Kinder in das adlige Umfeld integriert und wachsen innerhalb der konventionellen Normen auf.

Im Frühling 1228 trifft sie in Eisenach Konrad von Marburg und äußert den Wunsch, von nun an als Bettlerin zu leben. Konrad lehnt dies allerdings ab, woraufhin Elisabeth eigenmächtig am Karfreitag das Entsagungsgelübde ablegt.

In dieser offenen Situation griff die Familie ihrer Mutter ein: Ihr Onkel, Bischof Ekbert, lässt sie auf Burg Pottenstein bei Bamberg verbringen und dort festsetzen, um sie zur Wiederverheiratung zu drängen. Die Überführung von Ludwigs Leichnam in das Familienkloster Reinhardsbrunn ermöglichte Elisabeth, sich der Aufsicht ihres Onkels zu entziehen. Konrad von Marburg, der mittlerweile von Papst Gregor IX. zu ihrem Beschützer ernannt wurde, errang für Elisabeth in zähen Verhandlungen eine Entschädigung: Sie erhielt eine Abfindung von 2000 Mark sowie Ländereien in Marburg zum Nießbrauch. Hier ließ Elisabeth ein Hospital errichten, in das sie 1228 übersiedelte; auch wenn sie dem Vorbild des heiligen Franziskus folgte, wurde sie nie Franziskanerin. Vielmehr erneuerte sie ihr Gehorsamsversprechen an Konrad und begann ihr zweites Leben im grauen Gewand als »soror in saeculo«, Schwester in der Welt. In Marburg widmete sie sich bis weit über die Grenze der Selbstaufopferung der Armen- und Krankenfürsorge. Sie legte persönlich auch bei den abstoßendsten Fällen liebevoll mit Hand an, trat aber durchaus auch mit großer Härte und Entschlossenheit, ganz Fürstin, für das Christentum ein – bis hin zu Schlägen für Beichtunwillige.

Die selbst auferlegte enorm hohe Arbeitsbelastung, die kärgliche Kost, der enge, aufopferungsvolle Umgang mit Kranken, die harten Bußübungen und Züchtigungen (beides Ausdruck der zeitgenössischen Religiosität), all dies zehrte an Elisabeths Gesundheit. Von tiefer Schwäche befallen, starb sie in der Nacht vom 16. zum 17. November 1231 in ihrem Wohnhaus vor den Toren von Marburg. Ihre eigentliche Wirkungsgeschichte jedoch beginnt in dieser Nacht.

Mit Spaten und Bagger auf der Suche nach Elisabeth

Anfang der 1970er Jahre verfolgte die Marburger Stadtplanung das Ideal der »autogerechten Stadt«. Ein wichtiger Baustein hierzu war die Verrohrung des Unterlaufs der Ketzerbach. Bis zum Herbst 1970 floss der Unterlauf des

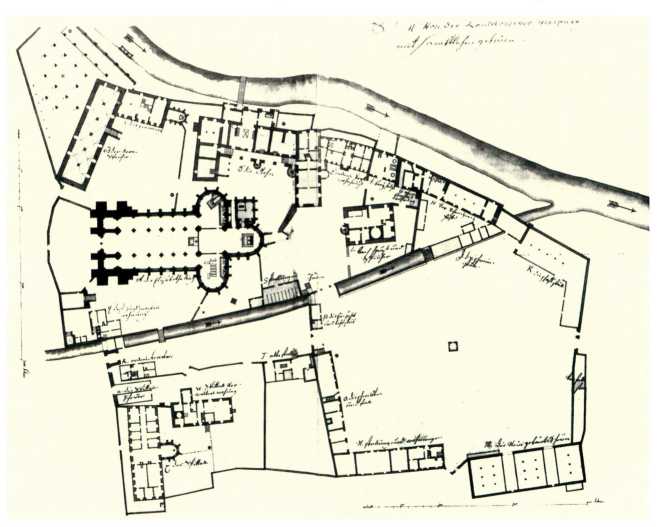

Abb. 3: Der Deutschordensbezirk im frühen 18. Jahrhundert. Die Ketzerbach verläuft südlich der Elisabethkirche im Bereich der heutigen Deutschhausstraße.

Abb. 4: Das Grabungsteam 1970/71. Am Schubkarren H. Repp, darin M. Motzer, mit Hut: U. Mozer, dahinter links K.-W. Beinhauer, rechts H.-H. Wegner, hinten rechts mit Brille W. Schwellnus

Marbachs offen inmitten der Straße Ketzerbach und in der Trasse der heutigen Deutschhausstraße südlich an der Elisabethkirche vorüber. Im Zuge der Baumaßnahmen verschwand der Bach aus dem Straßenbild. Die Rohrleitung sollte teilweise im Bohrvortrieb, überwiegend aber als offene Schachtung quer durch das ehemalige Deutschordensgelände nördlich der Elisabethkirche verlegt werden.

Schon bald regte sich der Widerstand historisch interessierter Marburgerinnen und Marburger, die völlig zu Recht einen zerstörerischen Eingriff in das »unterirdische Archiv« ihrer Stadt erkannten. Schließlich intervenierte der Landeskonservator, Vorgänger des heutigen Landesamtes für Denkmalpflege, und führte mit finanzieller Unterstützung der Stadt eine Ausgrabung im Vorfeld der Bauarbeiten durch. Am 28. September 1970 begann auf insgesamt 650 qm die bis heute größte archäologische Untersuchung im Marburger Stadtgebiet.

Die Grabungsleitung »Franziskuskapelle« wurde dem angehenden Historiker Ubbo Mozer übertragen, der als Mitarbeiter bei archäologischen Untersuchungen auf dem Christenberg bereits erste Grabungserfahrungen gesammelt hatte, sein Team bestand aus Studierenden des Vorgeschichtlichen Seminars und abgeordneten Arbeitern der ausführenden Baufirma. Die Archäologie stand von Anfang an in einem harten Wettlauf mit den Rohrverlegungsarbeiten – die Lage spitzte sich sogar bis zu einem gewaltsamen Zusammenstoß zwischen Baufirma und Grabungsteam zu, der mit einem Polizeieinsatz zur Erhaltung der Befunde beendet werden musste.

Obwohl die Rahmenbedingungen somit alles andere als günstig waren, konnten große Teile der gefährdeten Fläche geordnet untersucht und durchaus dem damaligen Standard entsprechend dokumentiert werden. Seit dem Ende der Grabungen am 25. Juni 1971 bemühte sich Ubbo Mozer um eine Finanzierung der Auswertung, die allerdings dreißig Jahre nicht zustande kam: Bis zu seinem Tode 2001 erschienen nur kurze Vorberichte. Während der aufgehende Bestand der Elisabethkirche kontinuierlich Gegenstand der kunsthistorischen Diskussion blieb, wurden archäologische Quellen lange Zeit nicht herangezogen. Erst gegen Ende des 20. Jahrhunderts begleitete das Landesamt für Denkmalpflege Hessen unter Leitung von Christa Meiborg den Einbau einer neuen Heizanlage archäologisch, dies war zugleich die erste, modernen Ansprüchen genügende Untersuchung. Seit 2006 beaufsichtigt sie die neuen Ausgrabungen im Zuge der Umgestaltung des Vorplatzes der Elisabethkirche.

Die Ergebnisse dieser Grabungen, die bis in Elisabeths Alltag vorstießen, bilden ein zentrales Thema der Ausstellung »Elisabeth in Marburg. Der Dienst am Kranken«. Die Funde und die Grabungsdokumentation der bislang weitgehend unbearbeiteten ersten Grabung wurden im Rahmen einer mehrteiligen Lehrveranstaltung am Vorgeschichtlichen Seminar der Philipps-Universität Marburg ausgewertet An dieser Stelle ist Herrn Dr. Günther Junghans, bis 2006 Leiter der Vorgeschichtlichen Abteilung des Universitätsmuseums für Kunst und Kulturgeschichte, für die Sicherung der Dokumentation zu danken. Er erhielt sie als Nachlass des einstigen Grabungsleiters mit der Bitte um Auswertung. Der Dank gilt auch den Studierenden des Vorgeschichtlichen Seminars und fachlich nahe stehender Institutionen, die in den vergangenen zwei Jahren mit großer Einsatzfreude an der Auswertung und der Vorbereitung der Ausstellung mitwirkten.

Der ausgewertete Bestand umfasst knapp 700 Fundkisten, die Dokumentation 25 A6-Notizbücher, 10 Fundzettelblöcke und ein umfangreiches Planwerk zu den insgesamt 26 Grabungsschnitten. Obwohl geringe Spuren einer vorgeschichtlichen Besiedlung erfasst wurden, liegt der Schwerpunkt der Funde klar in Mittelalter und Neuzeit. Offensichtlich wurde das Gelände erst seit Elisabeths Ankunft 1228 intensiver genutzt. Das Spektrum der erst im Zuge der Auswertungsarbeiten entdeckten archäologischen Quellen reicht von jenen »Häuschen aus Lehm und Holz«, die bislang nur aus den Berichten zu Elisabeths Leben bekannt waren, über einen hochmittelalterlichen Pilgerfriedhof bis hin zur Bautätigkeit des Deutschen Ordens. Dessen Engagement ist es zu verdanken, dass in Marburg die Elisabethkirche und eine der größten Niederlassungen überhaupt zwischen 1235 und 1500 errichtet wurden. Zahlreiche Funde erhellen den Alltag der Heiligen, der Deutschordensbrüder und auch der Marburger Bürger, die bis zum Ende des Alten Reiches gern gesehene Gäste der hiesigen Weinstube waren, die nördlich der Elisabethkirche im einstigen Ordensspital, der Firmanei, betrieben wurde. In den folgenden Kapiteln werden einzelne Aspekte dieser archäologischen Ausgrabungen vorgestellt und erläutert.

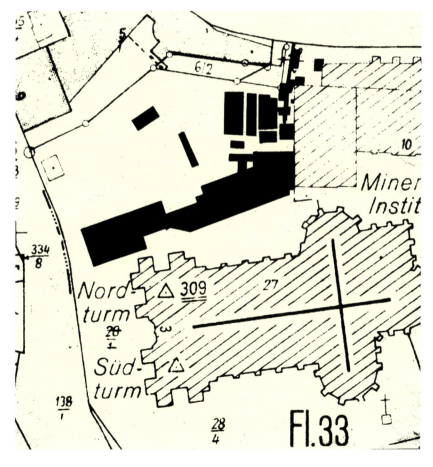

Abb. 5: Die Lage der Grabungsschnitte von 1970/71 nördlich der Elisabethkirche

Das »Bußkleid der heiligen Elisabeth«

In der Pfarrkirche von Oberwalluf im Rheingau wird das so genannte Bußkleid der heiligen Elisabeth verwahrt. Der Legende nach soll der heilige Franziskus dieses Gewand Elisabeth geschenkt haben. Nach örtlicher Tradition gelangte es zunächst in das Deutschordenshaus Weißenburg (Elsaß) und von dort in das Frauenkloster Tiefenthal bei Eltville, das tatsächlich seit 1237 enge Beziehungen zum Deutschen Orden unterhielt und auch »Elisabenthal« genannt wurde. Bei Aufhebung des Klosters schenkte 1803 Fürst Carl von Nassau-Usingen die Reliquie der Pfarrkirche von Oberwalluf.

In der Marburger Ausstellung wird eine wissenschaftliche Rekonstruktion des ursprünglichen Zustandes gezeigt, vom Original ist nur die Hälfte erhalten. Einst handelte es sich um ein vornehmes, bodenlanges Wollkleid, das vermutlich lange Ärmel besaß und gegürtet war. Das Original wurde 1976 im Württembergischen Landesmuseum restauriert, gereinigt und mit einem braunen Stoff unterlegt. Der runde Halsausschnitt und alle Schnittkanten wurden im Zuge von Konservierungsarbeiten mit braunem Leinenstoff eingefasst, Reste der linken Seitenkeile sind mit einer neueren Naht an die verbliebene Hälfte der Rückenbahn angefügt.

Im Laufe der Jahrhunderte wurden immer wieder Stoffstücke abgeschnitten und zur Verehrung an Kirchen oder Klöster weitergegeben. Heute fehlt daher am Original fast die ganze linke Hälfte des Kleides, dazu der ursprüngliche Abschluss am Saum und am Hals. Die Länge vorne beträgt noch 135 cm, hinten 143 cm. Vom rechten Ärmel ist nur die obere Hälfte erhalten. Die Oberfläche des einst naturfarbenen, allenfalls hellbraunen Stoffes (Fadenzahl: 19 pro cm in der Kette, 14 pro cm im Schuss) ist durch und durch mit Löchern versehen und im Lauf der Zeit nachgedunkelt. Die Schnittkanten sind sehr unregelmäßig, stellenweise ist der Stoff stark ausgezogen. Die Nähte sind einfache Überwendlichstiche über die übereinandergelegten Kanten hinweg, der Nähfaden ist weißer Leinenfaden. Die Schnittkanten wurden bei der Reduzierung des Kleides mit braunem Leinenband und Schlingstichen in blauem Faden eingefasst und gesichert. Unter dieser Sicherung befinden sich noch Reste eines alten braunen Leinenfutters. Fraglich ist, wann dieses Futter eingenäht wurde, wahrscheinlich handelt es sich um eine nachträgliche Maßnahme zum Schutz der Reliquie.

Das Kleid wurde aus einer geraden, rechteckigen Vorder- und Rückenbahn angefertigt, die seitlich jeweils mit zwei Einsatzkeilen erweitert wurde. Die Ärmel bestehen aus einem Hauptteil mit Einsatzkeil und sind oben mit einer leichten Ärmelkugel versehen. Ärmel- und Halsausschnitt sind an die Körperform angeglichen, auch die Schulternähte folgen der natürlichen Anatomie. Am Original befindet sich zwar in Höhe des Schlüsselbeines ein senkrechter Vorderverschluss, der mit Knöpfen und Schlaufen oder aber mit Bändchen zu rekonstruieren ist, er muss aber nicht zum ursprünglichen

Abb. 6: Wissenschaftliche Rekonstruktion des so genannten Bußkleides

Schnitt gehören. Im Oberschenkelbereich der Reliquie zeigen sich kurze, vertikal verlaufende scharfe Falten. Möglicherweise handelt es sich dabei um Falten, die durch das Zurechtzupfen des Kleides entstanden sind, andererseits ergaben Trageversuche der Rekonstruktion eine ähnliche Faltenbildung. Die häufig auf historischen Abbildungen sichtbaren Faltenwürfe erweisen sich somit nicht – wie einst in der Kunstgeschichte vermutet – als künstlerische Stilfigur, sondern als echte Gebrauchsspur.

Ein tiefer Umbruch: Die neue Frömmigkeit um 1200

Für Frauen gab es bis um 1200 nur sehr begrenzte Möglichkeiten, ein gottgeweihtes Leben zu führen. Reine Frauenklöster sowie Doppelklöster, in denen Frauen und Männer getrennt, aber in Gebetsgemeinschaft lebten, bestanden zwar schon im 4. Jahrhundert. Sie richteten sich seit dem 6. Jahrhundert meist nach der Regel, die Benedikt von Nursia um 540 aufgestellt hatte, um das klösterliche Leben zu ordnen. Die wichtigsten Punkte dieser Regel waren Keuschheit, Gehorsam und Verzicht auf eigenen Besitz. Die Regel wurde bald ausgeweitet und gebot den Nonnen und Mönchen, in strenger Klausur zu leben und ihr Kloster nicht zu verlassen. Sie gewährleistete damit die »stabilitas loci«: Nonnen beziehungsweise Mönche blieben für den Rest ihres Lebens ihrer Klostergemeinschaft treu und hielten sich in der Abgeschlossenheit (= »claustrum«) ihres Klosters auf. Nahezu alle Orden folgten der Benediktregel, als Sonderform existierten seit dem 9. Jahrhundert Stifte, in denen sich vor allem an Bischofskirchen Weltgeistliche ordensähnlich zusammenschlossen, aber durch die von ihnen geforderte Predigt für Laien weltzugewandter lebten, dies äußerte sich insbesondere durch die zunehmende Duldung eigenen Vermögens.

Die Organisation als Stift war besonders für die Unterbringung adliger Frauen attraktiv, da es eine Kombination aus Erziehungs- und Verwahrinstitution darstellte, die auch im Falle der Nichtverehelichung ein standesgemäßes Leben überzähliger Töchter ermöglichte: Die in den Stiften lebenden Kanonissen hielten sich an von Gegend zu Gegend variierende Regeln, die jedoch nicht so streng waren wie die Klosterregeln. So durften sie eigenen Besitz behalten, verfügten über eigene Räumlichkeiten innerhalb des Stifts und, was den größten Unterschied zum Leben der Nonnen darstellte, sie mussten kein Gelübde zur lebenslangen Ehelosigkeit ablegen, sondern konnten im Zuge der familiären Heiratspolitik bei Bedarf verehelicht werden. Vor allem dieser Punkt aber führte zu einer, seit dem 11. Jahrhundert immer lauter werdenden Kritik am Leben der Kanonissen seitens der Kirche. Den Stiftsdamen wurde vorgeworfen, ein unkeusches Leben zu führen. So kam es im 12. Jahrhundert zur Auflösungen von Stiften und zur Umwidmung der Gebäude in Mönchsklöster. Die verbleibenden Stifte wurden in ihren bisherigen »Freiheiten« stark eingeschränkt, die Regeln verschärft. Diese Entwicklung erfasste auch die Nonnenklöster. Den Frauen wurde von der Kirchenobrigkeit verboten, mit männlichen Ordensangehörigen ihren religiösen Praktiken nachzugehen, was zur Auflösung der Doppelklöster führte. Die bestehenden Nonnenklöster wurden entmündigt, indem sich ihre zuvor selbstständigen Äbtissinnen nun zum Gehorsam gegenüber einem Propst oder dem Abt eines benachbarten Mönchsklosters verpflichten mussten.

Im 12. Jahrhundert wandten sich zwei neue Orden der Frauenseelsorge zu: die Prämonstratenser und die Zisterzienser. Der Prämonstratenserorden, der getreu dem Armutsideal lebte, wurde 1120 von Norbert von Xanten gegründet. Anfänglich nahm er auch Frauen auf, die aber nach erheblich strengeren Vorschriften leben mussten als die Männer. Trotzdem schlossen sich viele Frauen dem Orden an. Die Reformen unter Gregor VII. lösten eine wachsende Frömmigkeitsbewegung aus, der sich auch zunehmend Frauen anschlossen: Im 12. und besonders im 13. Jahrhundert entstand in den stärker verstädterten Regionen Norditaliens und Südfrankreichs vor dem Hintergrund des zuerst hier sichtbar werdenden Elends breiter Bevölkerungsteile eine neue Frömmigkeitsbewegung. Sie erfasste ganz Europa und übte nördlich der Alpen besonders auf adlige Frauen eine große Anziehungskraft aus. Menschen, die sich dieser neuen Frömmigkeit widmeten, suchten eine individuelle Heilserfahrung, die auch ohne die Vermittlung eines Priesters ablaufen konnte. Der zentrale Akt der Selbstheilung war die praktizierte Nachfolge Christi in der Welt. Sie ließ sich nicht nur durch ein Leben in christlicher Nächstenliebe verwirklichen, sondern vor allem durch persönliche Armut, Gebet und Bußfertigkeit. Die Zuwendung galt den Bedürftigen, um auch in tätigen Werken die eigenen Sünden zu reduzieren und so einen Platz im Himmelreich zu gewinnen.

Abb. 7: San Francesco in Assisi: Der heilige Franz predigt den Vögeln, um 1290/1300

Der mit diesem Zustrom weit überforderte Prämonstratenserorden verweigerte ab dem Ende des 12. Jahrhunderts die Aufnahme weiterer Frauen. Dies lenkte eine wachsende Zahl von Frauen zum 1098 gegründeten Zisterzienserorden, der als erster Orden auch Laien offen stand; die so genannten Konversen betrieben die Eigenwirtschaft dieses Ordens, aber nahmen auch am Gebet teil. Allerdings wurde auch die Gründung von Zisterzienserinnenklöstern zunehmend eingeschränkt.

Ab dem späten 12. Jahrhundert entstanden auch wegen der zunehmenden Abschließung der Klöster zahlreiche Laiengemeinschaften, die predigend durch die Lande zogen oder sich der Pflege von Bedürftigen zuwandten. Freilich gerieten viele dieser Gemeinschaften mit der Kirchenlehre in Konflikt und bewegten sich am Rande der Ketzerei. Einige fanden dagegen einen Mittelweg und wurden in die kirchliche Ordnung eingebunden, so entstanden die Bettelorden, vor allem die Franziskaner und Dominikaner. Sie wandten sich der Welt in Form von Seelsorge und Predigt zu, diese jetzt auch erstmals in der Volkssprache. Noch zu Lebzeiten des heiligen Franziskus entwickelte sich der zweite Franziskanerorden, der Frauenorden der Klarissen. Anders als ihre Glaubensbrüder zogen sie nicht bettelnd in der Welt umher (die Predigt war Frauen generell untersagt), sondern lebten konventioneller an einem festen Ort vorwiegend von Bettel und Handarbeit.

Gerade im Umfeld der Bettelorden entstanden fromme Laiengemeinschaften, die die Nähe der Brüder suchten, ohne selbst in den geistlichen Stand einzutreten. Sie blieben auf die Unterstützung der anerkannten Geistlichkeit angewiesen, wollten sie nicht der Ketzerverfolgung zum Opfer fallen. Zahlreiche Frauengemeinschaften lebten nach selbst gewählten Regeln, die jedoch nicht vom Papst als Ordensregeln abgesegnet waren. In der Zeit um 1200 treten vor allem hochadlige Frauen in Erscheinung, die eigene Gemeinschaften ins Leben riefen und ihnen vorstanden, zu ihnen gehört auch Elisabeth von Thüringen. Diese Frauen nannten sich selbst ganz einfach »Schwestern«, häufig werden sie auch als »Beginen« (Männer: »Begarden«) bezeichnet. Das Erscheinungsbild des Beginentums, dem sich zunächst vor allem wohlhabende Frauen anschlossen, war sehr vielfältig. Am Ende des 13. Jahrhunderts wurden für diese Gemeinschaften als neue Organisationsform die Dritten Orden der Franziskaner und Dominikaner geschaffen, womit weite Teile dieser »wilden Entwicklung« in die kirchliche Hierarchie integriert wurden. Im späten Mittelalter entstand eine neue Welle der Armutsbewegung, nun griff das Beginentum besonders auf die bürgerlichen Frauen über. Allen Beginen gemeinsam war der Wunsch nach einem gottgefälligen Leben in der Welt, zu dem Armut, Keuschheit und Dienst am Nächsten gehörten. Sie legten jedoch kein Ordensgelübde ab und genossen auch keinen kirchlichen Schutz. Durch ihre Lebensweise machten sie sich nicht selten der Häresie verdächtig und wurden vor allem im 14. Jahrhundert in verschiedenen Orten verfolgt.

Abb. 8: Jost Amman, »Ein Begin« nach der Ausgabe Frankfurt/Main, 1586

Beginen lebten meist in ordensähnlichen Gemeinschaften in den Städten. Vereinzelt gab es auch Gruppen in ländlichen Regionen oder auch selbstverwaltete Beginenhöfe, die in den Niederlanden bis heute existieren. Daneben traten außerdem separat lebende Beginen auf. Sie widmeten sich der Armenfürsorge und Krankenpflege, betreuten die Alten, leisteten Sterbebegleitung, hielten die Totenwache und besorgten das Totengedächtnis (»Seelschwestern«). Darüber hinaus waren sie in Klöstern wie auch privaten Haushalten als Köchinnen anzutreffen. Sie wuschen auch die Wäsche, erzogen und lehrten die Kinder und bewirteten Pilger. Ihre Haupteinnahmequelle stellte die Arbeit im textilen Gewerbe dar, die sie nicht selten in Konflikte mit den Zünften brachte.

Obwohl Elisabeths Verbundenheit mit den Idealen des Franz von Assisi sie in die Nähe der Bettelorden stellt, bleibt ihre aufopfernde Pflege der Armen und Siechen in einem von ihr selbst gegründeten Hospital ein Sonderweg. Sie gehört somit zwar zur breiten Strömung, die sowohl Bettelorden als auch Beginen hervorbrachte, gestaltete aber kraft ihrer besonderen Stellung und Persönlichkeit einen sehr individuellen Weg. Gerade diese außergewöhnliche Eigenständigkeit, mit der Elisabeth ihr Leben führte – geleitet von ihrem Beichtvater Konrad – ohne dabei jemals an sich selbst zu denken und ohne die Unterstützung einer Ordensgemeinschaft, hat schließlich zu ihrer Heiligsprechung geführt.

Grabungsfunde zum Marburger Hospital

Die schriftliche Überlieferung

Die insgesamt ungewöhnlich gute schriftliche Überlieferung zu Elisabeths Leben lässt auch das Aussehen ihres Marburger Hospitals schemenhaft erkennen: Nachdem Elisabeth die Fertigstellung ihres Hospitals in einer behelfsmäßigen Unterkunft abgewartet hatte, zog sie – nach Caesarius von Heisterbach, einem zeitgenössischen Biografen – in ihre Gründung »außerhalb der Mauern des Ortes Marburg in die Ebene des Tals« um. Der von einem Zaun umschlossene Hospitalbezirk gruppierte sich um einen Hof und umfasste mehrere Fachwerkgebäude, so bestand neben dem für sie »aus Lehm und Holz gebauten Häuschen« das offenbar leidlich geräumige Hospital, auch bezeichnet als »bescheidene Kapelle«, in dem sich nach ihrem Tod »Mönche und viele andere Geistliche aus der ganzen Region versammelten«. Wie für diesen Bautyp üblich, verfügte es über einen Chor mit Altar; in dessen »rechter Ecke« lag Elisabeths Grab, das bereits 1232 ein »sarcophagum«, also wohl eine Tumba, aufwies. Die wiederholt erwähnte wundertätige »Graberde« deutet auf einen Stampflehmboden zumindest um die Tumba herum hin.

Die von Konrad geförderte Verehrung Elisabeths ermöglichte ihm bald die Errichtung einer steinernen Kirche über ihrem Grab. Am 10. August 1232 weihte der Mainzer Erzbischof in dieser im Folgenden als »Konradbau« bezeichneten Kirche zwei Altäre. Der Neubau war dem heiligen Franz von Assisi geweiht, wahrscheinlich hatte er dieses auffällige Patrozinium von Elisabeths erster Kapelle beibehalten.

Mit der Übernahme des Hospitalbezirks durch den Deutschen Orden setzt eine reichhaltige schriftliche Überlieferung ein, die nicht nur die Baugeschichte, sondern mitunter sogar die Ausstattung einzelner Räume erhellt.

Die erste »Ausgrabung« fand am Ende des 18. Jahrhunderts statt: Der im Dienst des Deutschen Ordens stehende Hospital-Verwalter Feyler d.Ä. barg bei Abbruch der im Siebenjährigen Krieg schwer beschädigten Firmaneikapelle, die sich im äußersten Nordwesten des Geländes befand, 1786 ein zinnernes Reliquienkästchen aus dem Schutt des Altarblockes. Der Marburger Gelehrte Karl Wilhelm Justi stellte die wertvolle »Antiquität« sicher, sie gelangte über Umwege Mitte des 20. Jahrhunderts in die Sammlung des Marburger Geschichtsvereins und wird heute als jenes Reliquiar aus Elisabeths erster Kapelle angesehen, in dem Knochensplitter des von ihr besonders verehrten Franz von Assisi verwahrt wurden.

Eine genauere Kenntnis des archäologischen Quellenbestandes ist allerdings erst jenen Ausgrabungen zu verdanken, die der erste Landeskonservator für den nordhessischen Raum, Ludwig Bickell, am Ende des 19. Jahrhunderts und seine Nachfolger im Landesamt für Denkmalpflege Hessen im 20. und 21. Jahrhundert anregten oder durchführten. Im Folgenden sollen vor allem die Ergebnisse der bislang weitgehend unpublizierten Grabung von 1970/71 vorgestellt werden.

Wohn- oder Wirtschaftsgebäude

Im Zentralbereich der Grabungsfläche (siehe Abb. 10) kam die Südwestecke eines Gebäudes zum Vorschein (Bef. 45 und 47). Erhalten waren die flach gegründeten Fundamentmauern der westlichen und der südlichen Hauswand. Die geringe Mauerstärke spricht klar für eine Rekonstruktion des Aufgehenden als Fachwerkbau. In der Flucht der Mauern liegen mehrere Pfostenlöcher, dies legt eine Deutung als Mischkonstruktion zwischen älterem Pfosten- und entwickeltem Ständerbau nahe, bei der bereits eine Schwellriegelkette als unterer Wandabschluss ausgebildet ist, die dachtragenden Hölzer jedoch noch in hergebrachter Weise in den Boden eingegraben waren. Von der Binnenstruktur dieses Gebäudes haben sich einige Pfostensetzungen erhalten: (Abb. 11), der größere Zentralpfosten (Bef. 93) könnte durchaus mit dem Mittelpfosten in der Westwand (Bef. 62) die Firstlinie markieren und eine Firstpfette getragen haben, auf dieser Linie liegt auch der östliche Pfostenstandort (Bef. 90). Grundsätzlich wäre auch eine asymmetrische oder dreischiffige Gliederung nicht auszuschließen: Drei Pfostenlöcher der südlichen Hälfte (Bef. 63, 94 und 96) liegen in einer annähernd zur Südwand parallelen Reihe, die ebenfalls auf den östlichen Pfosten (Bef. 90) fluchten könnte. Die Häufung von Pfostenspuren in der nördlichen Gebäudehälfte (Bef. 97-101) könnte als Einbau gedeutet werden, hier wäre auch eine Querteilung, vielleicht im Verband mit dem bereits angesprochenen inneren Pfosten der südlichen Hälfte (Bef. 93 und Bef. 94) nicht auszuschließen. Die nördliche Hauswand wurde nicht erfasst. Dies spricht für eine Verortung im Bereich des Grabens einer jüngeren Wasserleitung (Bef. 74). Ebenso unsicher ist der Standort der östlichen Hauswand. Leider wurde der fragliche Bereich unbeobachtet mit dem Bagger bis unterhalb der erst später im Nachbarschnitt erkannten Fundamente (Bef. 45 und 47) abgetieft, so dass hier keine Mauerreste, sondern lediglich die besprochenen tiefer gegründeten Pfostenspuren beobachtet werden konnten. Im Südprofil erhielt sich jedoch ein Mauerrest (Bef. 83), der vielleicht mit dem Gebäude in Zusammenhang stand. Es ist jedoch auch nicht auszuschließen, dass die Fundamente der Ostwand des Gebäudes in der Flucht der frühneuzeitlichen

Abb. 9: Das Reliquiar aus dem Schutt der Firmaneikapelle, darin wahrscheinlich Reliquien des heiligen Franziskus, 2. Viertel 13. Jh. Marburger Universitätsmuseum

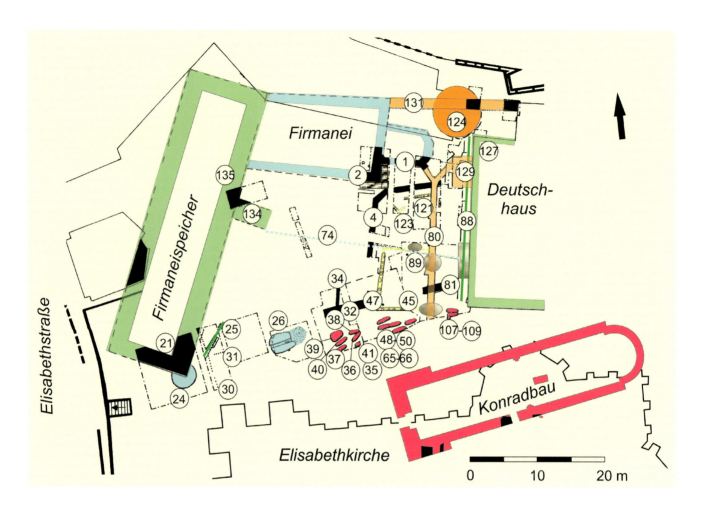

- frühes 13. Jh.
- 2. Drittel 13. Jh.
- spätes 13.- frühes 14. Jh.
- 14. Jh.
- vor 1735
- 19. Jh.

Abb. 10: Übersichtsplan der Grabungsbefunde

Hofmauer (Bef. 80) lagen und bei deren Errichtung tiefgründig abgegraben wurden. Hierfür könnte das nach dem Abbau der Hofmauer entdeckte Pfostenloch (Bef. 96) sprechen. Daraus ergibt sich unter den genannten Vorbehalten eine Grundfläche von etwa 8 m x 8 m. Klarer sind die Befunde zur Erschließung: Nördlich an den Wandpfosten (Bef. 62) schließt sich ein auffallend kleinteiliger, mit Mörtel befestigter Bereich an, bei dem es sich um die Schwellzone des Eingangs handeln dürfte. Unmittelbar vor der Westwand erstreckt sich ein Nord-Süd-verlaufendes Schotterpaket (Bef. 52), das im Norden der Grabungsfläche (vor der Firmaneikapelle) wiederholt erneuert und schließlich durch einen Plattenbelag ersetzt wurde. Im Süden der Grabungsfläche, im Bereich des Friedhofs, blieb die Flucht dieses Schotterpaketes von den Bestattungen ausgespart (Abb. 10, zwischen den Grabgruppen Bef. 35, 36, 38, 41 und Bef. 48-50), es dürfte sich also um eine historische Wegeführung handeln. Im somit durchaus plausiblen Eingangsbereich des Hauses konnte auch ein Ausschnitt des Nutzungshorizontes dokumentiert werden, der an die Westwand angrenzt und nach Osten deutlich abfällt. Dies erlaubt die Zuordnung der in der Osthälfte nachgewiesenen, aber etwas tiefer gelegenen Feuerstelle (Bef. 95), die den Herdplatz anzeigt und somit eine Wohnnutzung des Gebäudes nahelegt.

Zur Dachdeckung sind keine Aussagen möglich, über das gesamte Gelände verteilt fanden sich zwar Schieferabschläge, freilich ist ihre Zuordnung zu jüngeren Perioden oder zum Konradbau nicht auszuschließen, so dass auch nichts gegen ein Strohdach sprechen würde.

Im Norden des Grabungsgeländes fanden sich die Überreste von zwei weiteren Gebäuden: Die frühneuzeitliche Hofmauer (Abb. 10, Bef. 80) überbaut einen grob Ost-West-orientierten Mauerzug (Bef. 121). Zwei Meter südwestlich wurde ein Mauerwinkel dokumentiert (Bef. 123), der in keinem Bezug zum erstgenannten Befund steht. Die Ausführung der beiden Befunde entspricht den Fundamenten des südlichen Ständerbaus, ihnen können jedoch keine weiteren Befunde oder Funde zugeordnet werden.

Einen indirekten Hinweis zur Ausstattung der einstigen Wohngebäude lieferte die Verfüllung der Ausbruchsgrube der älteren Hofmauer (Bef. 4), sie enthielt eine Serie von Spitzkacheln, darunter ein fast vollständig rekonstruierbares Exemplar. Auch in anderen Planierschichten des nordwestlichen Grabungsbereichs fanden sich Kachelfragmente, so dass von der Existenz mindestens eines Kachelofens auf dem Gelände ausgegangen werden kann, der für die Ausstellung rekonstruiert wurde.

Die äußere Umgrenzung der festgestellten Gebäudegruppe ist nicht mehr zweifelsfrei zu bestimmen: Im Westen der Grabungsfläche fanden sich zwei rechtwinklig zueinander stehende Fluchten von Stakenlöchern (Bef. 30 und 31),

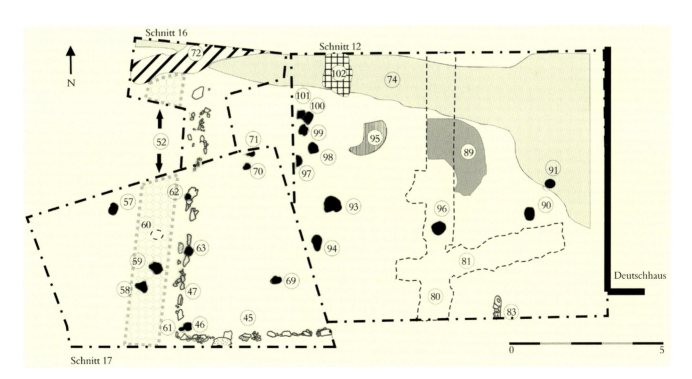

Abb. 11: Übersichtsplan der Grabungsbefunde um den Ständerbau (Bef. 45-47)

die zu einem Flechtwerkzaun gehörten. Ihnen sind keine datierenden Funde zuzuordnen, ihr Verlauf wird jedoch von der Baugrube des Firmaneispeichers (Abb. 10, Bef. 21) überschnitten, der nach Ausweis der Funde aus der von ihm ebenfalls überbauten Glockengussgrube (Abb. 10, Bef. 24) nach dem frühen 14. Jahrhundert errichtet worden sein muss, daraus lässt sich die Rekonstruktion eines umlaufenden Zauns ableiten (Abb. 14: Zaun auf Modell).

Da die Abfolge der in den Grabungsschnitten erfassten Hofmauern (Abb. 10, Bef. 32, 34, 4 und 80 und 81) wahrscheinlich zu spätmittelalterlichen oder frühneuzeitlichen Abtrennungen des öffentlich zugänglichen Firmaneihofes gehört, könnte sich das ursprüngliche Gelände in der Flucht dieses Zauns vielleicht bis an das Ufer des Schwarzen Wassers, ein naher Nebenarm der Lahn, erstreckt haben.

Zur zeitlichen Einordnung der Gebäude

Während den beiden Gebäuderesten im Norden der Grabungsfläche (Bef. 121 und 123) keine Funde zuzuordnen sind, ist das südliche Gebäude genauer zu bestimmen:

Der Nutzungshorizont enthielt Scherben von Kochtöpfen, die in Form und Material in das frühe 13. Jahrhundert zu datieren sind. Dies gilt auch für die Funde aus dem westlichen Mauerfundament. Der offenbar mindestens zweiphasige Fachwerkbau wurde spätestens bei Anlage der Wasserleitung (Bef. 74) abgebrochen, wie die klare Überschneidung im Nordwesten (Abb. 11) zeigt. Die Füllung des Leitungsgrabens bietet neben Keramik aus dem zweiten Drittel des 13. Jahrhunderts mit einer Münze den am besten zu datierenden Einzelfund, Wolfgang Heß bestimmte sie als Wetterauer Prägung von 1260/70. Also kann dieser Leitungsgraben frühestens 1260/70 zugeschüttet worden sein, das heißt, der Fachwerkbau wurde nach 1260/70 abgebrochen. Die Funde aus der Nutzungsschicht und der Westwand erlauben eine Datierung etwa in das zweite Drittel des 13. Jahrhunderts, was also durchaus auch Elisabeths Marburger Zeit (1228-31) einschließt.

Die im Ausbruchgraben der älteren Hofmauer aufgefundenen Ofenkacheln wurden zwar offensichtlich an diese Stelle verschleppt, ihre Häufung zeigt aber auf jeden Fall den Abbruch eines unmittelbar benachbarten Ofens an, der zur Ausstattung des Komplexes aus Fachwerkhäusern gehört

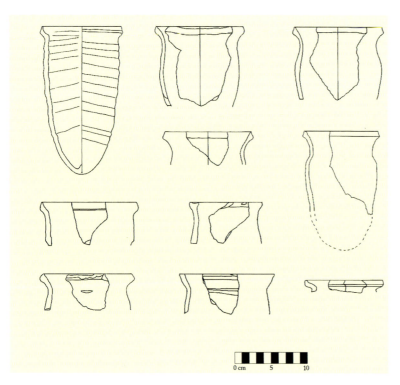

Abb. 12: Die Überreste eines Kachelofens – Spitzkacheln aus dem frühen 13. Jahrhundert

haben dürfte. Obwohl die ältesten Kachelöfen im südwestdeutschen Bereich bis in das 11. Jahrhundert zurückreichen, scheint Oberhessen nicht vor der ersten Hälfte des 12. Jahrhunderts von der Innovation einer rauchfreien Wohnstube profitiert zu haben. Selbst bis in das späte Mittelalter ist ein Kachelofen als hochwertiger Luxusgegenstand anzusehen. Es ist somit durchaus überraschend, eine derartige Einrichtung ausgerechnet im Umfeld des insgesamt eher bescheiden angelegten Hospitals vorzufinden. Bemerkenswert ist hierbei die Schilderung von Elisabeths Dienerinnen, die betonten, wie geduldig Elisabeth den »unerträglichen Angriff des Rauches auf ihre Augen« in ihrer provisorischen Unterkunft hinnahm, bis ihr Häuschen aus Holz und Lehm in Marburg fertiggestellt war. Dies könnte indirekt ein Hinweis darauf sein, dass Elisabeth bei aller Bescheidenheit zumindest den Komfort einer rauchfreien Stube zu schätzen wusste.

Abb. 13: Rekonstruktion des Kachelofens aus dem frühen 13. Jahrhundert

Nur der südliche Ständerbau eignet sich für eine nähere hauskundliche Einordnung: Die Herdstelle deutet auf eine Wohnnutzung, der die zweizonige und zweischiffige Einteilung entsprechen würde, wie sie auch im ältesten aufgehend erhaltenen Bestand hessischer Wohnhäuser ablesbar ist. Dies spricht zugleich gegen die angedachte dreischiffige Rekonstruktion, die nur für eine Scheune in Frage kommt. Wie bereits festgestellt, handelt es sich um eine Mischkonstruktion zwischen dem bereits seit der Jungsteinzeit geübten Pfostenbau und dem entwickelten Ständerbau. Die Ausbildung des Ständerbaus ist ein langer und komplexer Prozess, der nicht nur zeitlich und räumlich, sondern auch sozial differenziert abläuft. Die engere Übergangsperiode lässt sich im zentraleuropäischen Raum nur vage auf das 11.-14. Jahrhundert eingrenzen. Bis zur Vorlage weiterer hauskundlicher Grabungsbefunde aus dem mittelhessischen Raum bleibt somit nur die Feststellung, dass auf dem Hospitalgelände ein eher konservativ konstruierter Fachwerkbau errichtet wurde. Es muss offen bleiben, ob hier bewusst eine ortstypische beziehungsweise altertümliche Bauform gewählt wurde oder ob es sich vielleicht um ein untergeordnetes Nebengebäude handelte, für das keine fortschrittlichere Ausführung in Frage kam. Weit unschärfer lässt sich die Frage nach der inneren Ausstattung der Fachwerkgebäude beantworten. Aus den Schriftquellen wissen wir, dass Elisabeth über ein Bett verfügte, Tisch und Sitzgelegenheiten (Bänke) sind vorauszusetzen. Elisabeth versuchte, Wolle zu spinnen, erzielte jedoch keine befriedigenden Resultate, demnach muss sich irgendwo ein Spinnrocken befunden haben. Da sie wiederholt kostbare Hofkleider verschenkte, verfügte sie gewiss auch über das wichtigste mittelalterliche Möbelstück, (nämlich mindestens) eine Truhe. Unser Wort »Möbel« bewahrt noch das lateinische »mobilis«, also beweglich, was auf kaum ein anderes Möbelstück so gut zutrifft wie auf die stets tragbar gefertigten Truhen, die sie nach Marburg mitgeführt haben muss.

Wo lag Elisabeths Hospital?

Weder die Ausgrabungen 1970/71 noch jene 1997 förderten Überreste des ersten Hospitalgebäudes zutage. Dies bekräftigt die bereits in der älteren Forschung vertretene Lokalisierung um das bis heute sichtbare Elisabethgrabmal, das in seiner schrägen Ausrichtung die Orientierung des Konradbaus bewahrte. Im Unterschied zur annähernd exakt geosteten frühgotischen Elisabethkirche liegt die Hauptachse des Konradbaus um 12° nach Norden gedreht. Eine bemerkenswert ähnliche gedrehte Orientierung weisen die einstige Kilianskapelle am Schuhmarkt und die (heute lutherische) Pfarrkirche in der Marburger Altstadt auf, so dass geradezu von einer »gewohnheitsmäßigen Marburger Ostrichtung« dieser Sakralbauten gesprochen werden kann.

Die auffallende Längserstreckung des Konradbaus und seine durch Wandvorlagen angedeutete Binnengliederung in einen vorderen Teil um das Elisabethgrab mit Altar sowie einen hinteren Teil mit (mindestens) zwei Zugängen legt eine Doppelfunktion als Kirche und Hospitalbau nahe. Gemäß der hochmittelalterlichen Hospitalkonzeption war insbesondere die geistliche Versorgung ein zentrales Anliegen derartiger Einrichtungen, Konrad plante den Bau aber sicher auch schon mit Blick auf die angestrebte Heiligsprechung seines hier ruhenden Schützlings, die wiederum eine geeignete Zugangsmöglichkeit für die Anbetung erforderte (Abb. 28).

Die archäologische Chronologie erlaubt keine Differenzierung der Funde aus Elisabeths und Konrads Lebenszeit von der Frühphase der Deutschordenskommende. Dennoch besitzt die Ansprache der skizzierten hauskundlichen Grabungsbefunde als Gebäude von Elisabeths Hospitalgründung eine hohe Wahrscheinlichkeit. In letzter Konsequenz ist übrigens sogar denkbar, dass Elisabeth mit den vorgefundenen Töpfen selbst hantiert hatte. Die beschriebenen Gebäude mussten wohl der Umgestaltung des Geländes durch den Deutschen Orden weichen. Damit wird ein sehr dynamischer Wandlungsprozess sichtbar,

Abb. 14: Die Rekonstruktion von Elisabeths Marburger Gründung im Modell

der die ganze Siedlung Marburg erfasste: Nach Elisabeths Tod erlebte der benachbarte Marktort einen bemerkenswerten Aufschwung, in kurzer Zeit konnte eine neue Stadterweiterung nach Westen angelegt werden. Hierbei handelt es sich gewiss um die direkte Folge jener bedeutenden Entwicklung, die in der Erhebung ihrer Gebeine in Anwesenheit des Kaisers gipfelte.

Elisabeths durch die Ausgrabungen auch dinglich fassbare Hospitalgründung bildete einen folgenreichen Impuls für die Entwicklung Marburgs im späten Mittelalter. Heute wirft sie neue Fragen nach dem Hausbau und dem Alltagsleben im frühen 13. Jahrhundert auf, das offenbar weniger kalt und finster ausfiel, als die Schriftquellen vermuten lassen.

Konrad von Marburg: Geistlicher Führer und Inquisitor

Konrad wurde in den letzten Jahrzehnten des 12. Jahrhunderts – wohl als Spross einer Marburger Ministerialenfamilie – geboren. Im weiteren Verlauf seines Lebens hat er wahrscheinlich an einer der angesehenen Universitäten seine Bildung, für die er später auch bekannt sein sollte, erworben, was ihn dazu berechtigte, den Titel »Magister« zu tragen, den er auch selbst verwendete. Gegenwärtig wird ein Studium an der Pariser Universität im Umfeld des Petrus Cantor vermutet. Ob er einem Orden angehörte oder als Weltkleriker lebte, ist bis heute nicht zweifelsfrei zu klären, auf jeden Fall stand er den Idealen der Reformorden sehr nahe.

1215/16 erscheint er erstmals in den Schriftquellen, als er zum Kreuzzugsprediger für die Kirchenprovinzen Trier und Bremen ernannt wurde – ein Amt, das für gewöhnlich bewährten Kräften der Kirchenhierarchie, wie Bischöfen oder Äbten, verliehen wurde oder aber zu ihrem Aufstieg führte. Konrad verzichtete dagegen bewusst auf äußerliche Ehren, tatsächlich bekleidete er auch später als hoch angesehener Geistlicher in der Diözese Mainz, die den Schwerpunkt seiner Tätigkeit bildete, nie ein Amt, verfügte nie über eine Pfründe.

Um 1218 scheint er in Norddeutschland als Prediger aktiv gewesen zu sein, erst Mitte der 20er Jahre des 13. Jahrhunderts ist er in Thüringen als Prediger zu fassen. Seine Kontakte zum landgräflichen Hof müssen sehr gut gewesen sein, da ihm die Verwaltung der landgräflichen Kirchenlehen als Vertreter des Landesherrn übertragen wurde. 1226 legte Elisabeth ihr erstes Gehorsamsgelübde ihm gegenüber ab. Nach dem Tode des Landgrafen Ludwig IV. am 11. September 1227 wurde er vom Papst zu Elisabeths Beschützer, also Vormund, ernannt, die ihm auf seinen Befehl 1228 nach Marburg folgte. Hier verbrachte sie unter seiner Aufsicht und Führung jene Zeit, die ihre Heiligkeit begründete.

Elisabeth hatte Konrad gerade wegen seiner sittlichen Strenge zu ihrem geistlichen Führer erwählt. Die oft zu Unrecht beklagten Demütigungen Eli-

Abb. 15: Konrad und Elisabeth auf einem Wandgemälde in der Alten Aula der Marburger Universität von Peter Janssen, 1895 – 1903

sabeths durch ihren Seelenführer geschahen, »damit aus eben diesem Gehorsam ihr ein noch größerer Verdienst erwachse« (Cäsarius von Heisterbach). Auch die ihr auferlegten oder von ihr freiwillig im Übermaß praktizierten Bußübungen waren in dieser Zeit bei Klerikern und insbesondere Mönchen durchaus verbreitet. Hierzu ist gerade auch die Geißelung zu zählen, ihre Anwendung wurde im theologischen Schriftgut der Zeit reglementiert. Sie galt als Weg zur Verwirklichung der Gemeinschaft mit dem leidenden Christus. Konrads Umgang mit Elisabeth lässt nicht nur Strenge, sondern auch Fürsorge erkennen, immer wieder ermahnt er sie, nicht zuviel zu verschenken, sich nicht zu verausgaben, lässt ihre Gesundheit sogar von einem Arzt überwachen. Freilich übertraf ihr Eifer seine Strenge bis hin zur Selbstzerstörung, die ihre Kräfte aufzehrte und zu ihrem frühen Tod in der Nacht vom 16. zum 17. November 1231 führte.

Elisabeths Seelenführung – und in letzter Konsequenz ihre Heiligsprechung – war nicht Konrads einziger Lebensinhalt. Vielmehr übte er seit 1227 das Amt eines Kirchenvisitators aus, damit verbunden war der Auftrag, nach Ketzern zu suchen und diese der bischöflichen Gerichtsbarkeit zu überstellen. Am 11. Oktober 1231 wurde er von Papst Gregor IX. zum Inquisitor mit weitreichenden Vollmachten ernannt. So konnte er die Exkommunikation und das Interdikt verhängen sowie selbstständig prozessuale Untersuchungen vornehmen.

Fortan war die Ketzerverfolgung seine vornehmliche Tätigkeit. Das Amt des Inquisitors übte er mit absoluter Überzeugung und Vehemenz aus, ohne Rücksicht auf Stand und Herkunft, was dafür sorgte, dass er sich mächtige Feinde schuf, aber zugleich große Achtung in der einfachen Bevölkerung erwarb, die ihn als vorbildlichen Kleriker schätzte, der in geradezu demonstrativer persönlicher Armut lebte. Die Lage spitzte sich zu, als er einen Prozess gegen Heinrich III. von Sayn anstrengte. Diesem gelang es nämlich, sein Verfahren vor das königliche Hofgericht zu bringen. Als Konrads Zeugen dem Beschuldigten offen, Auge in Auge, gegenübertreten mussten, brachen sie zusammen, widerriefen oder wurden als Feinde des Grafen abgelehnt. Schließlich wurde Heinrich zum Reinigungseid zugelassen und verließ den Prozess als unschuldiger, aber gekränkter Ehrenmann. Seine Antwort ließ nicht lange auf sich warten, trotz wiederholter Warnungen machte sich Konrad ohne bewaffneten Schutz auf den Rückweg nach Marburg. Gewiss wusste er, in welcher Gefahr er schwebte, aber auch in dieser Situation lebte er seinen Glauben, sein Gottvertrauen. Sein Schicksal erfüllte sich in der Nähe des Hofs Capelle bei Marburg. In einem Hinterhalt wurden er und sein Begleiter, der Franziskaner Gerhart, erschlagen. Beide fanden ihre letzte Ruhestätte in der von Konrad erbauten Marburger Wallfahrtskirche nahe dem Grab der heiligen Elisabeth.

Konrad war schon zu Lebzeiten eine umstrittene Persönlichkeit, weil er als einer der ersten konsequenten Anwender des Inquisitionsverfahrens agierte, das sich aus der römischen Rechtstradition entwickelt hatte. Hierbei ersetzte die Ermittlung ex officio die persönliche Anklage eines Geschädigten, die Anhörung von Augenzeugen trat an die Stelle der Eideshelfer des germanischen Rechts, der Schuldspruch war an ein Geständnis des Angeklagten gebunden. Auch wenn dieses neue Verfahren insbesondere durch die Zulassung anonymer Zeugenaussagen und die Erzwingung von Geständnissen unter Folter entartete, stellt es doch die Wurzel des modernen Strafprozessrechtes dar. Somit ist Konrad sogar ein Ahnherr des heutigen Rechtssystems.

Allzu oft wird Konrad als die finstere Gestalt in Elisabeths Leben missverstanden. Der Schlüssel zu beider Leben ist eine für heutige Zeit fast unverständliche, gegen die eigene Person unbarmherzig konsequente Frömmigkeit. Ohne Konrad hätte Elisabeth ihren einzigartig selbstlosen Weg nicht finden, geschweige denn verwirklichen können, beide sind zwei Seiten derselben Medaille.

Abb 16: Siegel Konrads von Marburg

Elisabeths Geldspende

Nach Elisabeths Übersiedlung 1228 etablierte sich in Marburg schon bald ihr neu gegründetes Hospital als Anlaufpunkt für Arme und Kranke. Gebrechliche wurden aufgenommen und versorgt, aber auch umherziehende Bettler und Arme aus der Umgebung gingen nicht leer aus. Gleichzeitig erreichte Elisabeths Beschützer Konrad von Marburg, dass sie als Entschädigung für die vorenthaltenen Witwenrechte außer dem Grundstück bei Marburg eine beträchtliche Abfindung erhielt, insgesamt die stattliche Summe von 2000 Mark, was dem Wert eines respektablen Landgutes entsprach.

Ihre Dienerinnen berichten, dass Elisabeth dieses Geld, das für ihren Lebensunterhalt gedacht war, nach und nach an Bedürftige verschenkte. An einem Nachmittag kam es jedoch zu einem spektakulären Ereignis: »Als sie nach bitterer Armut einen großen Betrag als Witwengut erhalten hatte, rief sie die Armen und Schwachen aus einem Umkreis von 12 Meilen um Marburg an einem bestimmten Tag und Ort zusammen und ließ fünfhundert Mark verteilen. […] Nach dem Weggang der kräftigen Leute blieben in der folgenden Nacht bei Mondschein sehr viele schwächere und kranke Personen am Zaun des Krankenhauses und in den Winkeln des Hofes liegen. Elisabeth ließ auch ihnen Geldspenden zukommen, Brote bringen und ein Feuer entzünden. In Dankbarkeit begannen die Armen zu singen«.

Abb. 17: Glasfenster in der Elisabethkirche: Elisabeth verteilt ihr Witwengut, um 1235/50

Abb. 18: Detail Elisabethschrein: Elisabeth verteilt ihr Witwengut, um 1235/36 – 1249

Ihre Freigiebigkeit lässt sich veranschaulichen: Eine Mark war im Mittelalter keine Münze, sondern eine Zähleinheit zu 144 Pfennigen. Insgesamt verschenkte Elisabeth somit 72.000 Pfennige. Bei ihrer Almosenverteilung ließ sie jedem Anwesenden 6 Kölner Pfennige geben. Das hätte genügt, um beispielsweise vier Brote, zwei Maß Wein, fünf Pfund Ochsenfleisch, ein Huhn, ein Dutzend Heringe und zwei Schuhsohlen zu kaufen. Für die Gesamtsumme hätte sie 864.000 Heringe oder 149,6 t Ochsenfleisch kaufen können.

Zu Elisabeths Zeit gab es keine einheitliche Währung, so dass es neben dem Kölner oder auch dem Marburger Pfennig viele weitere Zahlungssysteme gab. Die Münzprägung wurde nicht von einer Zentralgewalt ausgeübt, sondern die einzelnen Landesherren, Bischöfe, Städte und andere Herrschaften prägten in Konkurrenz. Der von Elisabeth genutzte Kölner Pfennig war zu diesem Zeitpunkt die wichtigste Münze, wahrscheinlich hatte sie ihre gesamte Abfindung in dieser Währung erhalten, weil der Kölner Pfennig wegen seiner hohen Güte und Wertstabilität weithin anerkannt war.

Elisabeths Mildtätigkeit wird häufig in der Kunst dargestellt. Die meisten Abbildungen sind Allegorien der biblischen Speisung und Tränkung der Bedürftigen als Werk der Barmherzigkeit (vgl. Matth. 25, 35). Die Darstellung der Verteilung ihres Witwengutes hingegen dokumentiert ein konkretes Ereignis ihres Lebens. Darum ist sie dort meist ohne Heiligenschein dargestellt. Die früheste Wiedergabe findet sich im Elisabeth-Fenster der Marburger Elisabethkirche. Das zweibahnige Fenster mit 12 Szenen im Ostchor stammt aus dem Jahre 1235, wurde jedoch erst 1979 zu seiner heutigen Komposition zusammengefügt, ursprünglich schmückten die Scheiben wahrscheinlich die Fenster im Elisabethchor. Die heute linke Seite zeigt Elisabeth als Heilige, wie sie Werke der Barmherzigkeit ausübt. Die rechte zeigt Szenen aus ihrem Leben, im zweiten Medaillon die beschriebene Verteilung ihres Witwengutes. In unmittelbarer Nachbarschaft des Ortes des Geschehens findet sich in Marburg eine zweite Darstellung: Zwischen 1235/36 und 1249 entstand der Elisabethschrein, der sich seit dem ausgehenden Mittelalter in der Sakristei der Kirche befindet. Ein Relief zeigt Elisabeth, wie sie mit ihrer rechten Hand einer Gruppe von Armen, die ihre Hände ihr entgegenstrecken, Münzen verteilt. Darunter befinden sich ein Krüppel und eine Mutter mit einem Kleinkind. Mit ihrer linken Hand greift Elisabeth in einen Geldbeutel, den eine hinter ihr stehende Frau bereithält. Ganz dem franziskanischen Ideal folgend, verteilt sie ihr Vermögen an Bedürftige, um selbst in Armut zu leben.

Elisabeths Handarbeit

Konrads Bemühen, Elisabeths Mildtätigkeit zu bremsen oder in geordnete Bahnen zu lenken, war nur von geringem Erfolg gekrönt. Nach und nach verschenkte sie ihren gesamten Besitz, nicht nur ihre Barschaft, sondern auch ihre kostbaren Kleider und ihren wertvollen Hausrat. So wurde sie selbst mittellos und bemühte sich schließlich, mit ihrer eigenen Hände Arbeit Geld zu verdienen.

Hier bot sich vor allem Handarbeit an. Natürlich gehörte feine Nadelarbeit zu den üblichen Beschäftigungen hochadliger Damen, in bewusster Abwendung von hergebrachten Konventionen – oder schlicht weil es am teuren Rohmaterial mangelte – widmete sich Elisabeth nicht edler Stickerei, sondern begann in Marburg wieder Wolle zu verspinnen. Bereits auf der Wartburg hatte sie mit ihren Dienerinnen eine Gemeinschaft gebildet, die Wolle verspann, um daraus Kleidung für die Armen und Franziskaner weben zu lassen. Sie bezog vom Kloster Altenberg, in dem ihre Tochter Gertrud lebte, Wolle und verspann diese gegen Lohn. »Obwohl sie eine gewisse Übung in dieser Tätigkeit hatte, erzielte ihr Produkt geringeren Lohn als er hätte sein müssen«.

Bei dieser Arbeit traf auch Graf Pavia sie an, ein Bote ihres Vaters, der die nicht standesgemäß und in offenkundiger Armut lebende Tochter heimführen sollte: »Vor Verwunderung bekreuzigte er sich und rief: Noch nie hat man eine Königstochter spinnen sehen!«, was die absolute Unschicklichkeit ihres Tuns für adlige Augen belegt.

Es gibt vom Marburger Gelände keine Bodenfunde, die Elisabeths Spinnerei veranschaulichen, darum wird in der Ausstellung die Rekonstruktion eines einfachen Schemelrockens mit Handspindel gezeigt, bei dessen Gebrauch Elisabeth in späterer Zeit wiederholt abgebildet wurde.

Eine geübte Spinnerin konnte auf diese Art pro Stunde etwa 40 Gramm Fasergut zu 140 Meter Faden verarbeiten. Hierbei ist von durchschnittlich ca. 2300 Spindelumdrehungen pro Minute auszugehen. Leistungsfähigkeit und Ertrag sind jedoch auch davon abhängig, ob grobes oder feines Garn versponnen wird, und es erfordert das Wissen und die Erfahrung der Spinnerin, die richtige Spindel für das zur Verfügung stehende Garn zu wählen.

Zu Lebzeiten Elisabeths war diese Art der Fadenherstellung die einzig bekannte. Zwar wird das bis in die Moderne verwendete Handspinnrad bereits Mitte des 13. Jahrhunderts erwähnt, findet aber in Europa vermutlich erst mit dem Bekanntwerden und der Verarbeitung von Baumwolle im 14. Jahrhundert verstärkte Nutzung. Aber auch nach dessen Erfindung wird die Handspindel besonders in der häuslichen Produktion weiterhin verwendet. So bleibt das Spinnen auch bei fortschreitender technischer Entwicklung der Webstühle und der zunehmenden Industrialisierung des Webergewerbes größtenteils Aufgabe der hauswirtschaftlichen Produktion.

Abb. 19: Rekonstruktion eines Schemelrockens des 13. Jahrhunderts

Marburg als Pilgerort

Pilger – Reisende im Namen Gottes

Die Blütezeit der Pilgerkultur in Europa beginnt in etwa mit Ende des 10. Jahrhunderts, seinerzeit beteiligten sich Menschen jeglicher Gesellschaftsschicht: Hoher und niederer Adel, Kleriker, einfaches Volk, Leibeigene, Frauen und sogar Kinder. Ausgeklammert bleiben hier zwielichtige Gestalten, die im Kielwasser der Pilgerströme durch die Lande zogen, oder auch Kaufleute, die den Schutz des Pilgerstatus für Geschäftsreisen nutzten.

So mannigfaltig wie die Schar von Pilgern im Mittelalter waren ihre Beweggründe. Dennoch ist hierbei stets zu betonen, dass eine allgegenwärtige, fundamentale religiöse Überzeugung die Menschen prägte. Die meisten nahmen eine solche Reise auf sich, um durch die Strapazen und Entbehrungen sowie im Gebet Gott näher zu kommen. In erster Linie ging es den Pilgern darum, Gott zu loben und zu huldigen. Auch diese Facette der Frömmigkeit gehört in die wachsende Bewegung der persönlichen Nachfolge Christi, der selbst mit seinen Eltern nach Jerusalem gepilgert war.

Allerdings hatte eine solche Reise auch nicht selten Nebenaspekte, etwa Gott beim Erreichen des Zieles um Hilfe zu bitten, um die Erlösung von einer Krankheit oder einer körperlichen Behinderung zu erlangen. Umgekehrt konnten die Genesung eines Gläubigen von einer vermeintlich unheilbaren Krankheit oder ein anderes glückliches Ereignis dazu führen, eine Pilgerreise aus Dankbarkeit anzutreten.

Auf Pilgerfahrt konnte sich aber auch begeben, wer gesündigt hatte und Buße tun wollte – oder eine solche Bußwallfahrt zur Sühne auferlegt bekommen hatte: Ausmaß, Dauer und das Ziel der »Strafwallfahrt« konnten gerichtlich festgelegt werden. So kam es durchaus vor, dass einem reuigen Sünder nach der Beichte als Wiedergutmachung eine Pilgerreise, zum Beispiel nach Santiago de Compostela, auferlegt wurde, wo ihm beim Durchschreiten des Kirchenportals ein Viertel seiner irdischen Sünden vergeben wurden. Unüblich war es allerdings, dass ein Gläubiger den vollständigen Ablass all seiner Sünden auf einmal erlangen konnte. Erst durch Papst Urban II (1088-1095) wurde dies möglich: Zur Förderung der Kreuzzüge, die als bewaffnete Wallfahrten galten, wurde erlassen, der Dienst in Palästina ersetze alle Sündenstrafen. Am Ende jeder Wallfahrt winkte mit dem Ablass die Milderung der Sünde und der jenseitigen Strafen. Der Ablass konnte zwar die Sünden eines Christen nicht rückgängig machen, aber es blieb eben nach erbrachter Bußleistung die Hoffnung auf die Vergebung des Herrn. Zu Beginn des 11. Jahrhunderts wurde aus dieser Idee ein juristisches Konzept entwickelt, welches Sündern erlaubte, ihre schändlichen Taten zwar nicht ungeschehen zu machen, aber zumindest ihr Seelenheil zu retten.

Am Ziel einer Pilgerfahrt standen meist Gräber von Heiligen und Märtyrern. Sie hatten den Gang ins Himmelreich erfolgreich bewältigt, was letztendlich zu ihrer Heiligsprechung führte, und waren somit in den Augen der Gläubigen als Vermittler zu Gott eine hervorragende Wahl.

Auch wenn somit der Glauben der Hauptgrund für eine Pilgerfahrt war, gibt es durchaus weitere Gründe für ein solches Wagnis: Die Bereitschaft zur Mobilität war im Mittelalter wesentlich größer als in späterer Zeit. Eine Pilgerreise steigerte das Ansehen innerhalb der Gemeinschaft erheblich. Nicht zuletzt aber wurde einem Pilger auch der Rechtsschutz seiner irdischen Güter zugestanden (im Mittelalter keineswegs eine Selbstverständlichkeit!), und für die Dauer einer Reise war er von den Verpflichtungen gegenüber seinem Lehnsherrn befreit. Beides bot einen durchaus attraktiven Ausweg aus vielen Zwangslagen und Streitigkeiten.

Marburg als Ziel und Station

Es gab drei Wallfahrtsorte von überragender Bedeutung: erstens Jerusalem als Lebens- und Wirkungsraum Jesu, zweitens Rom als Begräbnisort der wichtigsten Apostel Paulus und Petrus sowie wegen der Vielzahl weiterer Reliquien, drittens Santiago de Compostela in Spanien, wo der Leichnam des Apostels Jacobus bestattet ist.

Über die Zeit hinweg etablierten sich neben diesen drei großen auch andere Orte als Ziele für Pilger. Sie lagen meist in Regionen, welche bereits stark von durchreisenden Pilgern frequentiert wurden. Aachen zum Beispiel liegt an der wichtigen Route nach Santiago. In Aachen befinden sich angeblich Teile des Leichentuchs Christi, das Enthauptungstuch Johannes des Täufers und natürlich die Gebeine des verehrten Karl des Großen.

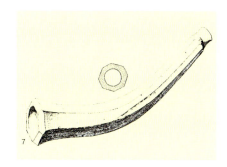

Abb. 20: Spätmittelalterliches Aachhorn, mit dem die Pilger die Aachener Heiltümer lautstark begrüßten.

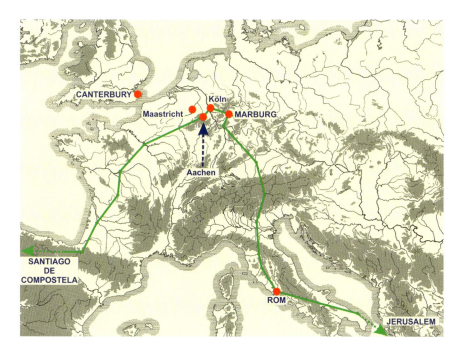

Abb. 21: Wallfahrtsorte des 13. Jahrhunderts

Abb. 22: Pilger am Grab der heiligen Elisabeth,
Gemälde von Carl Bantzer, 1888
Dresden, Staatliche Kunstsammlungen,
Galerie Neue Meister

Im Mittelalter erlangte neben den drei frühchristlichen Wallfahrtsorten vor allem Canterbury eine wirklich eigenständige Bedeutung: Der 1173 in seiner Kathedrale ermordete und heilig gesprochene Erzbischof Thomas Beckett galt als christlicher Märtyrer – seit dem Ende der Christianisierung des zentraleuropäischen Raumes ein seltener Status. Viele heutige Pilgerorte entstanden erst in nachmittelalterlicher Zeit, beispielsweise Lourdes in Frankreich.

Marburg kommt deshalb seit Elisabeths Tod 1231 eine Sonderrolle zu. Die einstige Landgräfin war schon zu Lebzeiten bei der hessischen Bevölkerung hoch angesehen und noch über die Region hinaus für ihre Taten bekannt. Ihr Leichnam blieb zwei Tage aufgebahrt – und wie es sich für den Körper einer Heiligen gehört, verströmte er nur Wohlgeruch statt Verwesung. Bereits im Leben ging ihr der Ruf der Seligkeit voraus, so dass jetzt im Tode allen Menschen in ihrer Nähe klar war, dass hier eine künftige Heilige lag. Sie reagierten darauf in einer für die Moderne unfassbaren Art und Weise, mit christlicher Leichenfledderei berichtet eine Zeugenaussage ihrer Dienerinnen. Durch Konrads energisches Handeln und seine geschickte Propaganda schwoll der Zustrom der Beter rasch an. Mit ihrer Heiligsprechung vier Jahre später wuchs die Schar der Pilger weiter, bald verbreiteten sich

Berichte über Wunderheilungen. Deshalb erwies sich der über ihrem Grab aufgeführte Konradbau als zu klein. Elisabeths Gebeine wurden 1249 in den bereits vollendeten Ostchor der neuen Ordenskirche überführt. Obwohl Marburg zu keinem Zeitpunkt gleichzusetzen war mit Canterbury, Santiago oder Rom, erlangte Elisabeths Grab im zweiten Drittel des 13. Jahrhunderts dennoch eine eigene Bedeutung. Offensichtlich war die erblühende Wallfahrt jedoch nicht im Sinne des Deutschen Ordens, der 1254 das Pilgerhospital aus dem Bereich der Klausur heraus verlegte und Elisabeths Kult auch insgesamt mehr duldete als förderte. Bereits gegen Ende des 13. Jahrhunderts versinkt Marburg deshalb zunehmend in Bedeutungslosigkeit und bleibt allenfalls Pilgerziel der engeren Region. Immerhin war Marburg als Durchgangsstation an der über Aachen weiterführenden Route nach Santiago beziehungsweise als Etappe auf dem Weg nach Rom auch für Fernpilger durchaus attraktiv. Nach sich bringt dies das Phänomen, dass das Hospital der heiligen Elisabeth im späten Mittelalter und der frühen Neuzeit zwar noch immer in Betrieb gehalten, aber kaum noch in Anspruch genommen wurde.

Elisabeths Heiligsprechung

Abb. 23: Grabplatte des Mainzer Erzbischofs Siegfrieds III.

Elisabeths Seelenführer Konrad von Marburg wachte sorgsam über die christliche Lebensführung seines Schützlings. Wahrscheinlich hatte er schon lange den Plan gefasst, sie zu einem Vorbild zu formen und ihre Herkunft aus königlichem Geblüt, erst recht ihr Leben als Landgrafenwitwe und nun einfache »Schwester in der Welt« zur Verteidigung des wahren Glaubens zu nutzen. Als Elisabeth in der Nacht vom 16. auf den 17. November 1231 starb, begann Konrad systematisch die bereits zu ihren Lebzeiten bestehende Verehrung anzufachen. Er nahm bald den Bau einer steinernen Kirche über Elisabeths Grab in Angriff, was zur Kultbildung beitrug. Nur vier Monate nach ihrem Tod schickte er unaufgefordert einen Lebensabriss »Summa vitae« Elisabeths mit der Bitte um Heiligsprechung an Papst Gregor IX. Um seinem Antrag mehr Nachdruck zu verleihen, war Konrad auf die Unterstützung des Mainzer Erzbischofs Siegfried III. angewiesen. Dieser stand jedoch als konkurrierende Regionalmacht mit dem Landgrafenhaus nicht in gutem Einvernehmen. Um die Altäre des Konradbaus zu weihen, musste er sich als Metropolitanbischof dennoch im August 1232 nach Marburg begeben. Konrad hatte zu diesem Datum ein öffentliches Schauspiel vorbereitet: Es kam eine große Volksmenge zusammen, unter der sich viele befanden, die von Wundern im Zusammenhang mit Elisabeth berichten konnten. Konrad drängte daraufhin den Erzbischof, einer Untersuchung zuzustimmen. So sammelte man sechzig Wunder, die an Elisabeths Grab stattgefunden hatten. Das genügte dem Papst, um am 12. Oktober 1232 eine ordentliche Kommission einzusetzen: wiederum Siegfried III. von Mainz, Abt Raimund von Eberbach und Konrad von Marburg selbst. Anfang 1233 protokollierte die

Abb. 24: Das Kopfreliquiar der heiligen Elisabeth, Stockholm, Historiska Museet

Kommission 106 Wunderheilungen und befragte dazu über 600 Zeugen, die meisten Wunderheilungen ereigneten sich in der Unterschicht, also in jener Personengruppe, in der Elisabeth und Konrad große Sympathien genossen.

Die anschwellende Bewegung der Laienfrömmigkeit im frühen 13. Jahrhundert zwang die Kirche in einen Abwehrkampf gegen Häretiker, in Frankreich besonders gegen die Katharer, in Deutschland gegen die Waldenser. Daraus ergab sich ein großes Interesse an Vorbildern, die die christlichen Ideale lebten und dem Volk als unmittelbare Zeitgenossen zumindest vom Hörensagen bekannt waren. Konrad kämpfte als Inquisitor in vorderster Front gegen die Abweichler, er nahm nach Elisabeths Tod dauerhaften Sitz in Marburg und nutzte ihren Ruf auch zur Stärkung seiner Autorität als Ketzerrichter. Wenn sie heilig gesprochen würde, so könnte er sich auf sie berufen und hätte seine Ketzerverfolgung noch stärker legitimiert, und innerhalb seines Sprengels hätte es ein Vorbild gegeben, das möglicherweise dazu beigetragen hätte, viele Ketzer zu bekehren. Selbst die Wunderheilungen an Elisabeths Grab hatten einen antihärctischcn Charakter, so wurde eine Frau simultan von einem Nasenpolypen und ihrer waldensischen Häresie befreit.

Dies heilige Werk geriet jedoch mit Konrads Ermordung am 30. Juli 1232 ins Stocken, bis sich der Deutsche Orden 1234 als neuer Betreiber der Marburger Gründung und der Heiligsprechung annahm. Auch die landgräfliche Familie griff nun aktiv ein, Elisabeths Schwager Konrad, Bruder des regierenden Landgrafen Heinrich Raspe, trat selbst in den Orden ein und stand bis zu seinem frühen Tod der jungen Marburger Niederlassung vor. Die Rolle der familiären Bindung ist kaum zu unterschätzen, in ihrer Familie mütterlicherseits, den Fürsten von Andechs-Meranien, sind zwischen 1150 und 1500 nicht weniger als 32 Personen heiliggesprochen worden. Im väterlichen Teil ihres Elternhauses, der ungarischen Königsdynastie der Arpaden, gab es ebenfalls mehrere Heilige – der bekannteste ist Stephan der Heilige, der erste König Ungarns.

Diese Allianz brachte das Verfahren wieder in Gang: Papst Gregor IX. bestellte eine neue Kommission unter der Leitung Bischof Konrads von Hildesheim. Sie sollte die bestehenden Unterlagen durch neue Zeugenverhöre ergänzen, aus ihrer Arbeit stammt neben weiteren Wunderprotokollen das »Büchlein über die Aussagen der vier Dienerinnen« Elisabeths, der so genannte Libellus.

Im Herbst 1234 wurden die Protokolle dem Papst übergeben, im Mai 1235 verfügte Gregor IX. in Anwesenheit der Patriarchen von Antiochia und Jerusalem, der Kardinäle, zahlreicher Erzbischöfe und anderer Würdenträger die Aufnahme der verstorbenen Landgräfin in das Verzeichnis der Heiligen. Damit war nicht nur Elisabeths Heiligsprechung formal zu Ende gebracht, sondern auch ein lange fortwirkender Präzedenzfall für künftige Kanonisationen geschaffen worden: Antragstellung durch einen Bischof, Einsetzung einer Ermittlungskommission, die sorgsam Verhöre durchführt, und schließlich die federführende Anerkennung durch den Papst.

Am 1. Juni 1235 wurde eine Bulle über die Kanonisation ausgestellt, offizieller Gedenktag wurde der 19. November, der Tag von Elisabeths Beerdigung.

Aufgrund dieses Rechtsvorgangs wurden die Gebeine der Heiligen am 1. Mai 1236 in Anwesenheit Kaiser Friedrichs II. zur Ehre der Altäre erhoben, das heißt aus dem Erdgrab entnommen und – zunächst in einem provisorischen Schrein – auf dem Altar aufgestellt. Kaiser Friedrich II. stiftete eine mediterrane Achatschale und eine Krone, die zu einem Reliquiar für das Haupt umgearbeitet wurden. Es ist bis 1367 in Marburg nachweisbar und wird heute mit jenem Reliquiar identifiziert, das sich im historischen Museum in Stockholm befindet. Der Sarg mit den übrigen Gebeinen wurde auf dem Hochaltar des bereits aufgeführten Ostchors der neuen Kirche aufgestellt, damit entstanden zwei Verehrungsorte für einen Prozessionsgottesdienst.

So steht Elisabeth nicht nur am Anfang der Geschichte des Marburger Hospitalwesens, sondern kirchenrechtlich auch am Anfang des modernen Heiligsprechungsverfahrens, das bis heute praktiziert wird.

Der Pilgerfriedhof um den Konradbau

Der Friedhof im Mittelalter

Die Art und Weise, wie im Mittelalter Tote begraben wurden, unterscheidet sich kaum von unseren heutigen Sitten. So war der Sarg zwar durchaus üblich, jedoch wurden häufig vor allem Ärmere nur in ein Leichentuch gewickelt oder eingenäht beigesetzt. Grabmarkierungen in Form von Grabsteinen, Metallkreuzen oder großen Grabmälern waren der Oberschicht vorbehalten, üblich waren einfache oder auch verzierte Holzstelen beziehungsweise Holzkreuze. Neben den Grabzeichen erwähnen mittelalterliche Urkunden mitunter auch Grabzubehör wie Weihwassergefäße. Diese eher zurückhaltende Grabgestaltung steht in engem Zusammenhang mit den ungleich wichtigeren priesterlichen Totengedächtnissen, die als fester Bestandteil der Gottesdienste zu festgesetzten Jahrtagen, bei entsprechenden Stiftungen zugunsten des Verstorbenen sogar als eigene Messen abgehalten wurden: Im mittelalterlichen Verständnis nahm der Verblichene während dieser Gedächtnisse am Gottesdienst teil, konnte sich also sogar noch posthum als guter Christ zeigen.

Abb. 25: Bestattung in Leichentuch

Die Friedhöfe des Mittelalters lagen stets bei einer Kirche – lediglich Selbstmördern und Hingerichteten war die Beisetzung in geweihter Erde verwehrt (ein Sonderfall sind Massengräber für Seuchenopfer in Zeiten der Pestepidemien). Ivo von Chartres (ca. 1040-1115) verlangte, dass man um die Hauptkirche einen Kreis von 60 Schritten als Friedhof ausgrenzte, um Kirchen niederen Ranges dagegen nur einen von 20 Schritten. Um den Friedhof als geweihten Bezirk zu kennzeichnen, wurde er mit einem Zaun oder einer Mauer umgeben. Um zu verhindern, dass streunendes Vieh hineingelangte, wurde im Eingangsbereich über einer Grube ein Gitter eingelassen, die sogenannten Beinbrecher. Diese Grube wurde auch gerne als Kirchenpranger verwendet.

Auf dem Friedhof gab es verschiedene bevorzugte Bereiche. Gelegentlich kam in Testamenten der Wunsch nach einer Grablege vor der Kirchentüre zum Ausdruck, die Beisetzung unter den Füßen der Gläubigen galt als besondere Demutsgeste. Ebenso beliebt war die Position »ad sanctos« (= bei den Heiligen) in der Chorpartie und »sub larmis«, entlang der Seitenwände, wo das (reinigende) Regenwasser vom Kirchendach auf die Bestattungen niederging.

Friedhöfe waren nicht allein Begräbnisort, sondern auch ein Rechtsbezirk. Sie dienten häufig als Gerichtsstätten, Versammlungsorte, Orte der Eheschließung, gar Marktplätze, Werkplätze, Spiel- und Festplätze, und boten Verfolgten Asyl. Zum Teil sammelte man sich an solchen Plätzen für Kriegszüge oder nutzte – meist in Dörfern ohne wehrhafte Außenbefestigung – den ummauerten Bereich zur Verteidigung, die so genannten Kirchenburgen.

Gerade dicht belegte Friedhöfe erforderten ein Beinhaus (= Karner, in Marburg: »Kerner«) zur würdigen Aufbewahrung älterer Gebeine, die beim Ausheben neuer Gräber zutage kamen. Sie gehören deshalb ab dem 15. Jahrhundert zur Grundausstattung fast jeden Kirchhofs, in Marburg ist ein besonders großer Bau nahe der Marienkirche erhalten.

38

Der Marburger Pilgerfriedhof um Elisabeths Hospital

Mit dem Einzug in ein Spital oder ein Leprosenhaus wechselten die Insassen in einen Sonderrechtsbezirk, der über einen eigenen Friedhof verfügte, auf dem auch Arme, Pilger und Fremde bestattet wurden. Jede Hospitalgemeinschaft bildete zugleich eine in sich geschlossene geistliche Gemeinde, die auch das wichtige Totengedächtnis der verstorbenen Insassen wahrte.

Bei den Ausgrabungen des Landesamtes für Denkmalpflege wurden 1970/71 unter Ubbo Mozer und wieder 1997 unter Christa Meiborg die Überreste eines Friedhofes angeschnitten, der sich um den Konradbau erstreckte. Die insgesamt 15 Gräber mit 18 Bestattungen lagen auf dem heute freien Platz nördlich der Elisabethkirche und unter dem Fußboden des Nordchores. Die ältesten Begräbnisse könnten noch zu Lebzeiten Elisabeths als Friedhof ihres Hospitals angelegt worden sein, die Belegung endete spätestens im frühen 14. Jahrhundert vor Ausschachtung der Glockengussgrube für die Westtürme, wahrscheinlich aber erheblich früher. Der Hospitalbetrieb war bereits 1254 aus der Klausur an den heutigen Pilgrimstein verlegt worden, 1270 wurde die St. Michaelskapelle (das »Michelchen«) westlich der Elisabethkirche geweiht, um die herum ein neuer Friedhof für Pilger – und Marburger Bürger – entstand. Wahrscheinlich wurde der ausgegrabene Friedhof deshalb nur im zweiten Drittel des 13. Jahrhunderts genutzt.

Abb. 26: Der Marburger Karner (»Kerner«)

Seine nördliche Grenze ist klar erfasst, hier befand sich auch eine Friedhofsmauer (Bef. 32 und Bef. 81), zu der ein Umgang freigehalten wurde. Die Gräber werden bis an die Mauern des Konradbaus »sub larmis« gereicht haben, dafür spricht die Bestattung zweier Säuglinge im Traufbereich. Die östliche Grenze muss offen bleiben, höchstwahrscheinlich erstreckte sich der Friedhof bis an den Chor des Konradbaus, eben »ad sanctos«, also in diesem Fall die Gebeine Elisabeths und die Reliquien Franz von Assisis. Da westlich der Dreierbestattung (Bef. 39a-c) keine weiteren Gräber entdeckt wurden, markiert sie wahrscheinlich die Nordwestecke des Friedhofs. Die ursprüngliche Zahl der Bestattungen kann also nicht mit Sicherheit rekonstruiert werden. Auffällig ist ein deutlich zu erkennender Weg, der von der Westfront des Konradbaus zwischen den Gräbern Bef. 35-40 und Bef. 48-50 frei gehalten nach Norden führt, zu ihm öffnete sich auch der südliche Fachwerkbau. Wahrscheinlich führte er ursprünglich zum Schwarzen Wasser, später zur 1268 geweihten Firmaneikapelle am Nordrand des Deutschordensbezirks. Im späten Mittelalter ist eine Prozession bezeugt, die von der Elisabethkirche zur Firmaneikapelle führte und wohl diesen Weg nutzte. Da nur wenige Überschneidungen der Bestattungen beobachtet werden konnten, waren die Grabstellen mit Sicherheit obertägig gekennzeichnet. Bemerkenswert ist die Veränderung der Grabausrichtung: Während die westlicheren Bestattungen durchgehend der Orientierung des Elisabethgrabes und des Konradbaus folgen, sind die drei östlichsten Gräber (Bef. 107-109) parallel zur Elisabethkirche ausgerichtet. Dies dürfte zugleich die Belegungsabfolge widerspiegeln,

Abb. 27: Eine befestigte Dorfkirche

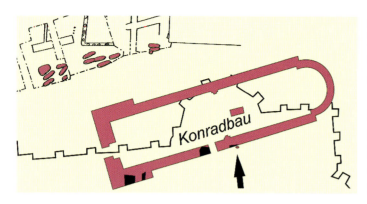

Abb. 28: Übersichtsplan der Grabbefunde nördlich des Konradbaus, der Pfeil kennzeichnet das Traufkindergrab

der Konradbau wurde spätestens bei Baubeginn des Nordchores abgebrochen, nach Ausweis der dendrochronologischen Untersuchung des Dachwerks über der Vierung war er 1244 vollendet.

Alle Toten sind in gestreckter Rückenlage mit dem Kopf im Westen beigesetzt. Die Arme liegen entweder seitlich am Körper oder mit gefalteten Händen im Beckenbereich. Beide Beisetzungsarten sind belegt, wobei die seitlich anliegenden Arme eine ältere Erscheinung sind. Diese herrschte vor allem im 11. und 12. Jahrhundert vor, wurde aber im Laufe des 13. Jahrhunderts abgelöst. Eine Lageveränderung kann zudem auch während der Beisetzung erfolgt sein, wenn der in ein Leichentuch genähte Körper in das Grab gelegt wurde – oder auch erst als Folge des Verwesungsprozesses. So liegt vereinzelt eine Hand im Beckenbereich, die andere aber seitlich oder im Bereich der Oberschenkel. Eine Bestattung in Leichentüchern kann zumindest für die auffällige Dreierbestattung als gesichert gelten, da die in einer Grube beigesetzten Leichen sehr nahe beieinander und teilweise übereinander liegen. Auch die übrigen Grabgruben sind meist sehr eng bemessen, bei manchen Bestattungen war der Kopf zwischen Steine gebettet.

Die anthropologische Untersuchung durch Sigrid Neumann ergab – soweit feststellbar – vier weibliche und vier männliche Bestattungen. Bei der Altersverteilung fällt der geringe Kinderanteil auf, nur insgesamt zwei Kinder unter 14 Jahren lagen hier, zwei waren im Alter von etwa 14 bis 22 verstorben.

Wichtig ist der Fund eines Kindergrabes unmittelbar vor der Südwand des Konradbaus: Hier lagen zwei vier bis fünf Monate alte Kleinkinder in einem gemeinsamen Grab. Vielleicht handelte es sich um zweieiige Zwillinge, Untersuchungen an Zähnen und Knochen ergaben, dass eines der beiden etwas kräftiger entwickelt war. Weitere Aussagen, etwa über das Geschlecht, mögliche Krankheiten oder die Todesursache, lassen sich nicht mehr treffen. Dagegen lässt sich der Zeitpunkt ihrer Beisetzung gut eingrenzen: Der unmittelbare Zusammenhang mit der Südwand des Konradbaus spricht für eine Datierung in dessen Nutzungszeit, also zwischen 1232 und 1244, wobei gerade mit Blick auf den Baubetrieb sicher eher vom Anfang als vom Ende dieser Zeitspanne auszugehen ist. Wegen der Bestattung der Säuglinge unter der Kirchentraufe bezeichnet man diese als Traufkinder. Nach mittelalterlichen Glaubensvorstellungen gehörten Ungetaufte nicht zur christlichen Gemeinschaft. Sie erhielten keine kirchliche Beisetzung auf einem Friedhof, damit war ihnen auch die Aufnahme ins Reich Gottes und das ewige Leben verwehrt. Andererseits galten gerade Säuglinge als sündenfreie Menschen, die Beisetzung »sub larmis« ermöglichte im mittelalterlichen Verständnis eine Nachtaufe mit dem durch den Kontakt mit dem Kirchenbau geweihten

Wasser – sie wurden gewissermaßen durch Gott persönlich getauft. Bisher war dieser Brauch vor allem für die Neuzeit bekannt, die beiden Marburger Traufkinder gehören heute zu den frühesten Belegen dieser Sitte.

Fünf Individuen waren erwachsen, und nur bei drei Verstorbenen wird angenommen, dass sie ein Lebensalter von über vierzig Jahren erreicht haben, in einem Fall vielleicht sogar um die 60 Jahre. In sechs Fällen konnte das Alter nicht mehr bestimmt werden. Die Altersverteilung der Individuen spricht durchaus für einen Pilgerfriedhof, da meist Erwachsene diesen Weg auf sich nahmen. Sofern man anhand des Materialumfangs überhaupt eine Aussage treffen darf, so sind die Männer im Schnitt etwas älter geworden als die Frauen Da jedoch nur ein kleiner Ausschnitt erfasst wurde, lassen sich diese Vermutungen nicht ohne weitere Untersuchungen erhärten. Das wichtigste Grab ist sicherlich die schon erwähnte Dreierbestattung im Nordwesten. Vorläufig muss bis zu einer genetischen Untersuchung offen bleiben, ob es sich bei der Dreierbestattung um eine Familie oder eine Reisegemeinschaft handelt. Die hier Bestatteten sind eine etwa 20 bis 40jährige Frau, eine etwa 14 bis 22 Jahre alte Person unbestimmbaren Geschlechts und eine Frau unbestimmten Alters – die zahlreichen Eventualitäten werden durch die schlechte Erhaltung der Knochen und jüngere Störungen der Skelette bedingt.

Die Bestatteten lassen keine anthropologischen Auffälligkeiten erkennen – wobei allerdings nur wenige Krankheitsbilder Spuren im Skelett hinterlassen. Das Nebeneinander von Männern, Frauen und Kindern spricht dafür, dass es sich hier nicht um den Friedhof der Deutschordensritter, sondern eher um jenen der Hospitalgemeinschaft handelte, die Elisabeth begründete und die 1254 an den Pilgrimstein umzog.

Der Deutsche Orden in Marburg

Die Anfänge des Deutschen Ordens

Der Deutsche Orden entstand ab 1189 im Heiligen Land bei der Belagerung von Akkon aus einer Hospitalbruderschaft Lübecker »Bürger«. Wahrscheinlich handelte es sich schon zu diesem frühen Zeitpunkt weniger um Kaufleute als um stadtsässige, aber ritterbürtige Ministeriale, die am Dritten Kreuzzug teilnahmen. Papst Coelestin III. wandelte diese Bruderschaft in einen regulären Hospitalorden um, der schließlich 1199 unter der Bezeichnung »Brüder des Hospitals St. Marien zu Jerusalem« den Status eines Ritterordens erlangte, an seiner Spitze stand ein auf Lebenszeit gewählter Hochmeister. Es handelte sich um eine den Prinzipien des christlichen Mönchtums verpflichtete Gemeinschaft zur bewaffneten Verteidigung des Glaubens, die sich ausschließlich aus der – ursprünglich unfreien – Aufsteigerschicht der Ministerialität und dem eigentlichen Adel rekrutierte. Betraut war der Orden mit der Versorgung der Kranken, der christlichen Mission und der Bekämpfung der Ungläubigen.

Der Deutsche Orden und Elisabeth

Nach der Ermordung Konrad von Marburgs suchte das thüringische Landgrafenhaus eine geeignete Organisationsform für das Marburger Hospital, das einen wachsenden Zustrom von Gläubigen (und mithin: Stiftungen) erlebte. Elisabeth selbst scheint vor ihrem Tod – widerrechtlich – eine Übertragung an den Johanniterorden verfügt zu haben, dessen Ansprüche wurden aber mit Verweis auf Elisabeths eingeschränkte Verfügungsrechte abgewehrt, sie hatte Marburg ja nur zur Nutzung, aber nicht als Eigengut erhalten. Die enge Verbindung der Thüringer Landgrafen mit dem staufischen Königshaus und dessen gute Beziehungen zum Deutschen Orden führten 1234 zu einer für alle befriedigenden Lösung. Der Deutsche Orden verstand sich zu diesem Zeitpunkt auch als Hospitalorden, außerdem war er wegen seines militärischen Gewichts ein attraktiver Bündnispartner im hessischen Grenzgebiet gegen den konkurrierenden Mainzer Erzbischof. Wahrscheinlich richteten sich die anfangs 13 Ordensritter zunächst provisorisch in den bestehenden Fachwerkgebäuden ein. Der Landgraf stiftete die erforderlichen Pfründen und übertrug die einst Elisabeth zugewiesenen Güter. Konrad von Thüringen, der Bruder des regierenden Landgrafen Heinrich Raspe, trat selbst in den Orden ein und wurde entsprechend dem großen Engagement seiner Familie zunächst Vorstand der Marburger Niederlassung, später als Nachfolger des einflussreichen Hermann von Salza. So schien das Deutschordenshaus Marburg kurze Zeit nach seiner Gründung zum neuen Hauptsitz aufzusteigen – zu einer derartigen Planung dürfte auch der großartige Kirchenbau gehört haben. Diese verheißungsvolle Entwicklung wurde jedoch 1240 mit Konrads plötzlichem Tod formell gebremst, die Wahl seines Bruders Heinrich Raspe 1246 zum Gegenkönig zerbrach außerdem das Bündnis mit dem staufischen Kaisertum.

Dennoch wuchs die Niederlassung stetig, die Analyse des Besitzerwerbs durch Kauf und Schenkung zeigt einen regelrechten Boom des Marburger Hauses, der erst 1370 abflachte. Dieser Besitzzuwachs spiegelte sich direkt im Baubetrieb: Die Auswertung der Grabungen von 1970/71 zeigten, dass nach den Sakralbauten Elisabethkirche (seit 1235), Elisabethhospital (am Pilgrimstein, 1254), St. Michaelskapelle (1270) und Firmaneikapelle (1286) auch der Wohn- und Wirtschaftsbereich aufgeführt wurde. Das bis heute erhaltene Deutschhaus, der (im Siebenjährigen Krieg zerstörte) Firmaneispeicher und wesentliche Teile des anschließenden Wirtschaftshofes wurden im 14. Jahrhundert erbaut. So wurde das Deutschordenshaus Marburg sowohl besitzrechtlich als auch baulich zur mit Abstand größten Kommende in Hessen. Damit bildete Marburg als Zentrum der Ballei Hessen neben Mergentheim in der Ballei Franken den wichtigsten Stützpunkt im Binnenreich bis zur Auflösung der alten Ordnung 1806.

Eigenartig ist jedoch das Verhältnis des Ordens zu Elisabeth: Obgleich mit dem Unterhalt des Hospitals und der geistlichen wie weltlichen Pflege der Reliquien betraut, blieb beides stets nur ein Anhängsel der ansonsten aufblühenden Niederlassung. Der Elisabethkult wurde geradezu systematisch

Abb. 29: Rekonstruktion der Kleidung und Waffen eines Deutschordensherren im frühen 13. Jahrhundert

zurückgedrängt, das Hospital aus dem Klausurbezirk verlegt, der Zugang zum Grab eher behindert als gefördert. In gewisser Weise setzte somit der Deutsche Orden die Beziehung des Thüringer Landgrafenhauses zu seiner unbequemen Heiligen konsequent fort.

Diesen Widerspruch löste erst Elisabeths Tochter Sophie von Brabant. Sie instrumentalisierte ihre Abkunft geschickt, um den Orden als Bündnispartner zu gewinnen. Mit seiner Unterstützung gelang es der kriegerischen Tochter, nach dem Tod ihres Onkels Heinrich Raspe (und damit dem Aussterben der männlichen Linie) wenigstens einen Teil der verwaisten thüringischen Landgrafschaft zu erringen. Sie begründete – de iure für ihren Sohn Heinrich »das Kind« – die Landgrafschaft »Hessen«, ihre Nachfahren wurden im Südchor der Elisabethkirche bestattet und ruhten wie ihre Mutter unter den Gebeten der Mönchsritter des Deutschen Ordens.

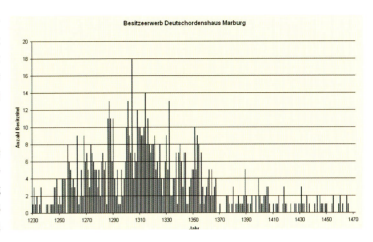

Abb. 30: Besitzerwerb Deutschordenshaus Marburg

Die Elisabethkirche – ein Leitbau der Gotik in Deutschland

Die Elisabethkirche in Marburg gilt als der erste rein gotische Kirchenbau in Deutschland. Schon kurz nach Elisabeths Tod 1231 ließ ihr Beichtvater Konrad von Marburg eine einschiffige Kirche über ihrem Grab errichten. 1234 wurde dem Deutschen Orden die Obhut des Grabes der Verehrten übertragen. Noch im Jahr der Heiligsprechung begann die Errichtung einer neuen Kirche, am 14. August 1235 erfolgte ihre Grundsteinlegung. Der neue Bau wurde als dreischiffige Hallenkirche konzipiert. Den Ostabschluss bilden drei gleichgroße Chöre (= Konchen), die kleeblattförmig angeordnet sind. Der Hauptchor im Osten ist Maria geweiht, der Patronin des Deutschen Ordens, streng genommen handelt es sich also nicht um eine Elisabeth-, sondern um eine Marienkirche. Im Westen strecken sich auf quadratischem Grundriss zwei Türme 80 m hoch in den Himmel und unterstreichen so den vertikalen Gesamteindruck des Bauwerks. Rund 50 Jahre dauerte der Bau der drei Chöre und des Langhauses, am 1. Mai 1283 erfolgte bereits die Hauptweihe der Kirche. Die Bauarbeiten an den Türmen zogen sich bis etwa 1330 hin.

Die Architektur der Elisabethkirche wird bestimmt durch die aufstrebenden Linien der mächtigen, blockartigen Strebepfeiler. Sie umstellen das gesamte Bauwerk, gliedern die Außenwände vertikal und geben die nötige statische Sicherheit. Schmale Laufgänge und Gesimse führen um das Bauwerk herum. Über einem kräftigen Sockel sind in zwei Geschossen zwischen diesen Strebepfeilern gotische, zweibahnige Maßwerkfenster angeordnet. Sie füllen fast die gesamte Mauerfläche aus. Die Wände der Türme bleiben im

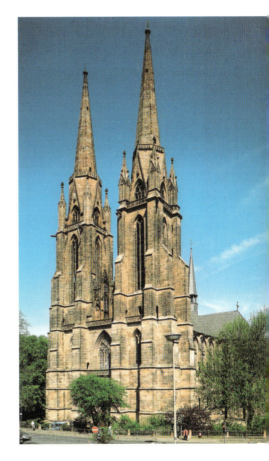

Abb. 31: Die Elisabethkirche von Westen

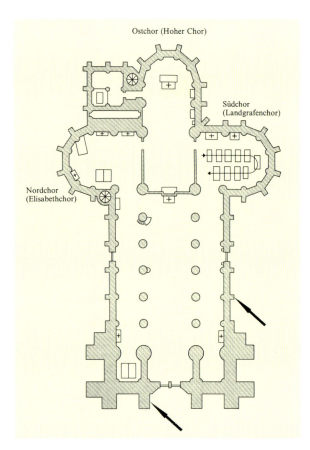

Abb. 32 Grundriss der Elisabethkirche, die Pfeile zeigen auf die Kratzspuren

Abb. 33: Innenraum der Elisabethkirche

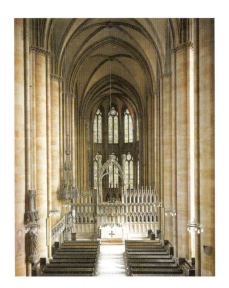

unteren Bereich geschlossen, im oberen Geschoss öffnen sich hohe Fensterbahnen. Gekrönt werden sie von geschlossenen achteckigen und spitz zulaufenden Türmen.

Im Erdgeschoss zwischen den Türmen befindet sich das ehemals farbig gefasste Hauptportal. Die originalen Türflügel (um 1280) tragen schmiedeeiserne Deutschordenskreuze. Die Darstellung darüber zeigt Maria mit dem Jesuskind, denen zwei Engel huldvoll Kronen reichen.

Den Eindruck des Kircheninneren bestimmt das reich durchfensterte Hallenlanghaus. Schmale Kreuzrippengewölbe und eng gestellte, große und schlanke Pfeiler gliedern den Raum in ein Hauptschiff und zwei ebenso hohe Seitenschiffe. Das Augenmerk im Hauptschiff wird unmittelbar auf die Chorschranke gelenkt. Sie trennte einst den Laienbereich von dem der Ordensritter. Dahinter öffnet sich der Ost- beziehungsweise Hauptchor. Die beiden hohen und schmalen Seitenschiffe führen in den nördlichen beziehungsweise südlichen Chor. Im nördlichen Chor befindet sich das Grabmal der heiligen Elisabeth, dessen schräge Ausrichtung die Orientierung der Vorgängerbauten überliefert. Im gegenüberliegenden südlichen Chor – mithin in der Nähe der heiligen Ahnherrin – befindet sich die eindrucksvolle Grablege der Landgrafen von Hessen aus dem 13. bis 16. Jahrhundert.

Im Ostchor, der Kernzelle des Gotteshauses mit dem Hochaltar aus dem Jahre 1290, verdienen die farbigen Glasfenster besondere Beachtung. Die ältesten stammen aus der ersten Bauphase und gehören zu den kostbarsten Glasmalereien Deutschlands. Besonders ist das »Elisabethfenster« hervorzuheben. Es entstand bald nach 1235 und zeigt in elf medaillonartigen Bildern Szenen aus dem Leben der Heiligen. Eine zusätzliche Ausstrahlung ergab sich durch rot- und ockerfarbige Farbfassungen des Innenraums, deren Wirkung nach der gewaltsamen »Purifizierung« des 20. Jahrhunderts leider nicht mehr zu erleben ist.

Im Sakristeianbau, im Winkel zwischen Ost- und Nordchor, steht der Goldene Schrein, in dem die sterblichen Überreste der heiligen Elisabeth ruhten. Sie wurden zur Reliquiengewinnung schon vor der Entnahme durch Landgraf Philipp den Großmütigen stark dezimiert und in die gesamte christliche Welt verstreut.

Die Kirche durchlief im Laufe der Jahrhunderte zahlreiche Veränderungen – nur wenige zu ihrem Vorteil. Sie wurde sogar als Quelle für Heilmittel genutzt: Am Westportal und an der Südpforte der Elisabethkirche sind Reste – wahrscheinlich – mittelalterlicher Kratzspuren zu finden (Abb. 32, Pfeile). So genannte »Teufelsrallen« sind ein häufiges, aber bisher nicht annähernd erschöpfend erforschtes Phänomen. Sie begegnen uns vorwiegend an Sakralbauten, auch am Marburger »Kilian«, einige Beispiele sind aber auch an Richtstätten und Prangern anzutreffen, dabei ist diese Erscheinung nicht auf Europa beschränkt. Häufig werden sie als Wetzrillen für Waffen oder andere Werkzeuge gedeutet, dies ist jedoch technisch unhaltbar. Die favorisierte Erklärung bringt diese Kratzspuren vielmehr direkt mit dem Wirken von Elisabeth in Verbindung: Im Volksglauben wurde Gesteinsmehl von Kirchen und anderen Sakralbauten eine heilsame Wirkung zugesprochen. Hierbei rührt die Heilwirkung natürlich nicht von dem Gesteinsmehl im materiellen Sinne, sondern geht auf die darin enhaltene spirituelle Kraft zurück, die aus dem geweihten Bauwerk abgeleitet wird.

Glockenguss an der Elisabethkirche

Bei den Ausgrabungen wurden 1970/71 auch zwei Glockengussanlagen gefunden. Wie im bekannten »Lied von der Glocke« beschrieben, ruht beim Glockenguss die eigentliche »Form aus Lehm gebrannt festgemauert in der Erden«, also mit Erde eingedämmt in einer Grube auf einem Fundament, dem so genannten Stand. Diese tiefen Dämmgruben sind archäologisch gut nachweisbar. Beide Vorrichtungen fanden sich in direkter Nähe zum Nordturm der Elisabethirche (Abb. 10, Bef. 24 und Bef. 26) und repräsentieren zwei unterschiedliche Typen. Die erste Anlage (Bef. 24) ist nur ausschnitthaft erhalten, weil sie beim Bau des Firmaneispeichers zerstört wurde, sie liegt genau unter seiner südöstlichen Ecke. Immerhin lassen sich die Überreste eines ursprünglich kreisrunden Fundamentes aus Bruchsteinen erkennen, die zwei wahrscheinlich kreuzförmig angeordnete Feuergassen aussparen.

Die östlichere Anlage (Bef. 26) lag etwa fünf Meter nördlich des großen Nordturms. Bei der Ausgrabung konnten sowohl das Ausmaß der Grube festgestellt als auch Teile der Glockenform und des zugehörigen Bronzeschmelzofens sowie Gussreste und Schlacken geborgen werden. Durch die Funde einiger Keramikscherben war es möglich, die Anlage in das frühe 14. Jahrhundert zu datieren. Die Gussgrube war birnenförmig angelegt, ihre Länge beträgt 3 Meter. Der Stand war aus vier sorgfältig zugerichteten und vermörtelten Sandsteinplatten zusammengesetzt. Im Befund ließen sich sogar noch die Standspuren der Pfosten erkennen, die dazu dienten, die Glocke über ein Gerüst aus der Grube zu heben. Der Fund erlaubt die Rekonstruktion einer Glocke von etwa 1,50 – 2,00 m Durchmesser am Schlag, also an der Unterkante. Die Sandsteinplatten des Standes lassen eine Feuergasse von ca. 40 cm Breite und 30 cm Höhe frei, die mit Lehm ausgestampft war und Holzkohlereste enthielt.

Die Befunde lassen sich als Überreste des so genannten Mantelabhebeverfahrens identifizieren. Seit der Mitte des 12. Jahrhunderts werden Glocken in dieser Technik hergestellt: Dazu wird als erstes auf den Sandsteinplatten über der Feuergasse ein Kern aus Lehmziegeln gemauert, der schon ungefähr die

Abb. 34: Kratzspuren an der Elisabethkirche

Abb. 35: Die östliche Glockengussgrube

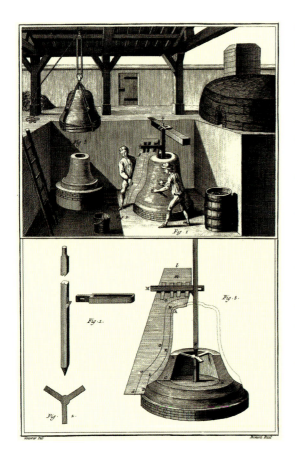

Abb. 36: Vorbereitung eines Glockengusses

Abb. 37: Die Elisabethglocke

Form der Glocke aufweist. Auf diesen Kern wird eine feinkörnige Lehmschicht aufgetragen und mit einer drehbaren Schablone zum Innenprofil der Glocke geformt. Der so vollendet die Innenseite der Glocke bildende Kern erhält nun als Trennmittel eine Auflage aus Talg. Auf diese wird wiederum feinkörniger Lehm aufgetragen und mit einer zweiten rotierenden Schablone zum Außenprofil der Glocke modelliert. Etwaige Inschriften werden als Wachspositive auf die Oberfläche gesetzt, so entsteht ein komplettes Modell der eigentlichen Glocke, die so genannte »falsche Glocke«. Nach einer weiteren Talgschicht wird aus Lehm der so genannte Mantel, also die äußere Gussform, auf die falsche Glocke aufgetragen. Jetzt kommt die im Stand vorbereitete Feuergasse ins Spiel: In ihr wird mit Holzkohle Glut erzeugt, um die Glockenform zu brennen. Der so stabilisierte Mantel kann abgehoben und die falsche Glocke herausgenommen werden (die falsche Glocke wird zerschlagen, sie diente nur als Formhilfe). Nach dem Wiederaufsetzen des Mantels auf den Kern bleibt nun ein Hohlraum, den zuvor die falsche Glocke eingenommen hatte, er entspricht der Form der Glocke, der Glockenquerschnitt wird auch als Rippe bezeichnet. Von oben wird dieser Hohlraum mit Bronze ausgegossen, die in einem eigens dafür errichteten Ofen in unmittelbarer Nähe geschmolzen wurde. Der Abkühlvorgang muss langsam und durch Schüren der Feuergasse kontrolliert erfolgen, damit keine Risse entstehen. Anschließend wird der Mantel abgehoben. Die fertige Glocke steht in der Grube und muss, als letzter Schritt, durch Gerüste und Kräne in den Turm gezogen werden.

In der besprochenen östlichen Gussgrube lagen auch einige Teile des oberen Mantels, der Gusskrone und des unteren Mantels. Anhand der Krümmung des Schlages konnte der Durchmesser der dort gegossenen Glocke bestimmt werden. Er beträgt ca. 1,80 m. Die Mantelstücke enthielten Reste großer Eisennägel, mit denen die doch gewaltige Form von ursprünglich über drei Metern Höhe zur Stabilisierung zusammengenagelt war.

An den Türmen der Elisabethkirche wurde noch bis in das erste Drittel des 14. Jahrhunderts hinein gearbeitet. Die älteste Glocke der Elisabethkirche ist die Marienglocke, die um 1280 noch in der älteren, zuckerhutgleichen Form gegossen wurde, sie weist erstmals unterschiedliche Wandstärken der Rippe auf und bietet deshalb einen reineren Klang als die älteren bienenkorbförmigen Typen. Wahrscheinlich hing sie vor Vollendung der Westtürme in einem provisorischen Gerüst. Mit einem Gewicht von 600 kg zählt sie allerdings zu den kleineren Glocken. Im Südturm der Elisabethkirche befindet sich die Elisabethglocke. Sie besitzt ein Gewicht von fast 4000 kg. Von besonderer Bedeutung ist nun, dass die Elisabethglocke einen Durchmesser von 1, 77 m aufweist und somit genau der Größe entspricht, die die Glocke hatte, die in unserer Glockengussgrube gegossen wurde. Darüber hinaus erlauben die Inschriften der Elisabethglocke und zwei Ritzzeichnungen auf ihrer Außenseite ihre Datierung in das 14. Jahrhundert. Auf der Innenseite sind deutlich die Reste mehrerer großer Eisennägel zu erkennen, offensichtlich wurde ihre Form zusammengenagelt. Somit wurde bei der Ausgrabung mit hoher Wahrscheinlichkeit die Dämmgrube der Elisabethglocke wiederentdeckt.

Die Elisabethglocke besitzt die voll entwickelte Form der »gotischen Dreiklangrippe«, die im 14. Jahrhundert erreicht wurde und bis heute Standard ist. Sie ergibt einen ungleich melodischeren Klang als die älteren Typen, ihr Schlagton ist cis´. Damit zählt die Elisabethglocke zu den ältesten noch existierenden Glocken dieses zukunftweisenden Typs. Sie wird nur an wenigen Feiertagen geläutet: Am Karfreitag und am 30. April ist sie allein zu hören, an den kirchlichen Feiertagen erklingt sie zusammen mit den anderen Glocken der Elisabethkirche.

Die Inschrift, die sich in gotischen Majuskeln auf der Elisabethglocke befindet, lautet: GRANDO NOCENS ABSIT UBISCUMQUE SONUS MEUS ASSIT (= »schädlicher Hagel bleibe fern, wo nur immer meine Stimme zugegen sei«). Eine Inschrift oder ein Zeichen, das auf ihren Gießer hinweist, gibt es leider nicht. Die beiden Ritzzeichnungen wurden innen in den Mantel eingeritzt, so dass sie jetzt auf der Glocke etwas erhaben erscheinen. Die eine zeigt eine Kreuzigungsgruppe. Christus ist am Kreuz dargestellt, sein Kopf liegt auf seiner rechten Schulter. An seiner rechten Seite steht Maria, zu seiner Linken Johannes, der ein Musikinstrument hält. Eine ähnliche Kreuzigungsgruppe findet sich beispielsweise auf einer 1409 gegossenen Glocke aus Nürnberg, St. Lorenz, wie auch auf der um 1420 gegossenen Glocke der Marktkirche in Halle.

Auf der gegenüberliegenden Seite befindet sich eine Darstellung des Mantelwunders der heiligen Elisabeth, wegen ihr trägt die Elisabethglocke ihren Namen. Sie zeigt Elisabeth in weitem wallendem Gewand und in einen Mantel gehüllt. Ihre Kleidung weist sie als Fürstin aus. Das Kleid ist aus scheinbar meterlangen Stoffbahnen geschneidert, der Mantel mit Hermelin gefüttert. Diese Art der Darstellung ist typisch für das hohe und späte Mittelalter. Zu den bekanntesten bildlichen Zeugnissen, die Adlige in ähnlicher Weise zeigen, gehört zweifellos der Codex Manesse, der in der ersten Hälfte des 14. Jahrhunderts entstand. Vor Elisabeth kniet ein Bettler in zerrissener Kleidung. Vom linken Bildrand her kommt ein Engel geflogen, der ein Gewand auf seinen Händen zu Elisabeth trägt. Vorbild dieser Darstellung ist eine populäre Legende. Es heißt, Elisabeth war wegen hohen Besuchs auf der Wartburg gezwungen, sich in ihre repräsentativsten Gewänder zu kleiden. Als sie nach dem Gottesdienst aus der Kirche trat, saß dort ein kranker Bettler, der kaum etwas am Leibe trug und jämmerlich fror. Elisabeth schenkt ihm vor Mitleid ihren fürstlichen Mantel. Aber den sollte sie ja

Abb. 38: Die Kreuzigungsszene auf der Elisabethglocke

Abb 39: Die Mantelspende auf der Elisabethglocke

eigentlich an der Tafel und beim Fest tragen. Als sie zurück auf der Burg war, ging sie daher aus Angst vor Bestrafung oder Schelte in ihr Zimmer und fragte sich, wie sie erklären sollte, warum sie ihren Mantel nicht trug. Da erschien aber ein Engel und brachte ihr einen Mantel, der genauso kostbar und prunkvoll war wie der, den sie verschenkt hatte. So konnte sie ohne Bedenken zum Fest gehen und niemand bemerkte, dass sie ihren Mantel verschenkt hatte.

Marburg zu Elisabeths Zeit

Der Name »Marburg« lässt sich auf den Marbach zurückführen, er bezeichnet die Befestigung an seiner Einmündung (die heutige Ketzerbach) in die Lahn. Analog gebildet sind beispielsweise Siegburg (Mündung der Sieg in den Rhein) oder Regensburg (Regen in Main).

Möglicherweise steckt in diesem Namen das Wort »Mark«, also Grenze, freilich sind die tieferen Deutungen, welche Grenze denn damit gemeint sein könnte, sehr umstritten. Der Zeitpunkt der Siedlungsgründung ist nicht bekannt, da aber ein Vorgänger des heutigen Landgrafenschlosses schon länger existierte, entstand in seinem Schutz wahrscheinlich der Ort an einem Flussübergang über die Lahn. Hier bot sich der Anschluss von der alten Fernverbindung »Lange Hessen« von Frankfurt nach Eisenach an die historische Wein(= Wagen)straße, die nach Norddeutschland führte. Die gesamte Region gelangte nach dem Aussterben der Gisonen 1122 in den Besitz der Ludowinger. Eine Marktsiedlung ist erst nach 1140 indirekt nachgewiesen; aus diesem Jahr stammt ein bei Alsfeld gefundener Marburger Pfennig, der für einen entsprechenden Handelsort geprägt worden sein muss. Archäologisch konnte im Bereich des heutigen Marktplatzes ein breiter Befestigungsgraben (wohl mit zugehörigem Holz-Erde-Wall) nachgewiesen werden, die ältesten Funde aus der Altstadt kamen in der Zone zwischen Aulgasse, Marktgasse und Schloßsteig zutage und stammen aus der zweiten Hälfte des 12. Jahrhunderts. Demnach erstreckte sich wahrscheinlich die früheste Siedlung um die einstige Kilianskapelle auf dem heutigen Schuhmarkt. »Der Kilian« stammt in Teilen noch aus der Zeit um 1180 – 1200, ursprünglich handelte es sich um einen überwölbten Saalbau mit Rechteckchor, der als Marktkapelle der Pfarrei St. Martin in Oberweimar unterstellt war.

Abb. 40: **Die ehemalige Kilianskapelle auf dem Schuhmarkt**

Zwischen 1180 und 1220 wurde die kleine Stadt zum ersten Mal nach Westen hin ausgedehnt, dabei wurde der alte Wehrgraben verfüllt und das neue Stadtgebiet erstmals mit einer Steinmauer befestigt. Zu dieser Zeit beginnt auch die Nutzung des heutigen Marktplatzes, die ihn umgebenden Häuser sind seit der ersten Hälfte des 13. Jahrhunderts errichtet worden. Aus dieser Zeit stammte der Keller des alten Hauses Markt 10, das ursprüngliche Gebäude besaß einen quadratischen Grundriss mit 6,20 m Seitenlänge – dieses vermutlich älteste Bürgerhaus Marburgs wurde 1953 undokumentiert abgebrochen. Generell hat wahrscheinlich die Parzellenaufteilung in dieser Phase des Ausbaus der Stadt nicht mit der heutigen übereingestimmt. So weicht die Ausrichtung einiger Keller in der Wettergasse und auch am Marktplatz deutlich von den über ihnen erbauten Fachwerkhäusern ab. Die genaue Struktur der Oberstadt im 12. und 13. Jahrhundert kann aber ohne weitere archäologische und bauforscherische Untersuchungen noch nicht geklärt werden.

Die erste Steinmauer umschloss wahrscheinlich in grob quadratischer Form die Stadt, ihre Eckpunkte waren im Uhrzeigersinn das heutige Landgrafenschloss, die so genannte »Hiltwins-Pforte« oder das »Werder Tor« (am Ende der Wettergasse unterhalb der heutigen Wasserscheide), das ehemalige Dominikanerkloster (= heutige Alte Universität) und die bei Ausgrabungen 1973 aufgedeckte Südwestecke im Bereich des ehemaligen Gymnasium Philippinum (heute Schlossberg-Center). Der Anschluss dieser Stadtmauer an das Landgrafenschloss ist heute noch im Untergeschoss des Westsaals sichtbar: Hier stößt ein Mauerzug von Süden an die Ringmauer der älteren Burg aus dem 11./12. Jahrhundert. 1975 kamen bei Bauarbeiten in der Barfüßerstraße die Fundamente eines Stadttores zum Vorschein, das als Kammertor ausgebildet war, sein Grundriss wurde in den Straßenbelag eingepflastert. An der Südflanke der Mauer sitzt ein halbrunder Schalenturm, der so genannte »Hundsturm«, das sicher ältere Lahntor wurde 1350 zum ersten Mal erwähnt.

Ein Bereich, an dem in dieser Zeit schon wirtschaftliche Aktivität nachgewiesen werden konnte, ist der »Bulkenstein« (heute: »Pilgrimstein«), unterhalb der Hangkante floss hier ein Altarm der Lahn, der wohl schon seit dem 11. Jahrhundert genutzt wurde. Am Biegeneck (heute: Lahncenter) kamen 1994 bei Ausgrabungen des Landesamtes für Denkmalpflege Reste einer Uferbefestigung, Fischreusen und zahlreiche Funde zum Vorschein: Im 13. Jahrhundert wurde dieser Lahnarm reguliert und diente als Mühlgraben. Hier wurden nun die Gerberwerkstätten und auch Schustereien angesiedelt, aus historischen Quellen weiß man von einer Badestube am Bulkenstein. Die ansässige Bevölkerung war wahrscheinlich arm und wenig angesehen. Ab dieser Zeit war der Mühlgraben dann sozusagen der Abwasserkanal der Stadt, aus der Oberstadt flossen die Abwässer über die »Enge Gasse« (vormals auch »Dreckloch« genannt) und über andere Entsorgungsgräben in den Mühlgraben und von dort aus in die Lahn.

1222 berichtet die Reinhardsbrunner Chronik, dass Elisabeths Gemahl Ludwig »in maiori ecclesia Martburg cum burgensibus« (in der größeren Kirche in Marburg mit Bürgern) eine Versammlung abhielt, die aufstrebende Siedlung wird als »civitas«, also Stadt, bezeichnet. Diese Nachricht wird als erste Erwähnung des Vorgängerbaus der (heute lutherischen) Marienkirche angesehen, die im westlichen Erweiterungsbereich der Stadt errichtet worden war. Sie wurde 1227 aus der Pfarrei Oberweimar herausgelöst. Wahrscheinlich ist dieses Gotteshaus mit jener Kirche zu identifizieren, in der Elisabeth außerhalb ihres Hospitals wiederholt betete. Beim Abbruch des alten Dominikanerklosters wurden im 19. Jahrhundert mehrere Kapitelle sichergestellt, die möglicherweise

Abb. 41: Das Kalbstor

Abb. 42: Das Steinerne Haus am Markt

ursprünglich zu dieser Kirche gehörten. Die heutige Marienkirche wurde erst ab dem Ende des 13. Jahrhunderts auf einem eigens errichteten Plateau zwischen der Ritterstraße und dem Rübenstein gebaut, ihre Bauformen orientieren sich an der Elisabethkirche. Mit der Errichtung des Turmes begann man 1447, Geldmangel führte zur Verwendung billigen Bauholzes und einer wenig widerstandsfähigen Konstruktion, so entstand der pittoreske schiefe Dachhelm, bis heute Wahrzeichen der Stadt. Im Gegensatz zur Elisabethkirche war sie die Marburger Gemeindekirche für alle pfarrrechtlichen Amtshandlungen und auch Ort weltlicher Rechtsakte in der Stadt.

Im Nordosten der Stadt entstand mit dem Deutschordensbezirk außerhalb der Stadt ein neues Zentrum, das auch auf die ältere Siedlung einwirkte: Der Orden war im Besitz sämtlicher Mühlen Marburgs und konnte von allen Nutzern Gebühren verlangen, hier ist nicht nur an Mahlwerke zu denken, sondern auch an Walkmühlen. Ferner gehörten große Teile der um die Stadt gelegenen Bereiche dem Deutschen Orden, der als der größte Grundbesitzer des Umlandes direkter Konkurrent der städtischen Entwicklung war. Zudem zog er wegen seiner Abgabefreiheit mit dem Verkauf seiner Produkte auch eine beträchtliche Geldmenge aus der Stadt ab, ohne einen Steuerrückfluss zu bieten.

Eine zweite Stadterweiterung mit Neuanlage der Befestigung wird in die Zeit zwischen 1231 und der Mitte des 13. Jahrhunderts datiert. Von der Befestigung sind noch weite Strecken erhalten, auch das einzige bis heute bestehende Stadttor, das Kalbstor, gehört zu dieser Phase. Einen großen Anteil an diesem Wachstum der Stadt hatte sicher Landgraf Konrad, der von 1231 bis zu seinem Eintritt in den Deutschen Orden 1234 eine umfassende Territorialpolitik in Hessen betrieb und besonders Marburg förderte. Wahrscheinlich ist der zugrunde liegende Wirtschaftsaufschwung aber auch auf das erblühende Wallfahrtswesen zum Elisabethgrab zurückzuführen. Zu dieser Zeit wurde in Marburg ein Franziskanerkonvent gegründet. Nach einer erheblich jüngeren Überlieferung aus dem späten Mittelalter erteilte Erzbischof Siegfried von Mainz angeblich 1235 all jenen Ablass, die zur Vollendung der Marburger Franziskanerkirche beitrugen. Der Konvent befand sich zwar bis zu seiner Aufhebung in der Reformation in der südwestlichen Ecke der neuen Stadtbefestigung, nach ihm war das benachbarte »Barfüßertor« benannt, es ist allerdings fraglich, ob die zweifelhafte Notiz eine zuverlässige Datierung für die angrenzende Stadtbefestigung darstellt oder eine bewusste Zurückdatierung praktiziert wurde.

Eine weitere Klostergründung, nämlich die der Dominikaner, erfolgte etwa ab 1291, von ihr ist noch die einstige Klosterkirche erhalten, die als einziger alter Baubestand in den nach 1874 errichteten Neubau der »Alten Universität« einbezogen wurde. Sowohl Franziskaner als auch Dominikaner waren als Bettelorden auf »Laufkundschaft« angewiesen, dies erklärt die verkehrsgünstige Lage ihrer Niederlassungen an den beiden Hauptzugängen Lahntor und Barfüßertor.

Elisabeths Tochter Sophie von Brabant setzte in zähem Ringen gegen die Wettiner und den Mainzer Erzbischof ihren Erbanspruch auf den westlichen Teil der Landgrafschaft Thüringen durch. Sie wählte Marburg zu ihrer Residenz, unter ihrem Sohn Heinrich blieb Marburg bis 1308 Hauptsitz der Landgrafschaft Hessen, was noch im 13. Jahrhundert zum Umbau des Schlosses in eine repräsentative Dreiflügelanlage (ohne den jüngeren Wilhelmsbau) führte. Zugleich trug dies aber auch zum weiteren Gedeihen der Bürgersiedlung bei, die erst 1311 offiziell Stadtrechte erhielt: 1260 wird erstmals die Neustadt mit dem Renthof erwähnt, dabei handelte es sich anscheinend um eine Anbindungsmaßnahme des Stadtkerns zum Gelände des Deutschen Ordens. Später wurde die Altstadt mit dem Deutschordensgelände durch einen gepflasterten Weg, den Steinweg, verbunden. Alle strohgedeckten Häuser, die hier standen, fielen dem großen Stadtbrand vom 13.08.1261 zum Opfer. Der zweite Stadtbrand am 27.03.1319 hat offenbar auch große Teile der Kernstadt vernichtet, ihn überstanden wohl keine Fachwerkhäuser, der erhaltene Baubestand setzt erst nach diesem Brand ein. Die Dachwerke der Dominikanerkirche und der Marienkirche wurden mit Hilfe der Dendrochronologie auf 1291 beziehungsweise 1308 datiert, zumindest diese überdauerten also den verheerenden Brand. Eine weitere Ausnahme bilden einige wenige Steinbauten, die aber zum Teil nur bis ins 19. Jahrhundert erhalten blieben.

Abb. 43: Hirschberg 13

Das älteste überlieferte Steinhaus, das nicht kirchlichen Zwecken diente, stand in der Hofstatt. Es war ein dreigeschossiges romanisches Bruchsteingebäude der Zeit um 1230/40. Wahrscheinlich diente es als Sitz des vom Landgrafen eingesetzten Schultheißen. Es wurde 1960 abgebrochen. Bis heute erhalten ist das so genannte »Steinerne Haus« Markt 18 Ecke Steingasse, es entstand um 1320 und ist damit das älteste Bürgerhaus der Stadt.

Auch die bekanntesten Marburger Häuser stammen aus der Zeit nach dem zweiten Stadtbrand: Hirschberg 13, das im Jahr 1321, also kurz nach dem Großfeuer erbaut wurde. Es gehört zu den ältesten Fachwerkhäusern in Hessen. Zumindest teilweise aus der Zeit um 1330 stammt das Haus Barfüßerstraße 13 Ecke Kugelgasse. Weitere Fachwerkhäuser aus dieser Zeit sind Wettergasse 1 von 1331, Schneidersberg 8 von 1382 und Schloßsteig 6 von 1325. Wahrscheinlich auch eines der ältesten Fachwerkhäuser Marburgs war das so genannte Schäfersche Haus. Es befand sich auf den Grundstücken der Neustadt 3 – 4 und wurde 1873 abgerissen, aber zuvor noch von Carl Schäfer, dem Baumeister der Alten Universität, dokumentiert. Er fertigte ein Modell an, das im Ausstellungsbereich zu besichtigen ist. Es wird wegen seiner urtümlichen Konstruktion und den ausladenden Vorkragungen auf ein hohes Alter geschätzt (wahrscheinlich kurz nach 1319) und galt lange als das älteste Fachwerkhaus in Deutschland.

Abb. 44: Modell des »Schäferschen Hauses«

Somit entwickelte sich die Siedlung Marburg aus den bescheidenen Anfängen einer Burgsiedlung an einem Flussübergang im 13. Jahrhundert zunächst zu einer Wallfahrtsstätte, perspektivisch bedeutender war jedoch ihre Funktion als

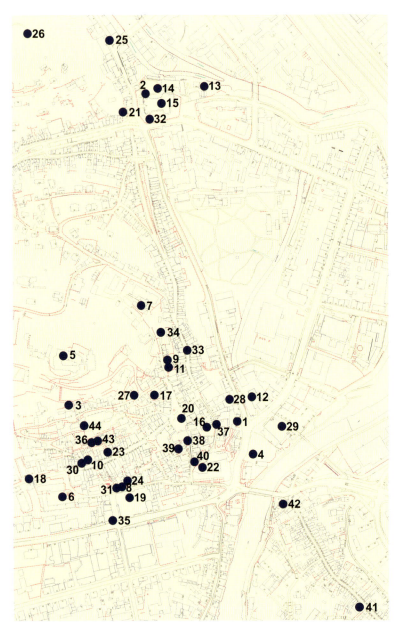

Abb. 45: Archäologische Fundstellen des 13. Jahrhunderts nach den Ortsakten des Landesamtes für Denkmalpflege

Anhängsel der Landgrafenresidenz auf dem Schlossberg. Zahlreiche archäologische Fundstellen aus den Ortsakten des Landesamtes für Denkmalpflege förderten Material aus Elisabeths Lebenszeit zutage. Die interdisziplinäre Erforschung der Stadtentwicklung, des Wechselspiels zwischen Burg, Stadt und Klöstern steht jedoch erst am Anfang.

Das Schwert eines Gotteskriegers

Bereits 1994 kam bei Ausschachtungsarbeiten auf der Großbaustelle »Lahncenter« am Biegeneck ein bedeutender Fund ans Tageslicht: das einzige bisher bekannte mittelalterliche Schwert aus Marburg. Das zweischneidige Hiebschwert ist mit einer Länge von 64,5 cm etwa zu drei Vierteln erhalten, die eigentliche Spitze (ca. 10-15 cm) fehlt. Klinge und Griffangel bestehen aus zwei durchgehenden, um eine mittige Stahlplatte geschweißten Eisenplatten. Von der unteren Hälfte des Gefäßes erstreckt sich bis zur Abbruchkante beidseitig ein breiter und flacher Hohlschliff. Die gerade, im Querschnitt quadratische Parierstange und der diskusförmige Scheibenknauf wurden auf die Griffangel gesetzt, die am oberen Ende des Knaufs fast bündig ausgearbeitet sichtbar bleibt. Von der einstigen Handhabe sind noch Holzreste mit einer Eisendrahtumwicklung erhalten.

Besondere Beachtung verdient die aufwändige Verzierung: Der Knauf trägt Reste einer Vergoldung, die Klinge zeigt auf Vorder- und Rückseite im Hohlschliff Tauschierungen. Beide Zonen werden von gleicharmigen Kreuzen mit rautenförmig ausgezogener Mitte und in den Ecken einbeschriebenen Kreisen eingefasst. Dazwischen trägt die eines Seite die Formel »S O S«, dem »O« könnte ein weiteres »S« einbeschrieben sein. Die andere zeigt eine Folge bis auf wenige (»…SCER…«) nicht eindeutig zu entziffernde Buchstaben.

Die Form des Knaufes und der Klinge sprechen für eine Datierung der Waffe in das 12. bis frühe 13. Jahrhundert. Inschriften sind in dieser Zeit selten, meist handelt es sich um Anrufungen Gottes oder zu Markenbezeichnungen erstarrte Namen berühmter Schmiedemeister. Die deutlich lesbare Formel »S (S?) O S«

lässt sich wohl auflösen als »Sanctus, (Sanctus?) O Sanctus« in enger Verwandtschaft zur lateinischen Fassung der Bibelstelle Jesaia 6, 3, »Heilig, heilig, heilig ist der Herr…«, die in der lateinischen Abendmahlsliturgie eine zentrale Rolle spielt und deshalb sehr geläufig war. Ein Ritter verstand sich im Mittelalter nicht nur als Krieger, sondern auch als Soldat Christi. Die Inschrift ist somit Glaubensbekenntnis und – hier nahezu buchstäblich – Stoßgebet.

Völlig im Gegensatz zur edlen Ausführung des Schwertes steht sein gewaltsames Ende. Die Klinge wurde brachial mehrfach umgebogen, hierbei barst die Spitze. Dies kann keine Folge eines regulären Kampfes gewesen sein, eine derartige Verformung war nur unter Aufbietung erheblicher Kräfte an der fest eingespannten Waffe möglich. Wenn wir davon ausgehen wollen, dass niemand ein solches Schwert als Brechstange benutzte, wurde es wohl vorsätzlich unbrauchbar gemacht. Leider schweigen die Quellen zu den näheren Umständen dieser Szene.

Abb. 46: Das Schwert vom Biegeneck

Abb. 47: Beschriftung der Vorderseite der Klinge

Abb. 48: Beschriftung der Rückseite der Klinge

Die Firmanei – Vom Ordensspital zur Weinstube

Nördlich der Elisabethkirche, etwa im Bereich des heutigen »Mexicali«, befand sich die Firmanei des Deutschen Ordens. Der Name, lateinisch *infirmarium*, bezeichnete das Brüderhospital, also die Krankenstube für Ordensritter. Wie bei jedem mittelalterlichen Hospital schloss sich an den eigentlichen Krankensaal eine Kapelle an, deren Weihe 1286 bezeugt ist. Auf sie ging offensichtlich das ältere Franziskus-Patrozinium (einst in Elisabeths Hospital) über, das seit dem Bau der gotischen Elisabethkirche gewissermaßen vakant war. An diesem Gebäude haftet die schriftliche Überlieferung, es sei über Elisabeths Sterbeort errichtet worden, deshalb führte zu ihm in der ersten Hälfte des 14. Jahrhunderts jeweils am 20. November eine Gedächtnisprozession. Die Auswertung der Grabungen von 1970/71 lässt allerdings keinen Hinweis auf eine ältere Bebauung erkennen, unter den freigelegten Mauern des späten 13. Jahrhunderts fanden sich keine Vorgänger. Südlich der Firmaneikapelle häufen sich die Funde prächtig mit Lilienmotiv verzierter Bodenfliesen, die einst weiß inkrustiert waren. Wahrscheinlich handelt es sich hierbei um Reste eines aufwändigen Bodenbelages der Firmanei aus dem 14. Jahrhundert.

Im Westen der Firmanei lag der große Firmaneispeicher, der als Getreidekasten und Weinkeller des Deutschen Ordens fungierte, sein massiver Baukörper schloss den Deutschordensbezirk zur heutigen Elisabethstraße ab, die

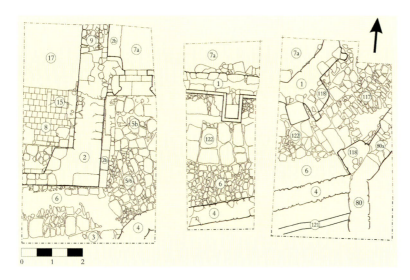

Abb. 49: Übersichtsplan der Grabungsbefunde an der Firmaneikapelle

Abb. 50: Rekonstruktion des Fliesenmusters der Firmanei

in der Trasse einer historischen Wegeverbindung von Cölbe nach Ockershausen liegt. Seine Südostecke überdeckte eine der beiden Glockengussanlagen aus dem 14. Jahrhundert, der Speicher ist im Kern deshalb deutlich nach der Firmanei errichtet worden.

Offensichtlich wurde das Brüderspital kaum als solches genutzt, die durchgehend adligen Ordensritter hatten wahrscheinlich schon bald nach der Gründung die mönchische »vita communis«, das gemeinsame Leben in einem großen Saal, zugunsten komfortablerer Wohnformen mit eigenen Räumen aufgegeben, so dass kein Bedarf mehr an einem separaten Krankensaal bestand, noch 1543 standen zwar in einem Nebenraum Betten, waren aber offensichtlich seit längerem unbenutzt.

Bereits 1379 erscheint in den Abrechnungen des Ordens ein Weinausschank, der innerhalb des Deutschordensbezirks betrieben worden sein muss – und so von dessen Steuerfreiheit profitierte. Er lässt sich just im Keller der Firmanei lokalisieren, im 16. Jahrhundert wurde sogar die angrenzende Kapelle profanen Zwecken zugeführt: Hier standen zwei kupferne Destillierblasen zur Branntweingewinnung. Landgraf Philipp der Großmütige beschrieb den Zustand 1544 in einem Brief an den Kaiser: »Aber es ist allhie mit dem infirmario dem haus der kranken zugegangen wie Christus sagt, der tempel ist ein haus des greuls, so habt ir ein morder Grube daraus gemacht, den man hat aus diesem ort, da der armen gewarten, ein schenk oder weinhaus gemacht. Und ist aus dem allen zu befinden, das S. Elisabeth den spital des orts da, wo die infirmaria und S. Francisci Capella stehet, gebawet hat«.

Der Weinzapf begann Ostern und war bis St. Michael (29. September) geöffnet. Ein Visitationsbericht von 1718 beschreibt detailliert den wohlorganisierten Ausschank und die Ausstattung des Gasthauses bis hin zu Geschirr und Spielen, selbst musikalische Unterhaltung durch Spielleute, die auf Kosten des Ordens gastierten, war gegeben. Den hier ausgeschenkten Wein bezog der Deutsche Orden aus seinen Keltereien im Marburger Umland. Trotz des nicht unerheblichen Eigenverbrauchs der Ordensmitglieder blieben jedes Jahr etliche Mengen Wein übrig, die die Ordensbrüder hier gewinnbringend veräußern konnten.

In günstigen Jahren besaß der Orden einen Überschuss von 82 Fuder (= ca. 78 000 l) Wein. Für eine Halbe Wein (ca. 1 l) bezahlte man in der Weinschenke 6-7 Heller. Für erlesenere Sorten musste man bis zu 12 Heller zahlen, bezeichnend ist, dass die Nachfrage nach diesen größer war. Dies wirft ein Licht auf die eigene Geschmacksnote der Marburger Weine. Ein Schreiben eines spanischen Durchreisenden ist überliefert, der über den Marburger Wein urteilte, »…daß in

Hessen der natürliche Essig wachse.« Landgraf Wilhelm IV., der den Kasseler Weinbau besonders förderte und sich um die Veredelung der einheimischen Sorten mühte, sah sich wiederholt mit Beschwerden seines Gesindes konfrontiert, dem er die heimischen Tropfen vorsetzte.

Der Marburger Rat kämpfte erfolglos gegen das steuerfreie Fremdtrinken seiner Bürger, 1395 wurde eine drakonische Strafe in Höhe von einem Pfund (der Gegenwert von knapp 300 l Wein) für den Kauf von Wein des Marburger Ordens erhoben. Die abschreckende Wirkung war gering, die Marburger Bürger erschienen teils incognito, gar verhüllt in Tücher oder unter Körben, um ihrer Obrigkeit zu entgehen.

Abb. 51: Rekonstruktion der Firmanei, Zustand frühes 18. Jahrhundert

Wir sind über das Aussehen des Deutschordensgeländes im 18. Jahrhundert sehr gut informiert, denn bereits um 1735 wurde unter dem Landkomtur Hugo Damian von Schönborn ein Atlas aus Ansichten, Grundrissen, Quer- und Längsschnitten fast aller Gebäude des Geländes angefertigt. Diese hochrangige historische Bildquelle zur Baugestalt des Areals harrt leider immer noch ihrer Auswertung, sie bildet die Grundlage der Virtual Reality in der Ausstellung, die vom Zentrum für graphische Datenverarbeitung Darmstadt und Rostock erstellt wurde.

Das muntere Treiben endete im Siebenjährigen Krieg (1756-63). Bei einem Rückeroberungsversuch des französisch besetzten Marburg suchte eine hessische Abteilung im Torbereich des Deutschen Ordens Zuflucht vor schwerem Beschuss. Treffer dieses Gefechts sind noch heute an den Westtürmen der Elisabethkirche zu sehen. Die Firmaneikapelle und der Speicher gingen in Flammen auf, der Speicher wurde wieder notdürftig gerichtet, die Kapelle blieb Ruine. Karl Wilhelm Justi beschrieb 1824 ihr Inneres aus seiner Erinnerung: »Mit Theilnahme erinnert sich der Verfasser der damals noch ziemlich wohl erhaltenen, durch eine schöne Struktur und sinnreiche Verzierungen ausgezeichneten Kapelle, worin sich noch einige hölzerne größtentheils vergoldete Schnitzarbeiten und wenige Reste von gemalten Fenstern befanden. Aber noch im letzten Viertel des achtzehnten Jahrhunderts, wo das Dach gänzlich ruiniert (...) war, standen ihre kunstreich verzierten Wände da, und in deren Mitte ein großes, sehr altes steinernes Kruzifix«. Die Ruine wurde 1786 abgebrochen, aus ihrem Schutt konnten das Franziskus-Reliquiar und die erhaltenen drei Schluss-Steine geborgen werden. Auch der Speicher wurde 1839 schließlich abgerissen.

Im Boden blieben dagegen zahlreiche Spuren der fröhlichen Zecherei erhalten: Trink- und Schankgefäße bezeugen den Weinkonsum, aber auch bleiglasierte, bunt bemalte Schüsseln lassen auf Gastungen schließen, die bei gutem Wetter sicher nicht nur in der Weinstube, sondern auch auf der einladenden Freifläche stattfanden.

Abb. 52: Bauern bei der Apfelernte

Abb. 53: Schlachter am Werk

Ernährung in Mittelalter und Neuzeit

Getreide, Obst und Gemüse

Das mit Abstand wichtigste Nahrungsmittel im Mittelalter waren die verschiedenen Getreidesorten, vor allem Roggen. Die klassischen Brotgetreide wurden auch als Brei verzehrt, wie bis heute Hafer. Vorwiegend zum Bierbrauen diente die kleiberarme Gerste. Auch heimisches Obst erfreute sich großer Beliebtheit. Als Luxusartikel wurden Feigen, Granatäpfel und Orangen importiert.

Gemüse wurde meist in Form von Brei gegessen. Die wichtigsten Gemüsesorten waren Sellerie, Gurken, Mangold, Brennnesseln, Möhren, Erbsen, Rettich, Zwiebeln, Lauch, Feldsalat, Rüben. Kohl trug in Form von Sauerkraut im Winter zur Vitaminversorgung bei.

Gewürze – vor allem Pfeffer und Safran, aber auch Salz – wurden oft importiert und waren dementsprechend teure Statussymbole. Zum Süßen stand ausschließlich Honig zur Verfügung, lediglich in Italien war Rohrzucker bekannt.

Tierische Nahrungsmittel

Die am meisten verzehrten Tiere waren Schweine, Rinder, Schafe und Ziegen sowie Enten, Gänse und Hühner. Wildbret unterlag dem Jagdregal des Adels und kam entsprechend seltener (dann oft illegal) auf den Tisch. Dennoch lag der Fleischkonsum im hohen und späten Mittelalter beinahe auf dem heutigen Niveau. Zur Eiweißversorgung trugen besonders in den Fastenzeiten Fische bei. Des Weiteren wurden auch Froschschenkel, Schnecken und Singvögel sowie Kleinsäuger wie Eichhörnchen, Igel und Siebenschläfer gegessen. Natürlich wurden auch Milchprodukte wie Käse sowie Eier verzehrt.

Getränke

Im Mittelalter waren Bier und Wein, in manchen Regionen Apfelwein, das wichtigste Getränk. Der Weinbau war deutlich weiter verbreitet als heute, dies lag nicht nur am günstigeren Klima des hohen Mittelalters, sondern auch an der Sitte, den oft herben Tropfen mit Gewürzen genießbar zu machen. Milchgetränke hatten einen schlechten Ruf und waren eher den ärmeren Schichten vorbehalten, das geschmacklich (wie hygienisch) meist zweifelhafte Wasser wurde gemieden.

Der gedeckte Tisch

Der Speiseplan war weniger vom formalen Status als von den finanziellen Mitteln bedingt, Importwaren und fremde Gewürze blieben Luxusartikel. Zudem war die Vielfalt des Speiseplanes auch von der Ausstattung der Küche abhängig, da in ärmeren Küchen meist nur ein einziger Topf (eben für Eintopf) zur Verfügung stand. Angehörige der ärmeren Schichten aßen meist von einfachen, hölzernen Brettchen und Schüsseln. Auch Trinkbecher und Löffel waren aus Holz gefertigt. Löffel und Messer gehörten zur individuellen Ausstattung und wurden mitgeführt (daher die Redensart »den Löffel abgeben«). Die Gabel diente nur als Vorlegewerkzeug, erst in der Neuzeit wurde sie zum Essbesteck und ersetzte den mittelalterlichen »Pfriem«, einen Eisenstift, mit dem das Fleisch beim Schneiden festgehalten, aber nicht zum Mund geführt wurde. Tischtücher waren dagegen schon im hohen Mittelalter üblich, sie dienten nicht nur der Zier, sondern auch als Schnupftuch und Serviette.

Ab dem 13. Jahrhundert treten auch in einfachen Haushalten irdene Becher und vereinzelt irdene Teller auf, Gläser und Metallgeschirr bleiben bis ans Ende des Mittelalters echte Wohlstandsanzeiger. Bis weit in die Neuzeit wurden sie nur als Schmuck von Küche und Stube, aber nicht als Gebrauchsgut verwendet. Dies gilt lange Zeit auch für farbige bleiglasierte, auch bunt bemalte Schüsseln und Töpfe, die ab dem 15. Jahrhundert zunehmend auch in einfache Haushalte Eingang finden.

Abb. 54: »Eine wohl ausgestattete Küche«

Abb. 55: Zwei Kochtöpfe (links), ein tragbarer Glutbehälter (rechts hinten) und eine Schale (rechts vorne), Irdenware, Marburger Universitätsmuseum

Wasserversorgung und -entsorgung in Marburg – Schlüssel der Hygiene

Wie Krankheiten übertragen wurden, war in Mittelalter und früher Neuzeit weitgehend unklar, im Verdacht standen neben schlechter Luft (unser Wort Malaria bewahrt die Erinnerung: male aria = schlechte Luft) und gefährlichen Ausdünstungen durchaus auch Hexerei und natürlich der allgegenwärtige Wille Gottes. Meist unbewusst wurden jedoch schon im Mittelalter Schutzmaßnahmen vor Krankheiten getroffen, neben der Isolierung vermeintlich hoch ansteckender Kranker (Leproser) kommt hier besonders der

Abb. 56: Wasserhahn am Kump am Plan

Wasserver- und -entsorgung eine zentrale Bedeutung zu. Auf diesem Gebiet kann Marburg eine stattliche Anzahl gut dokumentierter Befunde vorweisen, die den sorgfältigen Umgang mit dem wichtigsten Lebensmittel zeigen:

Die Marburger Bevölkerung wurde bis ins 19. Jahrhundert durch drei verschiedene Leitungssysteme mit Wasser versorgt. Die Stadt hatte eine Zuleitung, das Schloss wurde separat beliefert, und das Deutschordensgelände besaß ebenfalls eine rechtlich und finanziell unabhängige Wasserzuleitung.

Stadtwasserleitung und Entsorgung

Bis ins ausgehende Mittelalter versorgten Tiefbrunnen die Stadt. Ein solcher befand sich am Marktplatz vor dem Rathaus, er wurde seit dem späten 12. Jahrhundert bis um 1400 als Wasserabgabestelle benutzt. An der südwestlichen Ecke der ersten Stadtmauer lag ein weiterer Brunnen, der bis ins frühe 17. Jahrhundert benutzt wurde. 1995 wurde ein Tiefbrunnen an der Ecke Mainzergasse/Schloßsteig gefunden, der zusammen mit den anderen auf ein weitmaschiges Netz von Tiefbrunnen schließen lässt, die die mittelalterliche Versorgung sicherten. Quellen gab es am Fuß des Berges am Pilgrimstein. Für die Brunnenwartung zuständig ist seit 1453 der Gossener, ab 1580/90 der Brunnenleiter. Ab etwa 1400 reichten die Tiefbrunnen nicht mehr aus, so dass die Stadt eine Fernwasserleitung bauen ließ. Diese ging von der Brunnenstraße in Marbach aus und verlief durch den Götzenhain am Osthang des Schlossberges bis zum Bassin unterhalb des Renthofes, von dort weiter über die Wettergasse bis in die Barfüßerstraße. Dabei wurde das Wasser in mehreren Kümpen gesammelt und abgegeben: Ein solcher Kump befindet sich noch heute am Marktplatz (seit 1450), einer unterhalb des Rathauses, einer am Heumarkt, einer in der Wettergasse (seit 1374) und ein weiterer am Plan. Eine zusätzliche Abzweigung am Renthof verläuft über den Steinweg zum Mönchsbrunnen.

Die Kümpe sind in der Regel tonnengewölbte, annähernd rechteckige Behälter aus Sandstein mit einem Fließwasserhahn oder runde Sammelbehälter aus Sandstein mit einer Holzabdeckung wie auf dem Marktplatz. Die Wasserleitungen bestanden über Jahrhunderte aus Erlenholz, welches in Weidenhausen geschlagen wurde. Erlenholz lässt sich gut mit einem Löffelbohrer aushöhlen und verfault nicht so schnell wie anderes Holz, ist aber pflegeintensiver als Metallrohre. Später wurden auch tönerne und gusseiserne Rohre verwendet.

Eine zentrale Wasserversorgung für alle Haushalte in der Stadt gab es erst mit dem Bau des Hochwasserbehälters im Schlosspark ab 1893. Kurz danach ist auch die Abwasserentsorgung durch Kanalisation sichergestellt worden. Der Nobelpreisträger für Medizin und Stadtrat Emil von Behring setzte sich für die hygienische Form der Wasserentsorgung ein, denn die Verhältnisse waren erschreckend: »Im September v. J. (1866, A. d. Verf.) zählten wir auf einer kaum achtzig Schritte langen Straßenstrecke innerhalb der Stadt neben einigen thierischen Abwürfen, drei alten Kochtöpfen und einer nicht geringen Masse abgeworfenen Kummers (Schutt/Müll, A. d. Verf.), 21 Haufen Auswürfe der menschlichen Natur.« (Oberhessischer Anzeiger 1./31.1.1867)

Im 19. Jahrhundert gab es zwar einige Abwässerkanäle in der Altstadt, in manchen Bereichen liefen aber die Abwässer aus den Aborten direkt auf die Straße und bei Regen den Berg hinunter. Ein Abwasserkanal lief offen vom Schloßsteig kommend durch das »Dreckloch« (zwischen Wettergasse und Pilgrimstein) zur Lahn, eine weitere Rinne ergoss sich die Krebsgasse hinunter durch das »Wolfsloch« in der Stadtmauer. Alle acht Tage kam der so genannte Schubbs-Hannes und kehrte die Haufen unter den Aborten zusammen. Nach dem Einbau der Kanalisation 1895-1900 ging nur noch ein geringer Teil der Exkremente in Düngergruben, die zweimal im Jahr geleert wurden.

In Weidenhausen wurden die Fäkalien für die Felder benötigt und es wurde daher bis 1932 auf eine Kanalisation verzichtet, zumal sich die Aborte außerhalb der Häuser befanden.

Abb. 57: Modell des Landgrafenschlosses, der Pfeil weist auf einen Aborterker am Wilhelmsbau

Landgräfliche Quellwasserleitung

Die Wasserversorgung für die Schlossbewohner stellte bis zum Aushub des Halsgrabens eine Quelle unter dem Wilhelmsbau sicher. Nach deren Versiegen musste ein Tiefbrunnen gebohrt werden, der schließlich nach mehreren Abtäufungen ca. 100 m tief führte und bis um 1890 in Betrieb war. Außerdem ließ der Landgraf eine Fernwasserleitung bauen, die von der Haide (in der Nähe des Behring-Mausoleums am Wannkopf) bis zum Kump (Roter Hahn) zwischen Leutehaus und Wilhelmsbau im Schloss führte. Am Roten Hahn zweigten Leitungen ab, die die Adelshöfe in der Rittergasse, den Forsthof, die landgräfliche Kanzlei und den Renthof mit Wasser versorgten. Ein Vorratsbrunnen befand sich an der Rückwand des Kellers der Lichtkammer (Nordterrasse) und diente als Sammelstelle für überflüssiges Wasser aus dem Tiefbrunnen und den Regenleitungen für schwierige Zeiten, wie zum Beispiel im Winter 1637/38, als die gesamte Wasserversorgung des Schlosses wegen zugefrorener Leitungen zusammenbrach. Zudem bestanden seit dem 17. Jahrhundert ein Kump im Backhaus des Wilhelmsbaues und einer im Schlachthaus auf der Nordterrasse. Die Abwasser wurden durch Aborte am Gebäude entsorgt, die auf den bekannten Wegen ins Tal strömten.

Abb. 58: Foto der Bleiwasserleitung, 2. Drittel des 13. Jahrhunderts

Abb. 59: Querschnitt durch die Drainageleitungen vor dem Fundament des Deutschhauses (oben) und Schnitt durch die Baugrube der Bleiwasserleitung (unten)

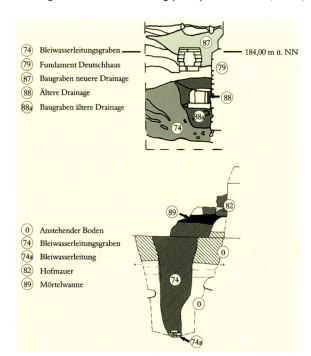

Landgräfliche Lahnwasserleitung

Die Pferde wurden nicht mit Quellwasser getränkt, sondern mit Uferfiltrat der Lahn, das über eine Pumpstation am Grüner Wehr außerhalb der Stadtmauer zum Schloss nach oben geleitet wurde und am Südgraben sich in zwei Leitungen aufteilte: Eine Leitung führt zum Schlosspark, die andere auf den heutigen Parkplatz vor dem Schloss, wo sich ein Renaissancebrunnen von Baldewein befand, der im 30-jährigen Krieg zerstört wurde.

Die Leitungen wurden das erste Mal 1572-76 von Markus Hibeler aus Kempten errichtet und bestanden aus Messingzylindern und Eisenrohren. Das Pumpwerk ist von Eberhard Baldewein 1583 errichtet worden, und Kurt Senger aus Frankenberg baute die folgenden Leitungen. Sie hatten eine Länge von 1030 m und mussten eine Höhe von 115 m bis zum Wasserturm überwinden. 1867 ist die Leitung wiederum ersetzt worden und förderte nun statt 9 cbm/Tag 45cbm pro Tag. Solche Wasserkünste sind seit dem 13. Jahrhundert bereits für Breslau und Lübeck belegt, doch haben sie ihre Blütezeit erst in den fürstlichen Gärten des Barock, da sie sehr reparaturanfällig sind und bis ins 19. Jahrhundert nur geringe Kapazitäten boten.

Deutschordensbezirk

Die Versorgung des Marburger Deutschhauses mit Frischwasser lässt sich bereits in die Zeit der Übernahme des Geländes durch den Deutschen Orden datieren. Von einer Quelle in der Nähe des heutigen Elisabethbrunnens führte eine Bleiwasserleitung nördlich der Elisabethkirche in Richtung Deutschhaus (Bef. 74), dessen Fundamente die Baugrube der Leitung schneiden. Durch eine Münze von 1260/70, die während der Ausgrabungen 1970/1971 gefunden wurde, lässt sich der Bau dieser Leitung auf das zweite Drittel des 13. Jahrhunderts datieren, ihr weiterer Verlauf muss offen bleiben. Zum Schutz und zur Verbesserung der Stabilität des Bleirohres verlief die Leitung zwischen Steinplatten. Bleirohre waren ein großer Luxusgegenstand, den sich fast nur Klöster leisten konnten – die Stadt Marburg verfügte zu dieser Zeit noch nicht einmal über Holzrohre.

Die Wasserentsorgung, vor allem des anfallenden Regenwassers (immerhin befinden wir uns im regenreichen Marburg) war auf einfachere Weise gelöst. Wie auf Abb. 59 dargestellt, verlaufen an der Mauer des Deutschhauses entlang Wasserkanäle. Der mittelalterliche Kanal wurde zusammen mit dem Gebäude errichtet. Er besteht aus flachen behauenen Sandsteinplatten, die eine geschlossene Rinne bilden. Vergleichbare Grabungsbefunde kamen entlang des Firmaneispeichers, aber auch südlich der Elisabethkirche als Ableitung von deren Wasserspeiern zutage. Derartige Wasserführungen konnten auch im Bereich des ehemaligen Philippinums (heute Schloßbergcenter), am Marktplatz oder auf dem Wetzlarer Domplatz aufgedeckt werden. Ähnliche Oberflächenableitungen sind noch heute in Freiburg im Breisgau zu besichtigen. Die dortigen »Bächle« verlaufen als offene Rinnen durch die Altstadt.

Dieser Typ blieb über Jahrhunderte unverändert, oberhalb des mittelalterlichen Kanals verlief ein weiterer Abwasserkanal (Bef. 87). Dieser wurde im 19. Jahrhundert aus genormten (preußischen) Ziegeln gebaut. Sie entwässerten in den Mühlgraben oder den Unterlauf der Ketzerbach.

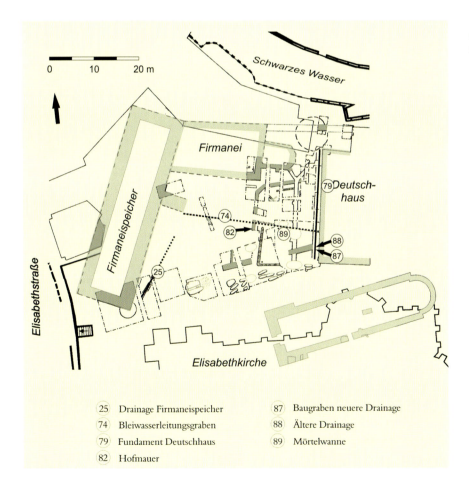

Abb. 60: Übersicht der Wasserleitungen nördlich der Elisabethkirche

Danksagung

Für vielfältige Hilfe und Unterstützung ist zu danken:

Herrn Jakob Müller

Wachdienst Securitas, namentlich Herrn Muth

Glocken- und Kunstgießerei Rincker GmbH & Co., Sinn, namentlich Herrn Hanns-Martin Rincker und Herrn Helmut Kimpel

Vorgeschichtliches Seminar der Philipps-Universität Marburg, namentlich Herrn Prof. Dr. Andreas Müller-Karpe, Frau PD Dr. Kari Kunter und Frau Bettina Hahn-Stern

Universitätsstadt Marburg,

Herrn Bürgermeister Dr. Franz Kahle

Fachdienst Vermessung der Universitätsstadt Marburg, namentlich Herrn Albert Metzger

Fachdienst Stadtplanung – Untere Denkmalschutzbehörde, namentlich Herrn Manfred Ritter und Herrn Markus Klöck

Fachdienst Kultur – Stadtarchiv Marburg, namentlich Herrn Dr. Ulrich Hussong

Herrn Stadtbaudirektor i.R. Elmar Brohl

Hessisches Landesamt für geschichtliche Landeskunde, namentlich Herrn Dr. Ulrich Ritzerfeld, Herrn Prof. Dr. Otto Volk, Herrn Prof. Dr. Niklot Klüßendorf

Landesamt für Denkmalpflege Hessen, Abt. Archäologische und Paläontologische Denkmalpflege, Sachgebiet Mittelalter- und Neuzeitarchäologie, namentlich Frau Dr. Christa Meiborg, Frau Daniela Gnau

Hessisches Staatsarchiv Marburg, namentlich Herrn Dr. Wolfhard Vahl und Herrn Prof. Dr. Gerhard Menk

Herrn Erhart Dettmering, Evangelische Kirche Marburg

Herrn Dr. Hans Drescher, Hamburg

Herrn Dr. Walter Jungmann, Institut für Geograhie der Philipps-Universität Marburg

Hochschulrechenzentrum der Philipps-Universität Marburg

Freiwillige Feuerwehr Marburg-Mitte

Institut für Bauforschung und Dokumentation Marburg (IBD), namentlich Herrn Elmar Altwasser und Herrn Ulrich Klein M.A.

Arbeitskreis für Hausforschung e.V., namentlich Herrn Prof. Dr. Georg U. Großmann

Mailinglist arch-de, namentlich Herrn Andreas Brunn M.A.

Herrn Prof. Dr. Reinhold Huckriede, Marburg

Herrn Dr. Alfred Geibig, Veste Coburg

Herrn Prof. Dr. Andreas Meyer, Institut für mittelalterliche Geschichte der Philipps-Universität Marburg

Frau Gudrun Wiegand, Marburg

Herrn Michael Scheffold M.A., Bad Windsheim

Herrn Jürgen Conrad, Marburg

Herrn Juan Miguel Restrepo Valdes, Frau Sabine Könemund, Frau Sonja Steinmetz, Frau Alissa Theiß, Herrn Ronald Breithaupt, Herrn Alberto Basile, Herrn Alessandro Marazzi

Frau Dr.-Ing. Katrin Atzbach M.A. – Digitale Dienstleistungen Marburg

Frau Katrin Kania M.A. – Pallia: Textiles & Gesang Erlangen

Herrn Sebastian Olschok

Teilnehmende der vorbereitenden Lehrveranstaltung am Vorgeschichtlichen Seminar der Philipps-Universität-Marburg WS 2004/05- WS 2006/07

Rebecca Aumer, Eva Basse, Sarah Baumert, Celia Bergmann, Matthias Bischof, Ekkehard Breuker, Julia Cimbora, Judith Claaßen, Hannah Drissen, Robert Eichholz, Jochen Greven, Sonja Guber M.A., Cathrin Hähn, Anna-Franziska Hof, Nantke Hoppe, Saskia Karwatowski, Andreas Kistner, Volker Klass, Rüdiger Kurth M.A., Florian Liesegang, Jon Munteanu, Matthias Nolte, Stefan Nowak, Ilyas Özsen, Jana Ronbrocks, Ulrich Risseler, Dana Schlegelmilch M.A., Kay Schrameyer, Cathrin Semmelrogge, Laura Sevá, Yvonne Sonnenberg, Jasmin Stein, Patrick Stritter, Laura Wagner, Silvia Weintraut, Felicitas Weiß, Simon Wüthrich

Literatur

Elisabeth von Thüringen – kurze Übersicht über ein kurzes Leben
Alissa Theiß

Hans Bentzien, Elisabeth. Das irdische Leben einer Heiligen, Berlin 1990

Jürgen Jansen, Medizinische Kasuistik in den »Miracula sancte Elyzabet«, Frankfurt am Main 1985.

Sankt Elisabeth. Fürstin – Dienerin – Heilige, Sigmaringen 1981.

Reinhold Schneider, Elisabeth von Thüringen, Marburg 1981.

Alois Schütz/Josef Kirmeier (Hrsg.), Herzöge und Heilige. Das Geschlecht der Andechs-Meranier im europäischen Mittelalter, München 1993.

Mit Spaten und Bagger auf der Suche nach Elisabeth
Rainer Atzbach

Rainer Atzbach, Das Hospital der hl. Elisabeth und die Baugeschichte des Deutschordenshauses in Marburg. In: Hessen-Archäologie 2005. S. 113 – 115.

Wolfgang Heß, Münzfunde aus Hessen als Spiegel des Geldumlaufs. In: Hessisches Jahrbuch für Landesgeschichte, Band 25, 1975. S. 148 – 222.

Reinhold Huckriede, Der Untergrund des Deutschen Hauses und weitere geologische und urgeschichtliche Befunde in Marburg an der Lahn. In: Geologica et Palaeontologica, Band 6, 1972. S. 177 – 201.

Ubbo Mozer, Marburg. In: Jörg Bergmann u.a., Fundchronik für das Jahr 1970, Fundberichte aus Hessen, Band 11, 1971. S. 168.

Ubbo Mozer, Marburg. In: Fundchronik des Landesarchäologen von Hessen für die Jahre 1971 und 1972. In: Fundberichte aus Hessen, Band 13, 1973 (1975). S. 351 – 357.

Ubbo Mozer, Am Franziskushospital. Zur Geschichte des Platzes nördlich der Elisabethkirche in Marburg. In: Mitteilungen der Chattisch-Pannonischen Gesellschaft zu Marburg, Band 2, Marburg 2000.

Sigrid Neumann, Anthropologische Untersuchung an, aus dem Hochmittelalter stammenden Skelettresten des Hospitalfriedhofes in Marburg/ Lahn. Wiss. Hausarbeit für die Erste Staatsprüfung des Lehramtes an Haupt- und Realschulen im Fach Biologie, Maschinenschr. Gießen 1974.

Wilhelm Tropp/ Hermann K. Neff, Die Gründungsverhältnisse der Elisabethkirche in Marburg an der Lahn. In: Geologica et Palaeontologica, Band 6, 1972. S. 203 – 206.

Das »Bußkleid der heiligen Elisabeth«
Katrin Kania und Rainer Atzbach

Katrin Kania, Konstruktion und Nähtechnik mittelalterlicher weltlicher Kleidung. Ungedruckte Dissertation am Lehrstuhl für Archäologie des Mittelalters und der Neuzeit der Otto-Friedrich-Universität Bamberg 2007.

Ruth Grönwoldt, : Sog. Bußkleid der hl. Elisabeth. In: Sankt Elisabeth. Fürstin – Dienerin – Heilige, Sigmaringen 1981, S. 387 – 390.

Ein tiefer Umbruch: Die neue Frömmigkeit um 1200
Alissa Theiß

Dieter Bauer u. Peter Dinzelbacher (Hg.), Religiöse Frauenbewegung und mystische Frömmigkeit im Mittelalter, Köln 1988.

Peter Eggenberger, Georges Descoeudres, Kirche und Frömmigkeit. In: Stadtluft, Hirsebrei und Bettelmönch – Die Stadt um

1300. Katalog zur Ausstellung. Hrsg. Flüeler, Marianne und Nikolaus, Zürich, Stuttgart 1992-93. S. 437 – 444.

Kaspar Elm, Die Stellung der Frau in Ordenswesen, Semireligiosentum und Häresie zur Zeit der heiligen Elisabeth. In: Sankt Elisabeth. Fürstin – Dienerin – Heilige, Sigmaringen 1981. S. 7 – 28.

Amalie Fößel u. Anette Hettinger, Klosterfrauen, Beginen, Ketzerinnen. Religiöse Lebensformen von Frauen im Mittelalter. Historisches Seminar – Neue Folge, Band 12, hrsg. Reese, Armin u. Uffelmann, Uwe, Idstein 2000.

Isabel Grübel, Bettelorden und Frauenfrömmigkeit im 13. Jahrhundert: das Verhältnis der Mendikanten zu Nonnenklöstern und Beginen am Beispiel Straßburg und Basel. Kulturgeschichtliche Forschungen, Band 9, hrsg. Moser, Dietz-Rüdiger, München 1987.

Hermann Grundmann, Religiöse Bewegungen im Mittelalter. Untersuchungen über die geschichtlichen Zusammenhänge zwischen der Ketzerei, den Bettelorden und der religiösen Frauenbewegung im 12. und 13. Jahrhundert und über die geschichtlichen Grundlagen der deutschen Mystik, 2. Hildesheim 1961.

Johannes Thiele (Hrsg.), Mein Herz schmilzt wie Eis am Feuer: die religiöse Frauenbewegung des Mittelalters in Portraits, Stuttgart 1988.

Elisabeths Marburger Hospital
Rainer Atzbach

Rainer Atzbach, Ausgrabungsergebnisse zur heiligen Elisabeth in Marburg. In: Dieter Blume und Matthias Werner, Elisabeth von Thüringen – Eine europäische Heilige, Wiss. Begleitband zur 3. Thüringer Landesausstellung, Petersberg [im Druck].

Rainer Atzbach u.a., Ausgrabungen an der Elisabethkirche, Marburger Stadtschriften zur Geschichte und Kultur, Marburg [in Druckvorbereitung].

Ulrich Craemer, Das Hospital als Bautyp des Mittelalters, Köln 1963.

Ulrich Großmann, Der spätmittelalterliche Fachwerkbau in Hessen, Königstein i.Ts. 1983.

Christa Meiborg, Die archäologischen Untersuchungen in der Elisabethkirche in Marburg 1997, Hessisches Jahrbuch für Landesgeschichte 49, 1999, S. 201 – 228.

Christa Meiborg, Das Kanonissenstift in Wetter, Kr. Marburg-Biedenkopf. Fundberichte aus Hessen 39/40, 1999/2000 (2005), S. 71 – 257.

Werner Moritz, Das Hospital der heiligen Elisabeth in seinem Verhältnis zum Hospitalwesen des frühen 13. Jahrhunderts. In: Sankt Elisabeth. Fürstin – Dienerin – Heilige, Sigmaringen 1981, S. 101 – 127.

Paul Gerhard Schmidt, Die zeitgenössische Überlieferung zum Leben und zur Heiligsprechung der heiligen Elisabeth, in: Sankt Elisabeth. Sankt Elisabeth. Fürstin – Dienerin – Heilige, Sigmaringen 1981, S. 1 – 6.

Konrad von Marburg: Geistlicher Führer und Inquisitor
Andreas Kistner

Ludwig Förg, Die Ketzerverfolgung in Deutschland unter Gregor IX., Ihre Herkunft und ihre rechtlichen Grundlagen, Berlin 1932.

Ernst Ludwig Theodor Henke, Konrad von Marburg, Beichtvater der heiligen Elisabeth und Inquisitor, Marburg 1861.

Alexander Patschovsky, Zur Ketzerverfolgung Konrads von Marburg, Deutsches Archiv für Erforschung des Mittelalters 37, 1981, S. 641 – 693.

Matthias Werner, Die heilige Elisabeth und Konrad von Marburg. In: Sankt Elisabeth. Fürstin – Dienerin – Heilige, Sigmaringen 1981, S. 45-69.

Elisabeths Geldspende
Andreas Kistner und Matthias Nolte

Thorsten Albrecht, Elisabeth von Thüringen – Darstellungen in der Kunst. In: Thorsten Albrecht und Rainer Atzbach, Elisabeth von Thüringen. Leben und Wirkung in Kunst und Kulturgeschichte, Petersberg 2006, S. 59 – 120.

Niklot Klüßendorf, Kölner und Marburger Pfennig. In: Sankt Elisabeth. Fürstin – Dienerin – Heilige, Sigmaringen 1981, S. 447.

Eberhard Leppin, Die Elisabethkirche in Marburg, 700 Jahre Elisabethkirche in Marburg 1283 – 1983 Katalog E, Marburg 1983.

Brigitte Rechberg (Bearb.), Die heilige Elisabeth in der Kunst – Abbild, Vorbild, Wunschbild, 700 Jahre Elisabethkirche in Marburg 1283 – 1983 Katalog 2, Marburg 1983.

Elisabeths Handarbeit
Laura Wagner

Almut Bohnsack, Spinnen und Weben. Entwicklung von Technik und Arbeit im Textilgewerbe. In: Kulturgeschichte der Naturwissenschaften und der Technik 2, Hamburg 1981.

Experimentelle Archäologie in Deutschland, Archäologische Mitteilungen aus Nordwestdeutschland Beiheft 4, Oldenburg 1990.

Alfred Linder, Spinnen und Weben einst und jetzt, Luzern/Frankfurt 1967.

Heiko Steuer (Hg.), Zur Lebensweise in der Stadt um 1200. Ergebnisse der Mittelalterarchäologie, Zeitschrift für Archäologie des Mittelalters Beiheft 4, Köln 1986, S.380 – 381.

Walter Tillmann, Spinnen und Weben, Bonn 1981.

Marburg als Pilgerort
Matthias Bischof

Wolfgang Brückner, Zu Heiligenkult und Wallfahrtswesen im 13. Jahrhundert. Einordnungsversuch der volksfrommen Elisabeth-Verehrung in Marburg. In: Sankt Elisabeth. Fürstin – Dienerin – Heilige Sigmaringen 1981, S. 117 – 127.

Norman Foster, Auf den Spuren der Pilger. Die großen Wallfahrten im Mittelalter, Augsburg 1990.

Michael Mathes (Hg.), Pilger – Wallfahrtsstätten in Mittelalter und Neuzeit, Stuttgart 1999.

Norbert Ohler, Reisen im Mittelalter, Zürich und München 1999.

Pilgerwege im Mittelalter, Stuttgart 2005.

Elisabeths Heiligsprechung
Andreas Kistner

Gábor Klaniczay (Hg.), Procès de canonisation au Moyen Âge: aspects juridiques et religieux, Medieval canonization processes: legal and religious aspects, Rom 2004.

Alexander Patschovsky, Konrad von Marburg und die Ketzer seiner Zeit. In: Sankt Elisabeth. Fürstin – Dienerin – Heilige, Sigmaringen 1981, S. 70 – 77.

Matthias Werner, Die heilige Elisabeth und Konrad von Marburg. In: Sankt Elisabeth. Fürstin – Dienerin – Heilige, Sigmaringen 1981, S. 45 – 69.

Matthias Werner, Die heilige Elisabeth und die Anfänge des Deutschen Ordens in Marburg. In: Erhart Dettmering/ Rudolf Grenz (Hgg.), Marburger Geschichte, Rückblick auf die Stadtgeschichte in Einzelbeiträgen, Marburg 1980, S. 121 – 163.

Der Pilgerfriedhof um den Konradbau
Sarah Baumert, Julia Cimbora, Felicitas Weiß

Hans-Dietrich Altendorf/ Peter Jezler (Hg.), Himmel, Hölle, Fegefeuer: das Jenseits im Mittelalter. Ausstellung des Schweizerischen Landesmuseums in Zusammenarbeit mit dem Schnütgen-Museum und der Mittelalterabteilung des Wallraf-Richartz-Museums der Stadt Köln, 2. durchges. Aufl. München 1994.

Erwin Hahn, Die menschlichen Skelettreste aus der Elisabethkirche in Marburg, Hessisches Jahrbuch für Landesgeschichte 49, 1999, S. 229 – 235.

Martin Illi, Wohin die Toten gingen. Begräbnis und Kirchhof in der vorindustriellen Stadt, Zürich 1992.

Peter Jezler (Hg.), Himmel, Hölle, Fegefeuer. Das Jenseits im Mittelalter. Ausstellung des Schweizerischen Landesmuseums in Zusammenarbeit mit dem Schnütgen-Museum und der Mittelalterabteilung des

Wallraf-Richartz-Museums der Stadt Köln, Zürich 1994.

Ulrich Klein, Max Langenbrinck, Das Dachwerk über dem Mittelschiff der Marburger Elisabethkirche. In: Zur Bauforschung über Spätmittelalter und frühe Neuzeit (Berichte zur Haus- und Bauforschung, Bd. 1), Marburg 1991, S. 149 – 155.

Harry Kühnel (Hg.), Alltag im Spätmittelalter. Mit Beitr. von Helmut Hundsbichler. 2. Aufl. Graz 1985.

Christa Meiborg, Die archäologischen Untersuchungen in der Elisabethkirche in Marburg 1997, Hessisches Jahrbuch für Landesgeschichte 49, 1999, S. 201 – 228.

Sigrid Neumann, Anthropologische Untersuchung an, aus dem Hochmittelalter stammenden Skelettresten des Hospitalfriedhofes in Marburg/ Lahn. Wiss. Hausarbeit für die Erste Staatsprüfung des Lehramtes an Haupt- und Realschulen im Fach Biologie, Maschinenschr. Gießen 1974.

Norbert Ohler, Sterben und Tod im Mittelalter, München 1993.

Susi Ulrich-Bochsler, Totgeborene – Ungetaufte – Traufkinder. Kontinuität/Diskontinuität von Glaubensvorstellungen und ihr Niederschlag im archäologischen Befund (Kirchengrabungen im Kt. Bern/Schweiz), Mitteilungen der Deutschen Gesellschaft für Archäologie des Mittelalters und der Neuzeit 9, 1998, 16.

Der Deutsche Orden in Marburg
Anna-Franziska Hof, Andreas Kistner und Volker Klass

Hartmut Boockmann, Die Anfänge des Deutschen Ordens in Marburg und die frühe Ordensgeschichte. In: Sankt Elisabeth. Fürstin – Dienerin – Heilige, Sigmaringen 1981, S. 137 – 150.

Ursula Braasch-Schwersmann, Das Deutschordenshaus Marburg. Wirtschaft und Verwaltung einer spätmittelalterlichen Grundherrschaft. Untersuchungen und Materialien zur Verfassungs- und Landesgeschichte 11, Marburg 1989.

Georg Ulrich Großmann, Die Bauwerke des Deutschen Ordens in Marburg. In: Burgen kirchlicher Bauherren (Forschungen zu Burgen und Schlössern 6), München 2001, S. 167 – 176.

Hans-Jürgen Kotzur/ Brigitte Klein, Die Kreuzzüge. Kein Krieg ist heilig, Mainz 2004.

Katharina Schaal, Das Deutschordenshaus Marburg in der Reformationszeit. Der Säkularisationsversuch und die Inventare von 1543, Untersuchungen und Materialien zur Verfassungs- und Landesgeschichte 15, Marburg 1996.

Matthias Werner, Die Heilige Elisabeth und die Anfänge des Deutschen Ordens in Marburg. In: Erhart Dettmering/ Rudolf Grenz, Marburger Geschichte. Rückblick auf die Geschichte in Einzelbeiträgen, Marburg 1980, S. 121 – 164.

Die Elisabethkirche – ein Leitbau der Gotik in Deutschland
Sonja Guber und Silvia Weintraut

Monika Bierschenk, Glasmalereien der Elisabethkirche in Marburg. Die figürlichen Fenster um 1240, Berlin 1991.

Günter Binding, Was ist Gotik? – Eine Analyse der gotischen Kirchen in Frankreich, England und Deutschland 1140 – 1350, Darmstadt 2000.

Dieter Großmann, Die Elisabethkirche zu Marburg, München 1996.

Eberhard Leppin, Die Elisabethkirche in Marburg. 700 Jahre Elisabethkirche in Marburg 1283 – 1983, Katalog E, Marburg 1983.

Juergen Michler, Die Elisabethkirche zu Marburg in ihrer ursprünglichen Farbigkeit, Marburg 1984.

Matthias Müller, Die Elisabethkirche in Marburg; DKV-Kunstführer Nr. 296/1, München o.J.

Glockenguss an der Elisabethkirche
Eva Basse und Alissa Theiß

Konrad Bund (Hrsg.), Frankfurter Glockenbuch, Frankfurt am Main 1986.

Hans Drescher, Zum Guss von Bronze, Messing und Zinn »um 1200«. In: Zur Lebensweise in der Stadt um 1200. Ergebnisse der Mittelalterarchäologie, Köln 1986, S. 389 – 404.

Pablo Kahl, Glockengeläut seit 1280. In: Denkmalpflege und Kulturgeschichte 1/1998, S. 20 – 23.

Sonja König, Untersuchungen zur Gusstechnik mittelalterlicher und neuzeitlicher Glocken aufgrund archäologischer Befunde in Europa. In: Röber, Ralph (Hg.), Mittelalterliche Öfen und Feuerungsanlagen, Materialhefte Archäologie Baden-Württemberg 62, Stuttgart 2002, S. 143 – 163.

Gregor Klaus (Hrsg.), Handbuch der Glockenkunde, Weingarten 1957.

Günther Löwisch, das Glockengießergewerbe in Deutschland, Frankfurt am Main 2005.

Monika Vogt, Weil wir wie das Schilfrohr im Flusse sind. Begegnungen mit der Heiligen Elisabeth in Hessen und Thüringen, Frankfurt am Main 2006.

Marburg zu Elisabeths Zeit
Cathrin Hähn, Saskia Karwatowski und Kay Schrameyer

Elmar Altwasser, Ulrich Klein, Gerd Strickhausen (Red.), Der Marburger Markt: 800 Jahre über und unter dem Pflaster; Festschrift zur Fertigstellung der Neugestaltung des Marburger Marktplatzes, Marburg 1997.

Rainer Atzbach, Archäologische Quellen zur Entwicklung der Marburger Stadtbefestigung – Die Ergebnisse der Ausgrabungen am ehemaligen Philippinum, Zeitschrift des Vereins für hessische Geschichte und Landeskunde 111, 2006, S. 1 – 20.

Erhart Dettmering, Rudolf Grenz (Hg.), Marburger Geschichte. Rückblick auf die Stadtgeschichte in Einzelbeiträgen, Marburg 1980.

Ursula Gottwald, Marburg – Spurensuche in einer mittelalterlichen Stadt, Marburg 1992.

Georg Ulrich Großmann, Stadtführer Marburg (Petersberg 2006)

Heidi Henkel (Red.), Marburger Mittelalter: Archäologische Funde vom Pilgrimstein. Marburg 1995.

Ulrich Hussong, Schloss und Stadt Marburg. In: A. Güssgen, R. Stobbe (Hg.), Hessen und Thüringen. Die Geschichte zweier Landschaften von der Frühzeit bis zur Reformation, S. 141 – 154.

Erich Keyser, Die städtebauliche Entstehung der Stadt Marburg, Zeitschrift für hessische Geschichte und Landeskunde NF 72, 1961, S. 77 – 98.

Christa Meiborg, Neue Forschungen zur Frühzeit des Marburger Schlosses. In: Böhme, Volk (Hrsg.), Burgen als Geschichtsquelle, Marburger Kleine Schriften 54, 2003, S. 151 – 159.

Das Schwert eines Gotteskriegers
Rainer Atzbach und Anna-Franziska Hof

Alfred Geibig, Beiträge zur morphologischen Entwicklung des Schwertes im Mittelalter, Offa-Bücher N.F. 71, Neumünster 1991.

Christa Meiborg, Rätsel auf der Klinge, Archäologie in Deutschland 3/1999 S. 43. dies., Fundberichte aus Hessen 36, 1996/2 (2001), S. 477f.

Richard Ewart Oakeshott, The archaeology of weapons. Arms and armour >from prehistory to the age of chivalry. London 1960.

Heribert Seitz, Blankwaffen Bd. I, Bibliothek für Kunst- und Antiquitätenfreunde IV, Braunschweig (1965).

Die Firmanei – Vom Ordensspital zur Weinstube
Hannah Drissen, Jochen Greven und Ilyas Özsen

Ursula Braasch-Schwersmann, Das Deutschordenshaus Marburg. Wirtschaft und Verwaltung einer spätmittelalterlichen Grundherrschaft, (=Untersuchungen und Materialien zur Verfassungs- und Landesgeschichte 11) (Marburg 1989), S. 233 – 238.

Ursula Braasch-Schwersmann, Rebgewächs und Hopfenbau. Wein und Bier in der spätmittelalterlichen Agrargeschichte der Deutschordensballei Hessen, in: Michael Matheus (Hg.), Weinbau zwischen Maas und Rhein in der Antike und im Mittelalter, Trierer Historische Forschungen 23, Mainz 1997, S. 305 – 363.

Kurt Meschede, Der Firmanei-Weinschank. Leben und Treiben im Deutschen Haus zu Marburg im 18. Jahrhundert, Oberhessische Presse 19.5.1962, S. 20.

Ernährung in Mittelalter und Neuzeit

Irmgard Bitsch, Essen und Trinken in Mittelalter und Neuzeit. Vorträge eines interdisziplinären Symposions vom 10.-13. Juni 1987 an der Justus-Liebig-Universität Gießen, Sigmaringen 1990.

Bruno Laurioux, Tafelfreuden im Mittelalter. Die Esskultur der Ritter, Bürger und Bauersleut, Augsburg 1999.

Massimo Montanari, Der Hunger und der Überfluss. Kulturgeschichte der Ernährung in Europa, München 1999.

Ernst Schubert, Fress- und Sauffgrewel. Was man im Mittelalter aß und trank, Darmstadt 2005.

Wasserver- und -entsorgung in Marburg – Schlüssel der Hygiene
Katrin Atzbach und Stefan Nowak

Rainer Atzbach/Katrin Atzbach, Frühneuzeitliches Geschirr vom Gelände des ehemaligen Philippinums in Marburg. In: Hessen-Archäologie 2004 (2005), S. 155 – 157.

Elmar Brohl, Der Bauhof in der Rathausschirne 1800 bis 1898. In: Angus Fowler, Elmar Brohl, Helmuth Eidam u. a. (Hgg.), Vom »Staithobe« zum Bauhof der Stadt Marburg. Rückblick auf die 500 jährige Geschichte einer städtischen Einrichtung (Marburger Stadtschriften zur Geschichte und Kultur 5), Marburg 1982, S. 29 – 44.

Christopher Ernestus, Tagelöhner, Zunftmeister, Stadtschreiber. Städtisches Leben im 16. und 17. Jahrhundert im Spiegel einer Marburger Bürgerfamilie. (Marburger Stadtschriften zur Geschichte und Kultur 81), Marburg 2005.

Marianne Flüeler (Hg.), Stadtluft, Hirsebrei und Bettelmönch: die Stadt um 1300. Ausstellungskatalog des Landes Baden-Württemberg und der Stadt Zürich, Stuttgart 1992.

Angus Fowler, Der Stadthof und die spätere Stadtbaumschule am Grün 1428-1803. In: Angus Fowler, Elmar Brohl, Helmuth Eidam u. a. (Hgg.), Vom »Staithobe« zum Bauhof der Stadt Marburg. Rückblick auf die 500 jährige Geschichte einer städtischen Einrichtung (Marburger Stadtschriften zur Geschichte und Kultur 5), Marburg 1982, S. 5 – 28.

Karl Justi, Das Marburger Schloß. Baugeschichte einer deutschen Burg, Marburg 1942.

Ulrich Klein, Der Marburger Markt im Spätmittelalter. In: Der Marburger Markt. 800 Jahre Geschichte über und unter dem Pflaster. Festschrift zur Fertigstellung der Neugestaltung des Marburger Marktplatzes. (Marburger Stadtschriften zur Geschichte und Kultur 59), Marburg 1997, S. 55 – 70.

Ulrike Melzer, Historische Formen der Wasserversorgung in den Städten des ehemaligen Hochstifts Paderborn. (Denkmalpflege und Forschung in Westfalen 28), Bonn 1995, S. 98.

Oberhessischer Anzeiger vom 1. und 3. Januar 1867, publiziert in: Andrea Heermann/ Heike Wadenpfuhl, Trinkwasserversorgung und Abwasserentsorgung in Marburg von der Stadtgründung bis heute. Ein Beitrag zum Schülerwettbewerb »Deutsche Geschichte – Umwelt hat Geschichte«. Februar 1987.

Abbildungen

Abb. 1: Leben und Legende der Heiligen Elisabeth. Nach Dietrich von Apolda. Übersetzt von Rainer Kößling, Frankfurt am Main und Leipzig 1997, S. 5.; Abb. 2: Sárospatak, www.wikipedia.de, 5.2.2007; Abb. 3: Schönborn-Atlas: Depositum der Grafen von Schönborn im Staatsarchiv Würzburg, Inv. Schönborn Archiv, Karten und Pläne K VII/26 Bd. I; Abb. 4: Foto: Ronald Breithaupt; Abb. 5: Graphik: Rainer Atzbach, Plangrundlage: Fachdienst Vermessung der Universitätsstadt Marburg; Abb. 6: Foto und Schneiderei: Katrin Kania; Abb. 7: Franz Vogel: P. Gerhard Ruf, Die Fresken der Oberkirche San Francesco in Assisi. Ikonographie und Theologie, Regensburg 2004, S. 235; Abb. 8: Jost Amman, Im Frauenzimmer wirt vermeldt von allerley schönen Kleidungen und Trachten…, Faksimile der Ausgabe von Frankfurt/ Main 1586, Leipzig 1971; Abb. 9: Foto Marburg; Abb. 10: Graphik: Rainer Atzbach und Stefan Nowak; Abb. 11: Graphik: Judith Claaßen und Rainer Atzbach; Abb. 12: Graphik: Judith Claaßen, Andreas Kistner und Sonja Steinmetz; Abb. 13: Foto und Modellbau: Laura Wagner; Abb. 14: Foto Marburg, Modellbau: Eva Basse, Nantke Hoppe und Stefan Nowak, Abb. 15: Lemberg, Margaret u. Oberlik, Gerhard: Die Wandgemälde von Peter Janssen dem Älteren in der Alten Aula der Philipps-Universität zu Marburg, Marburg 1985, S. 7; Abb. 16: Sankt Elisabeth – Fürstin – Dienerin – Heilige, Sigmaringen, 1981, S. 391; Abb. 17 und 18: Erhart Dettmering; Abb. 19: Rainer Atzbach; Abb. 20: Lutz Jansen, Aachenpilger in Oberfranken, Archäologisches Korrespondenzblatt 25, 1995, 421-434 Abb. 4,7; Abb. 21: Graphik: Florian Liesegang; Abb. 22: Foto Marburg; Abb. 23: www.dommuseum-mainz.de 5.2.2007; Abb. 24: Foto Marburg; Abb. 25: Hans-Dietrich Altendorf/ Peter Jezler (Hg.), Himmel, Hölle, Fegefeuer. Das Jenseits im Mittelalter, 2. Aufl. München 1994 Kat. 81; Abb. 26: Cathrin Hähn; Abb. 27: Harry Kühnel (Hg.), Alltag im Spätmittelalter, 2. Aufl. Graz 1985, Abb. 137; Abb. 28: Graphik: Rainer Atzbach und Stefan Nowak; Abb. 29: Daniela Tracht, Ritterhaus Bubikon (CH); Abb. 30: Katrin Atzbach nach Ursula Braasch-Schwersmann, Das Deutschordenshaus Marburg. Untersuchungen und Materialien zur Verfassungs- und Landesgeschichte 11, Anhang; Abb. 31: Marburg, Marburg 2001, S. 83; Abb. 32: Graphik nach Eberhard Leppin, Die Elisabethkirche in Marburg, 700 Jahre Elisabethkirche in Marburg 1283-1983 Katalog E, Marburg 1983, S. 8; Abb. 33: Marburg, Marburg 1992, S. 67; Abb. 34: Rainer Atzbach; Abb. 35: Ubbo Mozer und Ronald Breithaupt; Abb. 36: Graphik nach Diderot und d'Alembert in: Kurt Kramer (Bearb.), Glocken in Geschichte und Gegenwart: Beiträge zur Glockenkunde-Beratungsausschuß für das deutsche Glockenwesen 2, Karlsruhe 1997, S. 479); Abb. 37: Graphik: Frankfurter Glockenbuch. Hrsg. Konrad Bund, Frankfurt am Main 1986, S. 74; Abb. 38 und 39: Alissa Theiß; Abb. 40: Cathrin Hähn; Abb. 41: Rainer Atzbach; Abb. 42: G. Ulrich Großmann, Marburg. Stadtführer, Petersberg 2006, S. 56, Abb. 43: G. Ulrich Großmann, Marburg. Stadtführer, Petersberg 2006, S. 52; Abb. 44: Foto: Cathrin Hähn, Modellbau: A. Rosenstiel; Abb. 45: Graphik: Cathrin Hähn, Plangrundlage: Fachdienst Vermessung der Universitätsstadt Marburg und Landesamt für Denkmalpflege Hessen; Abb. 46: Foto Marburg; Abb. 47 und 48: Sonja Steinmetz; Abb. 49: Jochen Greven, Abb. 50: Hannah Drissen und Sonja Steinmetz; Abb. 51: Zentrum für Graphische Datenverarbeitung Rostock, Abb. 52 und 53: Graphik: Laurioux, Bruno, Tafelfreuden im Mittelalter. Die Esskultur der Ritter, Bürger und Bauersleut Augsburg 1999, Abb. 54: Bitsch, Irmgard, Essen und Trinken in Mittelalter und Neuzeit. Vorträge eines interdisziplinären Symposions vom 10.-13. Juni 1987 an der Justus-Liebig-Universität Gießen, Sigmaringen 1990; Abb. 55: Foto Marburg; Abb. 56: Katrin Atzbach; Abb. 57: Foto: Katrin Atzbach, Modellbau: Karl Justi; Abb. 58: Ronald Breithaupt und Ubbo Mozer; Abb. 59: Stefan Nowak und Katrin Atzbach; Abb. 60: Stefan Nowak.

Die Ausgrabungen an der West- und Südseite der Elisabethkirche in Marburg

Erste Ergebnisse der Kampagne 2006 im Bereich der ehemaligen Deutschordensniederlassung

Christa Meiborg

Im Zuge einer vollständigen Umgestaltung des Kirchenumfeldes der Elisabethkirche in Marburg wurde im ersten Bauabschnitt mit dem Gelände an der West- und Südseite begonnen. Da die Archäologische Denkmalpflege Hessen schon im Vorfeld der geplanten Maßnahme in die Planungen einbezogen worden war, war sichergestellt, dass baubegleitend der Untergrund zunächst archäologisch untersucht werden konnte. Um den Bauablauf nicht stärker zu verzögern und um die archäologische Substanz nicht unnötig weiter zu reduzieren, wurde auf eine Freilegung der Mauerunterkanten in Teilbereichen verzichtet. Die Ausgrabungen begannen Ende Mai 2006 und wurden in der Hauptfläche Ende Oktober 2006 beendet. Untersuchungen in Teilbereichen dauerten noch bis Januar/Februar 2007 an.

Dass dieses Gelände wichtige archäologische Quellen birgt, konnte bereits 1970/71 durch die Ausgrabungen unter der Leitung von Ubbo Mozer nachgewiesen werden, bevor die Ketzerbach an der Kirchennordseite einen zusätzlichen Überlauf erhielt (vgl. hierzu den Beitrag von R. Atzbach im gleichen Band). Auch die Ausgrabungen 1997 im Inneren der Kirche erbrachten neben zahlreichen Bestattungen viele neue Ergebnisse zur Baugeschichte der Elisabethkirche und zu ihrem Vorgängerbau. Der nachfolgende Beitrag bietet eine erste Übersicht über die Ergebnisse der aktuellen Ausgrabung. Trotz tief reichender Störungen durch Kabel- und Kanaltrassen der letzten 60 Jahre barg der Boden noch zahlreiche historisch wertvolle Zeugnisse aus der Zeit der Deutschordensniederlassung an der Marburger Elisabethkirche.

Das Aussehen der Anlage um 1734/35 ist uns in vielen Einzelheiten bekannt, da im Auftrag des damaligen Landkomturs des Deutschen Ordens in Hessen, Damian Hugo Graf von Schönborn, das gesamte Gelände mit seinen einzelnen Gebäuden vermessen und in einem Atlas zusammengestellt worden ist.

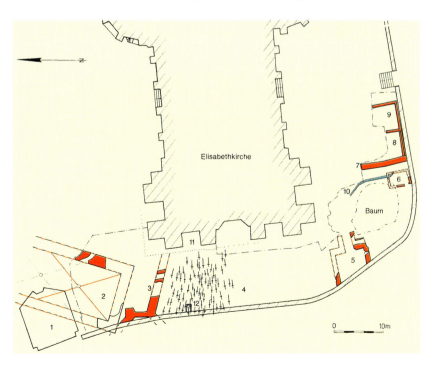

Abb. 1: Plan der Ausgrabung 2006 an der West- und Südseite der Elisabethkirche in Marburg
Legende: 1) Kirchenkiosk 2) Firmaneispeicher 3) Westlicher Nebeneingang Deutschordensgelände und Trennmauer 4) Friedhof vor dem Westportal 5) Keller (»Altes Wachhaus«) 6) Keller 7) Mächtige Sandsteinmauer 8) Verbindungsmauer 9) Fachwerkgebäude 10) Traufwasserkanal 11) Fundament Elisabethkirche 12) Gruft

Nördliche Grabungsfläche

Zu Beginn der Ausgrabung 2006 trat im Nordwesten des untersuchten Areals schon nach rund 0,8 Metern unter der heutigen Lauffläche die Südwestecke eines großen Speichergebäudes zu Tage. In den Plänen des 18. Jahrhunderts wird es als »Kornspeicher« aufgeführt, in der mündlichen Überlieferung hat sich aber der Begriff »Firmaneispeicher« tradiert, der im Folgenden auch verwendet wird. Das Gebäude erhielt seinen Namen durch das nordöstlich angrenzende Infirmari-

Abb. 2: Blick aus Südosten auf die östliche Außenmauer und die Gewölbekuppen des Firmaneispeichers

Abb. 3: Blick von Osten auf die Fundamente des westlichen Eingangs

um (volkstümlich »Firmanei«), das Hospital der Deutschordensbrüder. Es handelt sich dabei um ein sehr massives, dreigeschossiges Steingebäude mit mächtigem Giebeldach, welches den Deutschordensbesitz nordwestlich der Elisabethkirche abschloss. Durch die Grabungsergebnisse einerseits und die korrigierten Planmaße von 1734/35 andererseits lässt sich das Gebäude auf eine Größe von 13,6 x 45 Meter (Außenmaße) beziehungsweise 9,65 x 41 Meter (lichte Weite) rekonstruieren, mit einer Mauerstärke zwischen 1,9 – 2,05 Metern (Abb. 1,2).

Der in SSW-NNO ausgerichtete Speicher besaß einen Keller mit einer Kreuzgrat-Gewölbedecke. Für das einfachere Verständnis sind im Folgenden die Richtungsangaben etwas vereinfacht benannt, wobei die mittlere Längsachse nun als N-S angenommen ist. In der Ausgrabungsfläche 2006 lag nur etwa ein Viertel des ehemaligen Firmaneispeichers, der aus mit Kalkmörtel verbundenen Sandsteinen errichtet worden war (Abb. 2).

Es waren in der untersuchten Fläche nur noch Teile der Fundamentmauern vorhanden, nämlich die Südwestecke mit Gewölbeansatz und Teile der östlichen Längsmauer, ebenfalls mit Ansätzen der quer und längs verlaufenden Gewölberippen. Bei den Untersuchungen von 1970/71 durch Ubbo Mozer war die Südostecke noch vorhanden gewesen, wurde dann aber nach ihrer Dokumentation für die Ketzerbach-Verrohrung tiefgreifend abgebrochen. Die Kellergewölbe sind erst zu Beginn der 1950er Jahre eingeschlagen und verfüllt worden, um einem möglichen Wegsacken der Gewölbekappen zuvorzukommen. An der Ostseite des Kellers wurden noch die Reste eines Lichtschachtes freigelegt, der auch in den alten Plänen verzeichnet worden ist. Nimmt man die vorhandenen Mauerbefunde und ergänzt sie durch die Angaben der bekannten Bauaufnahme, so kann man davon ausgehen, dass das ursprüngliche Laufniveau außerhalb des Gebäudes etwa 1 – 1,2 Meter oberhalb der heutigen Oberfläche lag. Die Erbauung des Firmaneispeichers ist wohl in die zweite Hälfte des 14. oder in das 15. Jahrhundert zu setzen. Durch archäologische Funde ist die Erbauungszeit nicht genauer zu fassen, da datierende Funde fehlen. Nach den Zerstörungen des siebenjährigen Krieges wurde der Speicherbau 1777 wieder hergerichtet und erst 1839, zusammen mit dem Westtor der Niederlassung, entgültig abgerissen.

In unmittelbarer Nähe zur Südwestecke des Speichers fanden sich etwa 0,2 – 0,3 Meter unter der rezenten Lauffläche noch die Fundamente der mächtigen Umfassungsmauer, die ursprünglich das gesamte Deutschordensgelände umschloss (Abb. 1,3). Hier lag der westliche Nebeneingang der Niederlassung, der sich heute allerdings nur noch als Spannfundament von etwa 2,4 Meter Breite im Untergrund fassen lässt (Abb. 3).

Weiter südlich zweigt eine weitere Mauer in West-Ost-Richtung ab, die das nördliche von dem westlichen Kirchengelände trennte. Sie war über eine Länge von 14,2 Metern in mehreren Teilstücken vorhanden und stieß ursprünglich direkt an die Kirche an. Auch wenn dort das Mauerfundament längst verschwunden ist, lässt sich heute noch deutlich die Ansatzstelle als »Abdruck« an der Wand erkennen. Die Mauer wies im Fundamentbereich eine Breite von rund 1,4 Metern auf, im Aufgehenden allerdings zeigte sie nur 0,6 Meter Stärke. Direkt vor der Kirchenwand war ein Durchgang, wie wir durch den Plan von 1734/35 wissen, der sich archäologisch allerdings nicht mehr fassen ließ.

Abb. 4: Blick von Osten auf Bestattungen vor der Elisabethkirche, im Kopfbereich durch die moderne Stützmauer überbaut

Abb. 5: Vollständig erhaltenes Skelett in Rückenlage und mit gefalteten Händen

Direkt südlich der Trennmauer erstreckte sich ein heute vollständig vergessener Friedhof, der eine Fläche von rund 130 Quadratmetern einnahm (Abb. 1,4). Er war wohl ursprünglich nach allen Seiten hin begrenzt, nach Norden durch die oben beschriebene Trennmauer (Abb. 1,3), nach Westen durch die alte Umfassungsmauer und nach Osten durch die Fundamentmauern der Elisabethkirche. Eine sicherlich ursprünglich vorhandene Abtrennung nach Süden konnte archäologisch nicht mehr nachgewiesen werden. In dem vielfach von modernen Leitungsgräben gestörten Bereich konnten 2006 insgesamt 143 Bestattungen nachgewiesen werden. Nur wenige Gräber, rund 15, enthielten noch vollständige Skelette, zum Teil konnten auch nur noch die ursprünglichen Grabgruben dokumentiert werden (Abb. 4).

Kaum eine Bestattung ist ohne Überschneidung mit anderen Gräbern geblieben, häufig liegen drei bis fünf Skelette versetzt übereinander. Die Gräber traten schon rund 0,3 Meter unter der heutigen Oberfläche zu Tage und reichten bis zu einem Meter tief.

Vor Abschluss der anthropologischen Untersuchung lässt sich nur sehr allgemein feststellen, dass neben männlichen und weiblichen Erwachsenen auch in mindestens einem Fall ein Kind hier begraben wurde. Die übliche Bestattungslage ist dabei die gestreckte Rückenlage mit auf dem Unterbauch gefalteten Händen, wobei die Verstorbenen mit dem Kopf im Westen mit Blick zur Kirche ruhten (Abb. 5).

Allerdings wurde deutlich, dass die Ausrichtung der Toten in einer Streuung von NW-SO bis SW-NO offensichtlich möglichst mit Blickrichtung auf das Grab der heiligen Elisabeth in der Nordkonche der Kirche ausgerichtet worden war. Eine Ausnahme bildet eine Gruppe von fünf Individuen, die nahe den Fundamenten der Elisabethkirche mit Blick nach Osten bestattet lagen. Bei einer

Mehrzahl der Gräber lässt sich ein Holzsarg entweder als Verfärbung im Boden, manchmal auch als erhaltener Holzrest direkt, häufiger aber in Form von in situ gelegenen Sargnägeln, eisernen Beschlägen oder Sarggriffen nachweisen. Bei etlichen Gräbern dienten ein oder mehrere quer gelegte Langknochen einer älteren Bestattung als Unterlage für einen Sarg, um die Seile nach dem Absenken desselben wieder herausziehen zu können. Als herausragend kann eine Bestattung (Abb. 1,12) an der Westseite bezeichnet werden, die durch den Bau der modernen Stützmauer halbiert worden ist. Der Tote oder die Tote wurde in einem Holzsarg bestattet, der wiederum in einer aus Backstein gemauerten Gruft beigesetzt worden war. Von dem Skelett war nur noch die untere Körperhälfte erhalten geblieben (Abb. 6).

Der aus flachen Ziegelsteinen gemauerte Grabbau wies eine lichte Weite von etwa 0,7 Metern auf, die lichte Länge beträgt noch knapp 1,2 Meter. Die Sohle der Gruft bestand aus passend zugerichteten Ziegelsteinen, zwei einzeln eingelegte Steine dienten wohl als Auflage für den Sarg, um die Seile nach der Bestattung herausnehmen zu können.

Ähnliche Grüfte kennen wir aus dem Inneren der Elisabethkirche, eine Form der Grablege, die bevorzugt für höhergestellte Personen seit der Barockzeit gewählt wurde.

In den meisten Gräbern fanden sich weder erhaltene Trachtbestandteile noch Grabbeigaben. Nur wenige Bestattungen wiesen Buntmetall-Anhänger oder Überreste anderer Schmuck- oder Trachtbestandteile im Bereich des Brustbeins, des Beckens oder im Kopfbereich auf. Wohl als die Überreste eines Rosenkranzes kann die Ansammlung von Perlen über den verschränkten Händen der Bestattung Bef. 37 gelten, ein deutlicher Hinweis auf einen hier bestatteten Katholiken. Bei mehreren Skeletten waren noch Metallfäden und Brokatüberreste vorhanden. Besonders hervorzuheben ist in diesem Zusammenhang das Grab Bef. 55, das nur noch ab dem Kniebereich erhalten geblieben war. Im Bereich beider Unterschenkel wurden mindestens 15 sehr dünnwandige Hohlglasperlen, Goldfadentextil, feine Buntmetallstäbchen, Eisendrahtstücke und andere Eisenobjekte geborgen. Wahrscheinlich handelt es sich hierbei um die Überreste einer so genannten Totenkrone, Gebinde aus Flitter, Perlen, Draht und Trockenblumen, die als Hochzeitskrone fungierend weiblichen Verstorbenen, besonders Nonnen, für eine Vermählung mit Christus im Jenseits beigegeben wurde. Dieser Brauch ist besonders für das 17. Jahrhundert belegt und wird im 18. Jahrhundert durch »Leihkronen«, die nur während der Einsegnung auf dem Sarg lagen und in der Kirche verwahrt wurden, abgelöst.

Der Friedhof vor dem Westportal der Elisabethkirche ist erstmals auf einer Karte des Deutschordensbereiches von 1750 als »Kirchhoff« vermerkt. Hierzu berichtet Bücking im Jahr 1884, dass vor dem Westportal der Friedhof der Beamten des Deutschen Ordens mitsamt ihren Familien gelegen habe, während auf der Südseite der Kirche die Deutschordenbrüder selbst bestattet worden seien. Hinweise auf tatsächliche Bestattungen auf der Südseite geben erste Skelettfunde im Zuge der Baugrunduntersuchungen im Jahr 2005. Dieser Bereich wird voraussichtlich in den kommenden beiden Jahren archäologisch untersucht werden.

Die Belegungsdauer des Friedhofs vor dem Westportal lässt sich nur ungefähr eingrenzen. Als frühester Zeitpunkt für eine Erstbelegung kann die Hauptweihe der Kirche 1283 gelten. Es ist aber durchaus möglich, dass Begräbnisse hier erst später, also im 14./15. Jahrhundert, einsetzten. Chronologische Hinweise auf zahlreiche Bestattungen im 17./18. Jahrhundert geben die Ziegelsteingruft, das Grab mit der Totenkrone sowie die stratigraphisch jüngsten Gräber mit eisernen Sarggriffen und Sargbeschlägen, die wohl hauptsächlich im 18./19. Jahrhundert angelegt wurden. Wahrscheinlich wurde also der Bestattungsplatz bis zur Auflösung der Deutschordensniederlassung im Jahre 1809 genutzt.

1825/26 wurde im Zuge einer Verschönerung des Kirchenvorplatzes beschlossen, das Gelände von Schutt und Steinen zu säubern und zu planieren und auch zahlreiche Bäume zu schlagen, denn ursprünglich schien eine Treppe zum Westportal hinabzuführen. Diese Umgestaltungsarbeiten sind auch die Erklärung dafür, dass die obersten Bestattungen schon 0,3 Meter unter der heutigen Oberfläche zu Tage traten. In dieser Zeit wurden auch die noch vorhandenen Grabsteine entfernt und an der westlichen Umfassungsmauer aufgerichtet. Sie sind jedoch bei der Restaurierung der Kirche 1854-61 verloren gegangen. Der gesamte südliche Bereich vor dem Haupteingang der Kirche war frei von Befunden, hier war der anstehende Boden völlig unberührt.

Auf dem Schönbornplan von 1734/35 ist in der Nähe der Südwestecke der Kirche ein langrechteckiges Fachwerkgebäude mit Keller und einer Kellertreppe an der Ostseite abgebildet. Es wird als »altes Wachhaus« oder Keppler'sches Haus bezeichnet. Überreste dieses erst 1862 abgetragenen Gebäudes, nämlich die Fundamente des Kellers mit den Ansätzen eines Tonnengewölbes, konnten 2006 in Teilen noch freigelegt werden (Abb. 1, 5). Dieser wurde durch den Bau der modernen Stützmauer im Süden etwa halbiert, die Westhälfte liegt also unter der Fahrbahn der heutigen Elisabethstraße. Auch die modernen Leitungstrassen führten zu einem tiefgreifenden Abbruch der Fundamente an der Nordostecke. Das langrechteckige Gebäude lässt sich anhand der Grabungsbefunde und des Schönborn'schen Plans auf eine Außenlänge von etwa 11 Meter und eine Außenbreite von rund 7,7 Meter rekonstruieren, bei einer Mauerstärke von etwa einem Meter. Die Kellersohle lag etwa 2,3 Meter unter der heutigen Lauffläche. Der Eingang zu dem Keller an der Ostseite wurde nachträglich umgestaltet, hier wurde eine zweite Mauer vorgeblendet, die Teil eines nun rechtwinklig vorspringenden neuen Kellerzugangs mit Treppe war.

Abb. 6: Blick von Norden auf die Überreste der Backsteingruft

Südliche Grabungsfläche

Südöstlich der Kirche konnten bislang drei Seiten eines rechteckigen oder langrechteckigen Gebäudes freigelegt werden (Breite 5,9 Meter, erhaltene Länge 4,9 Meter), das an seiner Nordseite noch nicht untersucht werden konnte (Abb. 1,9). Das Gebäude liegt mit seiner SSO-Mauer auf der nördlichen Uferlinie des Ketzerbachbettes und wird von der heutigen Stützmauer nach Süden überbaut (Abb. 7).

Die zwischen 0,23 und 0,6 m breiten Mauern bestehen aus vermörtelten, unregelmäßigen Sandsteinen, die eine sorgfältig ausgerichtete Außenkante und eine unregelmäßige Innenkante aufweisen. Die nur noch 0,4 m tief gegründeten Fundamente gehörten zu einem früheren Fachwerkbau, der auf einem ganzen Paket von älteren Siedlungsschichten und Laufniveaus errichtet worden war. An das Gebäude wurde nachträglich eine weitere Mauer (Abb. 1,8) mit deutlicher Fuge nach Westen angesetzt. Das rund 5 Meter lange Fundament reichte nach Westen bis an eine mächtige und massive Sandsteinmauer (Abb. 1,7) heran und verband diese mit dem Fachwerkgebäude. Das Gebäude selbst ist nicht auf den Plänen des 18. Jahrhunderts verzeichnet und war zu dieser Zeit wohl schon abgetragen. Möglicherweise handelt es sich hier um die Überreste eines Schuppens oder eines Werkstattgebäudes.

Die große, in N-S-Richtung verlaufende Sandsteinmauer (Abb. 1,7) weist eine Breite von rund 1,1 Meter auf und konnte noch auf einer Länge von 9,4 Meter erfasst werden. Das südliche Ende ist durch die moderne Stützmauer überbaut, während das nördliche Ende außerhalb des diesjährigen Grabungsareals liegt. Sie ist in zweischaliger Bauweise aus Sandsteinquadern mit einem Kern aus unbearbeiteten Sandsteinen in einem Mörtelbett errichtet worden (Abb. 8).

Auch diese Mauer ist auf den uns überlieferten Plänen nicht mehr verzeichnet. Möglicherweise diente sie als weitere Unterteilungsmauer des Deutschordensgeländes und band im Norden an die Kirche an.

Westlich dieser genannten Mauer wurde während der Ausgrabung der Keller eines weiteren Gebäudes nachgewiesen, der mit seiner südlichen Stirnseite an die Flucht der nördlichen Ufergrenze des Ketzerbach-Altlaufs anschloss (Abb. 1,6). Der Keller war SSO-NNW ausgerichtet (im Folgenden vereinfachend S-N benannt) und wies an seiner westlichen Längsseite eine einfache Zugangsöffnung von etwa einem Meter Breite nahe der SW-Ecke auf. Seine ursprüngliche Grundfläche betrug 3,3 x 4,5 Meter. Von dem Grundriss wurden die SW-Ecke und die NO-Ecke in Teilbereichen erfasst. Etwa ein Drittel der Grundfläche im SO-Teil ist beim Bau eines großen Telekom-Schachtes bereits zerstört worden. Die NW-Ecke bleibt unter dem Wurzelteller des verbleibenden Baumes verborgen. Die Stärke des in Lehm gesetzten Mauerwerks schwankt zwischen 0,3 – 0,56 Meter. Möglicherweise wegen Nässeproblemen wurde der Keller während der fortdauernden Nutzung des Gebäudes nachträglich mit einer Mauer

Abb. 7: Blick von Westen auf die Fundamente des Fachwerkgebäudes

(Bef. 191) zugesetzt. Für die zeitliche Einordnung dieses kleinen Fachwerkgebäudes lässt sich heranziehen, dass dieser bereits 1734/35 nicht mehr bestand und von dem wohl barockzeitlichen Traufwasserkanal im Norden teilweise überbaut wurde.

Dieser Kanal (Abb. 1,10) war noch über eine Länge von rund 10 Metern erhalten geblieben und bestand aus hochkant gestellten und trocken gesetzten Steinplatten. Er verläuft in NNW-SSO-Richtung und führte wohl ursprünglich zur Südwestecke der Elisabethkirche, um das Traufwasser des Wasserspeiers an der Südwestecke der Kirche mit leichtem Gefälle in die Ketzerbach zu leiten (Abb. 8). Ähnliche Rinnen sind auch an der Nordseite der Kirche archäologisch untersucht worden.

Abb. 8: Blick von Norden auf die südliche Grabungsfläche. In der Bildmitte links die mächtige Sandsteinmauer, rechts davon der Traufwasserkanal.

Neben Gebäuden und Mauerresten, die auf den Plänen des 18. Jahrhunderts nicht verzeichnet waren, gibt es auch einen Gebäudekomplex, der umgekehrt archäologisch nicht mehr zu fassen war. Es handelt sich dabei um die Wohnung des Ordensvogtes oder »Zinsmeisters« (Schönbornplan Nr. Q), die südöstlich des »Keppler'schen Hauses« abgebildet wurde. Das Gebäude wurde nach Aufgabe der Deutschordensniederlassung noch als Schulhaus genutzt und erst 1846 abgerissen. Da an dieser Stelle das Areal zum einen tiefgreifend gestört war und zum anderen nur in Teilbereichen untersucht werden konnte, fehlt hierfür zunächst der archäologische Nachweis.

Abschließend lassen sich die Untersuchungsergebnisse der Ausgrabung von 2006 wie folgt zusammenfassen:

Die Archäologinnen und Archäologen der Archäologischen Denkmalpflege in Marburg konnten einen in Vergessenheit geratenen Friedhof mit 143 Bestattungen vor dem Westportal der Kirche nahezu vollständig ausgraben. Zahlreiche zusätzliche Informationen über das frühere Aussehen der Deutschordensniederlassung lieferte das Bodenarchiv, denn an der West- und Südseite der Kirche wurden die Keller von vier Gebäuden, Teile der alten Umfassungsmauer mit einem Nebeneingang, verschiedene Trennmauern und noch viele weitere Baubefunde dokumentiert, die an anderer Stelle noch ausführlicher beschrieben werden sollen. Dabei wurde auch deutlich, dass das Laufniveau wohl schon im 19. Jahrhundert um etwa einen Meter abgetragen worden war, so dass nur wenige Funde wie Keramikscherben, Knochen, Werkzeugreste und so weiter im Boden erhalten geblieben sind. Die erste Ausgrabung erfasste einen Teilausschnitt der großflächigen früheren Deutschordensniederlassung um die Marburger Elisabethkirche und lieferte neue Details zum Leben und Sterben an diesem Ort. Die Ausgrabungen in den nächsten Jahren rund um die Kirche werden dieses Bild weiter präzisieren und ergänzen können.

Literatur

Rainer Atzbach, Elisabeth – Das Hospital in Marburg, S. 10 – 61 im vorliegenden Band

Janine Bartsch / Andrea Bischof, Siechtum, Sarg und Seelenheil. Krankheit und Tod in Mittelalter und früher Neuzeit. In: Kenzler, Hauke/Ericsson, Ingolf (Hg.), Rückspiegel. Archäologie des Alltags in Mittelalter und früher Neuzeit. Begleitheft Ausstellung Bamberg 2006 S. 52.

W. Bücking, Das Innere der Kirche der heiligen Elisabeth zu Marburg vor ihrer Restauration (Marburg 1884), S. 7 – 8.

Joachim Hotz, Pläne und Bauten des Dt. Ordens in Hessen. In: Wieser, Klemens (Hg.), Acht Jahrhunderte Deutscher Orden, Quellen u. Stud. zur Gesch. Dt. Ordens (Bad Godesberg 1967), S. 465 – 485.

Christa Meiborg, Die archäologischen Untersuchungen in der Elisabethkirche in Marburg 1997. In: Hessisches Jahrbuch für Landesgeschichte, 49, 1999, S. 201 – 228.

Fred Schwind, Grundriß der Deutschordensniederlassung in Marburg. In: Philipps-Universität Marburg (Hg.), Sankt Elisabeth. Fürstin, Dienerin, Heilige. Aufsätze, Dokumentation, Katalog (Sigmaringen 1982), S. 425.

Alle Abbildungen:

Archiv der Archäologischen Denkmalpflege Hessen

Medizin und der Dienst am Kranken im Mittelalter

Natascha Noll

Abb. 1: Hippokrates verabreicht einem Kranken Medizin (13. Jh.) Hippokrates ist hier als zeitgenössischer Universitätsmediziner dargestellt.

»Mitten im Leben sind wir vom Tod umgeben.«
Dieser Satz des Mönches Notker (ca. 840-912) aus dem Kloster Sankt Gallen zeigt anschaulich die große Bedeutung, die Krankheit und Sterben im Leben mittelalterlicher Menschen zukam. Auch heute sind Krankheiten eine Bedrohung, die unser Leben einschränken und im schlimmsten Fall auch beenden können. Im Vergleich zum Mittelalter ist das Wissen über Krankheiten immens angestiegen und die Möglichkeiten der Behandlung sind stark verbessert worden. Dennoch: Krankheiten sind auch heute noch eine Herausforderung und bringen Unsicherheiten und Ängste mit sich. Als Beispiele seien hier nur Vogelgrippe und Aids genannt. Von Seiten der Geschichtswissenschaft wurde in den vergangenen Jahren vermehrt betont, dass jede Zeit ihre eigenen Krankheiten hat, ihre eigene Wahrnehmung von Krankheiten und eigene Umgehensweisen mit diesen. Das bedeutet etwa, dass sich heutige Definitionen von Krankheiten nicht einfach übertragen lassen. Zum Beispiel galt Fieber im Mittelalter als eigenständige Krankheit, während es heute als Begleiterscheinung zahlreicher Krankheiten angesehen wird. Heute sind uns viele Auslöser von Krankheiten wie Bakterien und Viren bekannt. und unser Bild von Krankheiten ist davon geprägt. Unsere modernen Vorstellungen können aber nicht einfach auf die damaligen Krankheiten übertragen werden. Im Mittelalter gab es völlig andere Krankheitskonzepte, die durch den christlichen Glauben und die antike Medizin bestimmt waren. Die Beschäftigung mit Krankheiten und ihrer Behandlung in anderen Epochen macht deutlich, dass es sich hierbei nicht nur um ein naturwissenschaftliches, sondern in großem Maße auch um ein kulturelles Phänomen handelt.

Krankheiten und ihre Behandlung

Krankheitskonzepte

Das Mittelalter war stark vom christlichen Glauben geprägt, aber auch von Aberglauben. Dies spiegelt sich auch in der Deutung von Krankheiten wider. Krankheit wurde teilweise als Strafe Gottes für den Sünder angesehen. Seuchen wurden in diesem Sinne als kollektive Strafen interpretiert. Krankheit konnte aber auch eine Prüfung Gottes darstellen und als solche eine Ehre bedeuten, mit der Gott einen Menschen auszeichnet.

Ebenso wie Gott Krankheiten senden konnte, konnte er sie auch nehmen. Göttliche Gnade wurde als Voraussetzung für die Heilung angesehen. Gebet, Beichte und die Verehrung von Heiligen spielten daher im Umgang mit Krankheiten eine große Rolle.

Neben dem christlichen Glauben waren aber auch magische Vorstellungen bei der Interpretation von Krankheit von Bedeutung. Ein Kranker konnte das Opfer böser Magie sein, die durch einen anderen Menschen gewirkt worden war. Magie konnte aber auch zur Heilung beitragen. Heilsprüche sind seit dem frühen Mittelalter überliefert. Sie stehen dabei nicht unbedingt im

Widerspruch zum christlichen Glauben, sondern wurden sogar von Mönchen angewandt.

Das medizinische Wissen beruhte hingegen auf der antiken Medizin. Vor allem die Säftelehre – auch Humoralpathologie genannt – bestimmte die Wahrnehmung und Behandlung von Krankheiten. Bis weit in die Neuzeit hinein war sie die grundlegende medizinische Lehre des Abendlandes. Sie beruhte auf den Schriften zweier berühmter antiker Ärzte, der Griechen Hippokrates (5. Jh. v. Chr.) und Galen (2. Jh. n. Chr.).

Der Säftelehre zufolge wurden Krankheiten durch ein Ungleichgewicht der vier Körpersäfte Blut, Schleim, gelbe Galle und schwarze Galle hervorgerufen, denen bestimmte Eigenschaften zugeschrieben wurden. Das Blut ist warm und feucht, der Schleim kalt und feucht, die gelbe Galle warm und trocken und die schwarze Galle kalt und trocken. Ein Ungleichgewicht der Säfte wurde vor allem durch äußere Einflüsse herbeigeführt, wie zum Beispiel eine falsche Ernährung oder das Wetter, aber auch astrologische Einflüsse. Der Überfluss des einen oder anderen Safts führte jeweils zu bestimmten Krankheiten. Die Behandlung zielte vor allem auf eine Wiederherstellung des Gleichgewichts ab. Dies erklärt, warum Aderlass und Abführmittel lange Zeit vorrangige Mittel zur Heilbehandlung waren. Sie sollten es ermöglichen, überschüssige Säfte aus dem Körper zu entfernen, diesen somit zu reinigen und die Gesundheit wiederherzustellen.

Abb. 2: König Ludwig VIII. († 1228) wird von einem Arzt behandelt, der eine Urindiagnose stellt. Gleichzeitig bringen Mönche aus dem Kloster Saint-Denis Reliquien zu ihm.

Neben der Wiedererlangung des Säftegleichgewichts bemühte man sich auch um die Erhaltung desselben beim Gesunden, um Krankheiten von vorneherein zu vermeiden. Die Diätetik, die Lehre von der gesunden Lebensführung, galt dabei als Richtlinie und war gleichzeitig die Grundlage für die Krankenversorgung. Sie ist vor allem durch das Maßhalten gekennzeichnet. Licht und Luft, Essen und Trinken, Bewegung und Ruhe, Schlafen und Wachen, Stoffwechsel und Bewegungen des Gemüts, dies alles sollte im Leben in einem ausgewogenen Verhältnis zueinander stehen.

Christlicher Glaube, Magie und antike Medizin beeinflussten somit das Bild von Krankheit im Mittelalter. Wichtig ist, hierin keinen Gegensatz zu sehen. Die antike Medizin wurde in das christliche Weltbild integriert. Christus galt als oberster aller Ärzte. Und auch Ärzte waren der Überzeugung, dass ohne göttliche Gnade alle Heilversuche zum Scheitern verurteilt seien. Medizin und christlicher Glaube gingen Hand in Hand. Anschaulich zeigt dies ein Bild König Ludwigs VIII. von Frankreich († 1228).

Gelehrte Medizin und Volksmedizin

Die Lehren der antiken Medizin wurden durch die Klöster überliefert. Vor allem im 6. und 7. Jahrhundert wurden medizinische Schriften, die vornehmlich in griechischer Sprache verfasst waren, von Mönchen ins Lateinische übertragen. Insgesamt entstand so ein medizinisches Fachschrifttum in lateinischer Sprache, das in den folgenden Jahrhunderten handschriftlich vervielfältigt und durch eigene Werke ergänzt wurde. Eine entscheidende Erweiterung erfuhr das medizinische Wissen im 11. und 12. Jahrhundert durch die Übersetzung arabischsprachiger Texte ins Lateinische. Diese basierten zum einen auf antiken Texten, die im Westen bis dahin unbekannt gewesen waren, zum anderen handelte es sich um Schriften muslimischer, jüdischer, aber auch christlich-syrischer Gelehrter. Die Werke enthielten ausführliche Abhandlungen zu verschiedenen Krankheiten, wie zum Beispiel Masern und Pocken, und beschrieben neue Behandlungsmethoden der Chirurgie oder der Augenheilkunde. Gebündelt wurde dieses Wissen in der von Mönchen ins Leben gerufenen Schule von Salerno in Italien. Die Schriften, die hier auf der Grundlage des neuen Wissens entstanden, waren in ganz Europa verbreitet.

Bis ins 12. Jahrhundert hinein waren es vor allem Mönche gewesen, die als Ärzte tätig waren. Von diesem Zeitpunkt an lässt sich ein langsamer Wandel von der Mönchsmedizin zur weltlichen Medizin beobachten. Das IV. Laterankonzil verbot 1215 Geistlichen schließlich, die Chirurgie auszuüben. Die Kirche, so die Begründung, schrecke vor dem Blut zurück. Dieser Beschluss förderte eine Trennung zwischen innerer Medizin und Chirurgie, die vorher nicht existiert hatte. Auf Dauer führte dies zu einer Abgrenzung beider Bereiche auch innerhalb der weltlichen Medizin. Die innere Medizin war das Gebiet der *physici*, die an den im 13. Jahrhundert neu entstandenen Universitäten wie Bologna oder Paris studierten. Chirurgie wurde teilweise noch als eigenständiges Fach gelehrt und gesondert geprüft. Die Chirurgie nahm aber noch einen zweiten Weg, den des Handwerks. Chirurg oder Wundarzt war ein Lehrberuf, der im späten Mittelalter zu den in Zünften organisierten Berufen mit Gesellen- und Meisterprüfungen gehörte. Neben der Trennung von innerer Medizin und Chirurgie bildete sich auch die Pharmazie als eigenständiges Gebiet heraus. Die Herstellung von Arzneien wurde nicht mehr von den Ärzten selbst besorgt, sondern von Apothekern. Diese Dreiteilung in Ärzte, Wundärzte und Apotheker lässt sich in verschiedenen Städten des 14. und 15. Jahrhunderts erkennen. Trotz zahlreicher Entwicklungen im Einzelnen bestand sie bis ins 18. Jahrhundert fort.

Dennoch war der »medizinische Markt« weit vielfältiger und auch keineswegs an allen Orten gleich ausgeprägt. Oftmals standen keine studierten Ärzte zur Verfügung. Neben Wundärzten gab es die Bader oder Barbiere. Mit der Betreibung von Badstuben nahmen sie eine wichtige Rolle für die Körperpflege, aber auch für die Gesundheitspflege ein. Denn Badstuben hatten ein vielfältiges Angebot, das neben dem eigentlichen Bad – das auch als gesund-

Abb. 3: Gäste einer Badestube, die nackt gemeinsam in einer Wanne baden.

Abb. 4: Die Ärztin Trotula ist hier als edle Dame dargestellt. Die Kugel in ihrer linken Hand ist an den Reichsapfel angelehnt, was sie sinnbildlich zur »Kaiserin« der Hebammen erhebt.

heitsfördernd angesehen wurde – von der Rasur über Massagen bis zum Setzen von Schröpfköpfen reichte.

Für das gesamte Mittelalter ist von einer großen Bedeutung der so genannten Volksmedizin auszugehen. Darunter versteht man das innerhalb der Bevölkerung angewendete medizinische Wissen, welches neben dem gelehrten Wissen der Klöster oder Universitäten weitergegeben wurde. Während die Gelehrten allerdings eigene Schriftzeugnisse hinterließen, die ihre Kenntnisse dokumentieren, ist dies bei der schriftunkundigen Bevölkerung nicht der Fall. Wissen wurde hier mündlich weitergegeben. Es ist also schwierig, Aussagen über die Art und Qualität der Behandlung durch Heilkundige aus der Bevölkerung zu treffen.

Eine schwierige Frage ist ebenfalls, welche Bedeutung Frauen in der Medizin zukam. Im Umkreis der Schule von Salerno werden einige Ärztinnen genannt. Häufiger anzutreffen sind Hebammen, die Kenntnisse in der Geburtshilfe, aber auch bei spezifischen Frauenbeschwerden hatten. Da es für Hebammen im Gegensatz zu Wundärzten keine geregelte Ausbildung gab, ist schwer zu sagen, über welches Wissen sie genau verfügten. Eigene Schriften von Frauen über medizinische Themen sind sehr selten. Ausnahmen sind die Ärztin Trotula (um 1100) der Schule von Salerno, die ein allgemeines Werk über Arzneimittel und eines über Frauenheilkunde verfasste, oder die Äbtissin Hildegard von Bingen (1098-1179) mit ihren Schriften über Krankheiten und deren Behandlung.

Insgesamt sind heilkundige Frauen vor allem im kirchlichen Umfeld nachweisbar. Als Nonnen widmeten sie sich der Versorgung Kranker. Aber auch religiöse Frauen, die nicht einem Kloster angehörten, finden sich hier, wie das Beispiel der Elisabeth von Thüringen zeigt. Die Überlieferung konzentriert sich jedoch auf den frommen Lebenswandel dieser Frauen, ohne darauf einzugehen, welche medizinischen Kenntnisse sie hatten und welche Heilmittel sie anwendeten. Im Fall von Elisabeth sprechen über die Tatsache hinaus, dass sie sich täglich um Kranke kümmerte, zwei besondere Hinweise dafür, dass sie über medizinisches Wissen verfügte. Nach einer Aussage Konrad von Marburgs versorgte sie einen Jungen mit Waschungen und Arzneimitteln, um ihn von der Krätze zu heilen. An anderer Stelle ist die Rede davon, dass Elisabeth mit einem Arzt gesprochen habe.

Dass auch Frauen aus der Bevölkerung sowohl über diagnostische Fähigkeiten verfügten als auch Arzneien herstellen konnten, zeigt anschaulich ein Brief des Abtes Rudolf aus dem Kloster Reinhardsbrunn an den Vorsteher eines anderen Klosters aus der Mitte des 12. Jahrhunderts: »Ihr habt von der Krankheit unseres Bruders Sindold gehört. Für ihn empfinden wir väterlichen Kummer; es möge ihm durch die Barmherzigkeit Gottes wieder besser gehen. Wir bitten darum, dass Ihr uns Beinwell und Braunelle sendet und dass Ihr in unserer Angelegenheit jene Frau aus Sangershausen besucht, von der Euch oben genannter Bruder erzählt hat, und dass Ihr Euch genau erkundigt, was, wieviel und auf welche Weise er einnehmen muss und was er beachten soll. Und Ihr sollt uns alles – geschrieben auf einen Arzneizettel – zusammen mit dem von ihr gefertigten Trank sowie der von ihr hergestellten Salbe zuleiten.« (Zitiert nach Keil.) Bemerkenswert ist, dass die Frau aus Sangershausen offenbar einen überregionalen Ruf hatte und selbst Mönche sie um Rat fragten, sie also allgemeine Anerkennung genoss.

Krankheiten

Kranksein konnte man damals wie heute auf sehr vielfältige Weise. Angesichts katastrophaler Seuchen wird häufig vergessen, dass auch harmlosere Kopfschmerzen, Bauchschmerzen, Erbrechen und Zahnschmerzen zum Alltag gehörten. Vor allem Darmerkrankungen spielen in mittelalterlichen Abhandlungen zur Heilkunde eine große Rolle. Bei der vergleichsweise schlechten Verarbeitung der Nahrungsmittel und bei eingeschränkter Konservierungsmöglichkeiten entspricht diese Betonung der Darmerkrankungen auch der Häufigkeit, mit der sie auftraten.

Darmleiden waren nicht unbedingt harmlos. Zu den alltäglichen Erkrankungen gehörte auch der Befall mit Darmwürmern, der mitunter tödlich verlaufen konnte. Die Ursache für die Krankheit war hierbei auch den mittelalterlichen Menschen vertraut, die Würmer traten im Kot schließlich sichtbar in Erscheinung. In mittelalterlichen Berichten wird dies gelegentlich auf besonders spektakuläre Weise geschildert. In den Annalen von Colmar ist für das Jahr 1279 vermerkt, dass einem jungen Mann ein Wurm von 10 Fuß Länge abgegangen sei.

Gefürchtet waren auch Darmseuchen wie die durch Bakterien oder Amöben verursachte Ruhr. Vor allem im Bereich des mittelalterlichen Heerwesens wüteten sie auf Grund der schlechten hygienischen Bedingungen und der unzureichenden Versorgung mit frischem Wasser.

Abb. 5: Verkrüppelter Bettler auf einer Schubkarre (14. Jh.).

Weit verbreitet waren außerdem chronische körperliche Leiden. Unter dem lateinischen Begriff »gutta« oder mittelhochdeutsch »tropfe« wurden Lähmungserscheinungen, Verkrüppelungen und rheumatische Beschwerden zusammengefasst. Sie konnten von Geburt an auftreten, Folge eines Unfalls oder auch eines Schlaganfalls sein. Bei letzterem zeigt sich deutlich die Vorstellung von der Krankheit als Strafe Gottes, wird er doch als »slac gotes« bezeichnet.

Ebenfalls häufig erwähnt werden Augenerkrankungen. Sie reichen von Blindheit über schlechtes Sehen und Schielen bis zu Augenverletzungen. Auch Zahnschmerzen spielen eine Rolle. Statt Karies wurde hier der Zahnwurm vermutet, den man durch Räucherung des Mundraumes zu vertreiben versuchte. In zahlreichen Formen sind verschiedenste Hautkrankheiten belegt. Dass sie weit verbreitet waren, zeigen nicht zuletzt die vielfältigen Bezeichnungen: Krätze, Räude, Grind, Skabies, Rose, Rotlauf, um einige häufige zu nennen.

Besonders schreckenerregende Erkrankungen waren das Heilige Feuer (lat. ignis sacer, auch Antoniusfeuer genannt) und die Lepra. Das Heilige Feuer wurde durch die Vergiftung mit einem Getreidepilz – dem Mutterkorn – hervorgerufen. Der Pilz breitete sich vor allem in feuchten Sommern in Roggenpflanzen stark aus. Gleichzeitig wurden wegen der Feuchtigkeit schlechtere Ernten erbracht, so dass das Getreide schneller nach der Ernte verbacken wurde. Die Konzentration des Pilzes ist zu dieser Zeit am höchsten. Es kam daher vor allem in Zeiten, in denen die Bevölkerung schon Hunger litt, zu Krankheitshäufungen. So verwundert es nicht, dass mittelalterliche Chronisten beim Antoniusfeuer von einer Seuche sprechen. Sigebert von Gembloux schreibt 1089: »Viele, deren Inneres das heilige Feuer verzehrte, verfaulten an ihren zerfressenen Gliedern, die schwarz wie Kohle wurden. Entweder starben sie elendig, oder sie setzten ein noch elenderes Leben fort, nachdem ihre verfaulten Hände und Füße abgefallen waren. Viele wurden von nervösen Krämpfen gequält.« (Zitiert nach Clementz.) Die heutigen Erkenntnisse decken sich mit diesem Krankheitsbild. Die Vergiftung kann zwei verschiedene Formen annehmen. Bei der einen verengen sich die Blutgefäße. Durch die unterbundene Blutzufuhr sterben vor allem die äußeren Extremitäten ab. Die zweite ist vor allem durch heftige Krämpfe gekennzeichnet. Beim Heiligen Feuer zeigt sich die Verschiebung zu heutigen Krankheitsbegriffen. Der Begriff wurde auch für andere Krankheiten verwandt, die mit dem Absterben von Gliedmaßen verbunden sind, wie zum Beispiel für den Altersbrand.

Ähnlich ist es bei der Lepra. Damit wurde nicht nur die heute als Lepra bekannte Krankheit bezeichnet, sondern alle möglichen Formen von Hautkrankheiten (Aussatz). Dennoch war die heutige Lepra prägend für das Krankheitsbild. Sie wird durch ein Bakterium hervorgerufen, das Haut- und Nervengewebe befällt. Die Folgen sind gefühllose Stellen, die auch als Flecken auf der Haut erkennbar sind, sowie Hautwucherungen. Der zunehmende Befall führt zu Entstellungen im Gesicht und zum Verlust von Gliedmaßen.

Schließlich werden die inneren Organe befallen. Selbst ohne eine Behandlung verläuft die Krankheit langsam und führt teilweise erst nach Jahren zum Tod. Die mittelalterliche Bezeichnung von Leprakranken als »lebende Tote« ist diesem langsamen und sichtbaren Verfall zuzuschreiben.

Abb. 6: Leprakranke Frau (14. Jh.). Deutlich sind die Entstellungen im Gesicht und die abgefallenen Gliedmaßen zu sehen, die in Tücher gewickelt sind. Durch die Glocke ist die Frau schon von weitem als Kranke zu erkennen.

Die Behandlung von Krankheiten

Zur medizinischen Behandlung von Krankheiten standen vor allem chirurgische Eingriffe und Arzneien zur Verfügung. Die Frage, inwieweit das in medizinischen Schriften sowie in Rezept- und Kräuterbüchern dokumentierte Wissen angewandt wurde oder ob es darüber hinaus andere Behandlungsmethoden gab, ist schwer zu beantworten. Einige chirurgische Methoden, die im Fachschrifttum eine Rolle spielen, lassen sich jedoch auch in der Alltagspraxis nachweisen. Zu ihnen gehören Aderlass, Schröpfen und Kauterisation.

Der Aderlass sowohl als vorbeugende Maßnahme beim Gesunden als auch als akute Behandlung des Kranken war weit verbreitet. Dafür spricht auch, dass der Aderlass von Ärzten, Wundärzten und Badern gleichermaßen durchgeführt wurde, aber auch Laien ihn bei sich selbst anwendeten. Beim Schröpfen wurde ein heißes, napfförmiges Gefäß auf die Haut gesetzt. Durch die Abkühlung der Luft im Schröpfkopf wurde die Haut ein Stück angesaugt, so dass die Haut um den Schröpfkopf herum anschwoll und sich rötete. Gegebenenfalls wurde vor dem Ansetzen des Schröpfkopfes die Haut eingeritzt. Durch den Unterdruck, der bei der Abkühlung entstand, trat Blut aus der Wunde aus.

Abb. 7: Eine Frau setzt Schröpfköpfe (15. Jh.).

Bei der Kauterisation wurden mit einem heißen Eisen Verbrennungen auf der Haut verursacht. Diese sollten indirekt zur Abführung schlechter Stoffe zum Beispiel bei Leber- oder Magenleiden führen. Direkt wurden Abszesse, Geschwüre oder Hämorrhoiden ausgebrannt, und auch zur Blutstillung war das Ausbrennen eine vorrangige Methode.

Aderlass, Schröpfen und Kauterisation lassen sich als Behandlungsmethoden nicht einer bestimmten Krankheit zuordnen. Vielmehr wurden sie bei verschiedensten Krankheiten angewendet. Gemeinsam ist allen dreien, dass ein Zusammenhang zwischen der Körperstelle, an der sie angewendet wurden, und der Krankheit gesehen wurde.

Aus heutiger Sicht erscheinen Aderlass oder Kauterisation in der Regel als unsinnige Heilmethoden. So könnte der mit dem Aderlass einhergehende Blutverlust in vielen Fällen sogar zu einer weiteren Schwächung des Kranken geführt haben. Auf dem Hintergrund der antiken Säftelehre machen die genannten Behandlungen jedoch Sinn. Durch sie sollten überschüssige oder verunreinigte Säfte aus dem Körper entfernt werden. Wie weit die Bevölkerung oder ein Bader über theoretisches Wissen von der Säftelehre verfügten, ist schwer zu sagen. Grundkenntnisse können hier lediglich vermutet werden. Die Überzeugung, dass die Anwendungen die Gesundheit beförderten, war offenbar vorhanden.

Einen hohen Stellenwert nahm sowohl in der gelehrten Medizin als auch in der Volksmedizin die Behandlung mit Arzneien ein, die aus pflanzlichen, tierischen und mineralischen Komponenten hergestellt wurden. Auf die Überlieferungsproblematik im Bereich der Volksmedizin wurde bereits hin-

Abb. 8: Kapitel über die Kauterisation in einer chirurgischen Handschrift (13. Jh.). Die roten Punkte zeigen die Stellen, an denen gebrannt werden soll. Zwischen den Texten sind die Instrumente eingezeichnet, die dafür verwendet werden.

Abb. 9: Die Heilpflanze Natternkopf in einer Abschrift (13. Jh.) des antiken Pseudo-Apuleius. Die Pflanze wurde bei Atemwegserkrankungen und gegen Hautgeschwüre eingesetzt.

gewiesen. Aus dem Bereich der gelehrten Medizin sind sowohl Kräuterbücher als auch Rezeptbücher überliefert, die oftmals reich illustriert sind. Bis in das 13. Jahrhundert sind lateinische Schriften dominierend, die, wie das medizinische Wissen insgesamt, auf antiken Vorlagen beruhen.

Im 13. Jahrhundert entstand dann das erste umfangreiche deutschsprachige Kräuterbuch (der deutsche »Macer«), der sich aus verschiedenen lateinischen Vorlagen zusammensetzte. Seine weite Verbreitung zeigt, dass er über den engen Kreis von Gelehrten hinaus genutzt wurde. Dies war auch die Intention der Übersetzung, die medizinisches Wissen einem größeren Publikum erschloss.

Als Beispiel für ein Rezept in einem Arzneibuch soll aber eines aus einem lateinischen Werk dienen, das im Bereich der Klostermedizin des 8. Jahrhunderts angesiedelt ist. Es steht somit am Anfang der Übernahme des antiken Wissens in den christlichen Klöstern. Dass die Übertragung dieses Wissens in das christliche Weltbild nicht ohne Reibungen ablief, zeigt die Rechtfertigung der Heilkunde am Beginn des Arzneibuchs. Sie verortet die Stellung, die der Medizin bei der Heilung von Krankheiten zukommt, folgendermaßen: »Denn aus drei Ursachen wird der Leib von Krankheit befallen: aus einer Sünde, aus einer Bewährungsprobe und aus einer Leidensanfälligkeit. Nur dieser letzteren kann menschliche Heilkunst abhelfen, jenen aber einzig und allein die Liebe der göttlichen Barmherzigkeit.« (Zitiert nach Jankrift, Mit Gott.)

Reinigungspillen gegen Magenleiden
Sie helfen auch denen, die es nach dem Essen drückt, die Schmerzen und Beschwerden haben, die an schlechter Verdauung oder an Blähungen leiden, die Verhärtungen im Magen haben, die eine äußerst schlechte Farbe zeigen; sie helfen gegen den [Überschuss an] Schleim und Gallensaft und gegen Magenschwäche und wirken wunderbar bei allen Magenleiden. Man nimmt sie nüchtern ein – aber auch nach dem Essen helfen sie zuweilen.

Zutaten:
4 Unzen Purgierwindensaft, 4 Unzen Wolfsmilch, 4 Unzen Seidelbast, 4 Unzen Rittersporn, 4 Unzen Aloe, 1 Unze Wasserminze, 1 Unze Lärchenschwamm, 1 Unze Safran, 1 Unze Quendelseide, 1½ Unzen Mastix. Man zerstößt es und siebt alles, gießt es mit Kohlsaft auf und macht Pillen von Erbsengröße. Man nimmt davon 5 oder 7 ein.

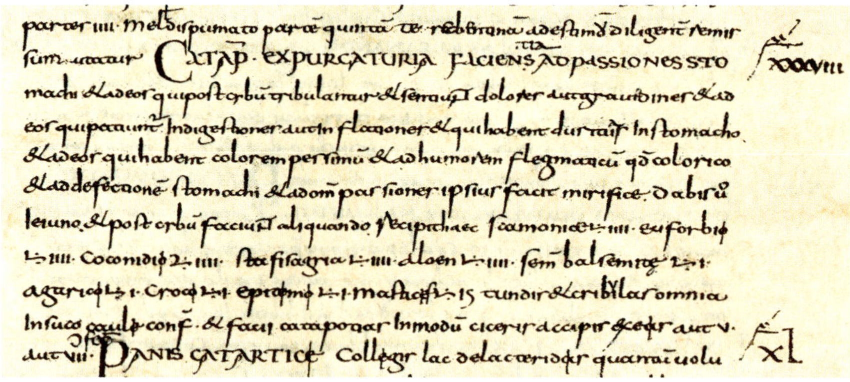

Abb. 10: Lorscher Arzneibuch (8. Jh.). Rezept für Reinigungspillen gegen Magenleiden.

Heilige als Helfer bei Krankheiten

Die Heiligenverehrung war im Mittelalter ein fester Bestandteil des christlichen Glaubens. Heilige hatten während ihres Lebens in vollendeter Weise die Nachfolge Christi verwirklicht, was ihnen eine besondere Stellung im Reich Gottes verschaffte. Die Legenden zahlreicher Heiliger berichten, dass sie schon während ihres Lebens Wunder wirkten. Über den Tod hinaus wurden den Reliquien der Heiligen übernatürliche Kräfte zugeschrieben, die ihnen von Gott verliehen worden waren.

Heilige galten sowohl als Vermittler zwischen Gott und den Gläubigen als auch als Helfer bei zahlreichen Sorgen und Nöten. Besonders die Hoffnung auf Heilung bei Krankheiten veranlasste viele Gläubige dazu, zum Grab oder zur Reliquie eines Heiligen zu reisen.

Viele Heilige wurden bei bestimmten Beschwerden angerufen. Diese Zuordnung geschah oftmals nicht willkürlich, sondern war mit der Geschichte des Heiligen verknüpft. Der heilige Dionysius zum Beispiel, der enthauptet worden war, wurde vor allem um die Linderung von Kopfschmerzen gebeten. Andere Heilige, die sich während ihres Lebens in besonderer Weise um Arme und Kranke gekümmert hatten, wurden von den unterschiedlichsten Kranken aufgesucht. Zu diesen Heiligen gehört auch Elisabeth von Thüringen.

Konrad von Marburg berichtet, dass sich schon am Tag nach ihrer Bestattung (1231) an ihrem Grab Wunderheilungen ereigneten. Die Protokolle, die im Zusammenhang mit der Heiligsprechung Elisabeths über diese Wunderheilungen 1233 und 1235 angefertigt worden sind, geben detaillierte Einblicke. Allein der Umfang von 130 dokumentierten Heilungen zeigt den Andrang zu ihrem Grab. Menschen mit allen möglichen Krankheiten waren hier anzutreffen: Lahme, Krüppel, Blinde, Taube, Menschen mit Darmbeschwerden, mit Wassersucht, mit Hautkrankheiten, mit Verletzungen und Brüchen. ... Alle suchten sie Hilfe und fanden sie auch, denn die Protokolle berichten nur von den erfolgreichen Heilungen. Dieses Phänomen ist aus heutiger Sicht kaum zu erklären. Die Heilungen nur als Lügengeschichten abzutun, greift aber zu kurz. Die mittelalterlichen Menschen erfuhren die Heilungen unmittelbar, sie waren für sie zu sehen und zu spüren. Über einen zwölfjährigen Jungen wird berichtet, »dass [er] am Rücken gleich wie gebrochen war, dass er bucklig war und der Hals in unglaublicher Weise zum Rücken hin verbogen war [...]. Die Füße waren verkrüppelt, so sehr, dass die Fesseln gegen die Fußsohle gedreht waren. Die Unterschenkel waren verkrümmt und wie mit den Gesäßbacken zusammengewachsen. [...] An den Füßen, am Oberschenkel und an den Unterschenkeln hatte er Fisteln, so dass die Krankheit an 24 Stellen aufgebrochen war. Fünf Jahre lang lag er so krank im Bett.« Der Junge wurde geheilt, ihm blieb nur ein kleiner Buckel, und zahlreiche Narben zeugten von den Geschwüren.

Heilige waren oftmals die erste Adresse, an die man sich im Falle einer Krankheit wandte. Umso mehr wandte man sich an sie, wenn medizinische Behandlungen und Arzneien versagten. Denn letztendlich lag es allein in Gottes Macht, eine Krankheit zu heilen. In der Aussage über einen anderen Kranken, der durch Elisabeth geheilt wurde, wird dies nur allzu deutlich: »Wahrhaftig, mit keiner Arznei konnte ihm geholfen werden, auch wenn er einen sehr erfahrenen Heilkundigen hatte, und nun ist er geheilt und das durch die Anrufung der seligen Elisabeth.« (Zitiert nach Wendel-Widmer.)

Abb. 11: Ein blinder und gehbehinderter Mann erfleht Heilung am Grab des Hl. Gallus (15. Jh.).

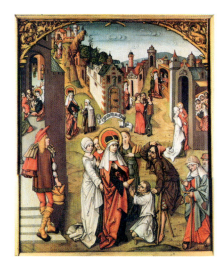

Abb. 12: Die heilige Elisabeth verteilt Essen und Trinken an einen Krüppel, einen Leprakranken (erkennbar an Hut, Beutel und dunkler Kleidung) und an eine Frau mit einem Augenleiden. Das Spruchband über ihrem Kopf lautet: S(anct) Elyzabet mat(er) paup(er)u(m) / Die heilige Elisabeth, Mutter der Armen. Im Hintergrund sind weitere Szenen zu erkennen, in denen Elisabeth sich unter anderem um Kranke und um ein Kind kümmert.

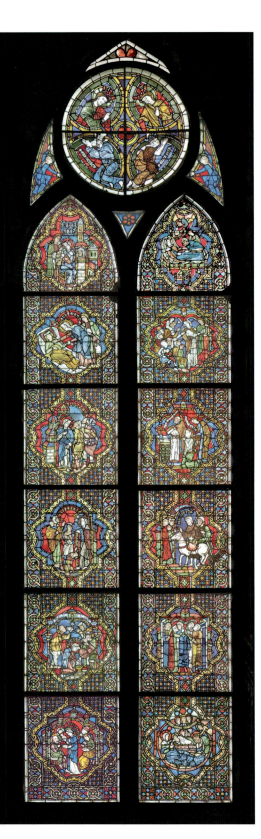

Frömmigkeit und der Dienst am Kranken

Die Sorge für den Nächsten spielt im Christentum eine große Rolle. Jesus selbst ist hier das erste Vorbild. Im Neuen Testament wird in vielfältiger Weise geschildert, wie er sich um Arme und Ausgestoßene kümmert und Kranke heilt. Die Nächstenliebe ist aber auch eine Forderung. Jeder Einzelne soll sie ausüben. Das Almosengeben erscheint im Neuen Testament als selbstverständlicher Ausdruck der Liebe für den Nächsten. Großen Einfluss auf die Sorge für Arme und Kranke hatte außerdem die Gerichtsrede, in der dargelegt wird, wie Jesus bei seiner Wiederkehr über die Menschen richten wird (Mt. 25, 31-46). Demnach wird er zu denjenigen, die das ewige Leben erlangen, sagen: »Kommt her! Euch hat mein Vater gesegnet. Nehmt Gottes neue Welt in Besitz, die er euch von Anfang an zugedacht hat. Denn ich war hungrig, und ihr habt mir zu essen gegeben; ich war durstig, und ihr habt mir zu trinken gegeben; ich war fremd, und ihr habt mich bei euch aufgenommen; ich war nackt, und ihr habt mir Kleidung gegeben; ich war krank, und ihr habt für mich gesorgt; ich war im Gefängnis, und ihr habt mich besucht.« Auf die Frage, wann Jesus den Menschen je so begegnet sei, antwortet er: »Was ihr für einen meiner geringsten Brüder getan habt, das habt ihr an mir getan.«

Die Ausführung der später so genannten sechs Werke der Barmherzigkeit hatte für den eigenen Heilsweg demnach entscheidende Bedeutung. Die Sorge um Arme und Kranke ist immer auch ein Dienst an Gott. Das Almosengeben und die Werke der Barmherzigkeit waren Orientierungspunkte der Armenfürsorge im ganzen Mittelalter. Neben den kirchlichen Institutionen wie Klöstern oder Bischofskirchen waren es immer auch einzelne Personen, die sich an diesen Grundsätzen orientierten. Oftmals beschränkte sich dies auf das Almosengeben oder die Stiftung von Hospitälern. Einige jedoch wählten einen anderen Weg und widmeten sich dem Dienst an Armen und Kranken. Eine davon war Elisabeth von Thüringen. Das Elisabethfenster der Elisabethkirche in Marburg zeigt sie bei den Werken der Barmherzigkeit.

Natürlich handelt es sich hierbei um eine idealisierte Darstellung, die die Frömmigkeit der Heiligen hervorhebt. Gleichzeitig gründete aber auch Elisabeths Entscheidung, dem weltlichen Leben zu entsagen, sich in die Armut zu begeben und sich aufopferungsvoll um Arme und Kranke zu kümmern, auf eine tief empfundene Frömmigkeit. Diese ist neben den Werken der Barmherzigkeit auch von der Vorstellung geprägt, Jesus und den Aposteln nachzufolgen und selbst ein Leben in Armut zu führen.

Hierin sind deutliche Parallelen zum Denken des Franziskus von Assisi zu erkennen, der ebenfalls auf dem Elisabethfenster abgebildet ist. Franziskus und Elisabeth sind zwei bekannte Vertreter einer christlichen Armutsbewegung, die im 12. und 13. Jahrhundert in ganz Europa anzutreffen ist. Zahlreiche Menschen wendeten sich vom weltlichen Leben ab und führten fortan ein Leben in freiwilliger Armut. Die jeweiligen Ausformungen sind dabei sehr unterschiedlich. Und auch der Dienst am Kranken spielte eine unterschiedlich wichtige Rolle. Franziskus war der Legende zufolge selbst zu den Leprakranken vor den Toren seiner Heimatstadt Assisi gegangen und hatte sogar mit ihnen aus einer Schüssel gegessen. Er hatte sie gepflegt und gewaschen. Das Ideal der frühen Franziskaner war es allerdings, möglichst keine feste Bleibe zu haben und ihren Lebensunterhalt bettelnd oder mit Arbeit zu verdienen. Aber auch wenn sie in kleinen Gruppen oder alleine umherzogen, sollten sie sich nach dem Willen von Franziskus in besonderem Maße der Kranken annehmen. Anders war es bei religiösen Gruppen, die sich vor allem innerhalb der aufblühenden Städte vornehmlich dem Dienst an Kranken widmeten. Oft formierten sie sich um schon bestehende Hospitäler oder wirkten bei der Gründung von neuen Hospitälern mit. Auch die Beginen, Frauen, die ein Gelübde ablegten, ohne in einen Orden einzutreten, widmeten sich häufig der Pflege von Kranken. Allen diesen Strömungen sind zwei Dinge gemeinsam: Sie wurden vor allem von der Bevölkerung der seit dem 12. Jahrhundert aufblühenden Städte getragen, und die Menschen brachen radikal mit ihrem vorherigen Leben.

Einen solchen Bruch vollzog auch Elisabeth. Eine Besonderheit Elisabeths ist sicherlich ihre hohe gesellschaftliche Stellung. Ihr Verzicht auf ein gesichertes und luxuriöses Leben erregte unter den Zeitgenossen vergleichsweise mehr Aufsehen, als wenn eine Bürgerstochter in freiwilliger Armut Kranke pflegte, wie es zahlreiche Beginen taten. Nach der Aussage Konrad von Marburgs wäre Elisabeth gerne wie die Franziskaner, von denen sie einigen in Eisenach begegnet war, bettelnd umhergezogen. Konrad von Marburg verbot ihr dies allerdings. Der Weg, den Elisabeth stattdessen wählte, ist gewissermaßen ein Kompromiss. Nachdem sie einen Großteil ihres Geldes an Arme verschenkt hatte, gründete sie von ihrem übrigen Besitz 1228 ein Hospital, in dem sie bis zu ihrem Tod 1231 lebte, um Kranke und Arme zu versorgen. Mit der Gründung eines Hospitals griff Elisabeth auf eine lange Tradition der christlichen Armenfürsorge zurück. Diese Tradition wird im Folgenden am Beispiel einiger Institutionen aufgezeigt und die Hospitalsgründung Elisabeths damit in den größeren Zusammenhang der mittelalterlichen Hospitäler gestellt.

Hospitäler als Orte der Fürsorge

Mittelalterliche Hospitäler waren keine modernen Krankenhäuser. Die Medizin spielte in ihnen nur eine untergeordnete Rolle. Vielmehr sind Hospitäler Ausdruck einer religiös motivierten Sorge um Arme und Kranke. Aufbauend auf den Evangelien verband sich in ihnen häufig das Almosengeben mit der Versorgung und Pflege von Hilfsbedürftigen und Kranken. Die Hospitäler kamen dadurch einer Vielzahl von Menschen zugute: Kranken genauso wie Pilgern, Verarmten, Alten, Witwen und Waisen.

Abb 13: Elisabethfenster (vor 1250) der Elisabethkirche in Marburg. Die rechte Fensterreihe zeigt von unten nach oben in 6 Bildern das Leben der Heiligen. Das Geburtsbild ist verschollen und wurde durch die Geburt Jesu ersetzt. Darüber Elisabeths Abschied von ihrem Ehemann Ludwig. Darauf folgen: Elisabeth erhält die Nachricht vom Tod ihres Ehemanns Ludwig; die Einkleidung mit dem Bußgewand; Elisabeth verteilt Almosen und Elisabeth auf dem Totenbett.
Die linke Fensterreihe zeigt Elisabeth idealtypisch bei den sechs Werken der Barmherzigkeit (von unten nach oben): Hungrige speisen, Durstige tränken, Fremde aufnehmen, Nackte kleiden, Kranke pflegen und Gefangene besuchen.
Das Rund zeigt, wie Franziskus von Assisi von Jesus und Elisabeth von Maria die Himmelskrone empfangen.

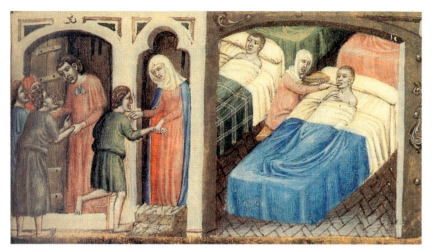

Abb. 14: Links sind Hilfsbedürftige bei der Aufnahme in ein Hospital zu sehen. Rechts wird der Innenraum des Hospitals gezeigt, in welchem eine Frau einem Kranken Essen reicht (um 1300).

Im Laufe der Jahrhunderte entstanden unterschiedliche Formen von Hospitälern. Diese Entwicklungen sind nicht zuletzt auf spezifische Probleme der jeweiligen Zeit zurückzuführen. Die Hospitäler erweisen sich somit als äußerst anpassungsfähige Institutionen, deren Kern – die Versorgung hilfsbedürftiger Menschen – die Zeiten jedoch überdauerte. Die Sorge für den Leib ist dabei immer mit der Sorge für die Seele verknüpft, Heilgeschehen ist immer zugleich auch Heilsgeschehen. Im pflegerischen Bemühen um die Gesundung des Körpers ist die spirituell-geistliche Dimension unverzichtbar und mindestens gleichrangig zu bewerten. Beichte, Messe und Abendmahl waren daher ein fester Bestandteil des Dienstes am Kranken.

Die Klosterhospitäler

Nach dem Niedergang des Städtewesens in der Spätantike fand eine Verlagerung der Armenfürsorge auf das Land statt. Hier waren es die Klöster, die Almosen an Bedürftige gaben, aber auch Unterkunft für Pilger, Bettler und Kranke boten. Wegweisend für diese Form der Armenfürsorge war die Benediktsregel, die von dem Mönch Benedikt von Nursia (um 480-542) verfasst wurde. Sie gibt umfassende Anweisungen über den räumlichen und hierarchischen Aufbau eines Klosters und die Gestaltung des Lebens im Kloster. Auch Frauenklöster nahmen diese Regel an.

In der Benediktsregel werden drei Gruppen genannt, denen in besonderer Weise die Werke der Barmherzigkeit zuteil werden sollen: den kranken Mitbrüdern, den Gästen des Klosters und den Armen und Pilgern. Der berühmte Sankt Galler Klosterplan vom Anfang des 9. Jahrhunderts zeigt das Ideal eines benediktinischen Klosters. In ihm finden sich drei Einrichtungen, die für die oben genannten drei Gruppen gedacht waren:

- *infirmarium*: Gebäude für die kranken Mönche,
- *domus hospitum*: die Herberge für höhergestellte Gäste wie Bischöfe und Fürsten,
- *hospitale peregrinorum et pauperum*: das Hospital für Pilger und Arme,

Vor allem das Hospital für Pilger und Arme ist für den hier gewählten Zusammenhang interessant. Über die Ausgabe von Almosen hinaus ist es der Ort, an dem das Kloster direkt karitativ für die Bevölkerung wirkte. Es diente der Unterstützung vorüber ziehender Armer und Pilger sowie der Aufnahme von Kranken bis zu ihrer Genesung. Grundsätzlich stand es allen Hilfsbe-

Abb. 15: Hospital Eberbach Außenansicht

dürftigen offen. Diese erhielten ein Dach über dem Kopf und Essen. Handelte es sich um Kranke, bekamen sie gegebenenfalls besondere Mahlzeiten und Arzneien. Die meisten Klöster verfügten über einen Garten, in dem auch Heilpflanzen angebaut wurden. Inwieweit sich Mönchsärzte auch um die Armen kümmerten, ist schwer zu sagen. Mönchsärzte sind gelegentlich fern von ihrem Kloster nachweisbar, bei Königen und Bischöfen, die von ihnen bei Krankheiten behandelt wurden. Und auch nicht jedes Kloster verfügte über einen Arzt. Die Mönche sorgten aber auch für die seelsorgerische Betreuung der Kranken und Armen, indem sie die Beichte abnahmen, Gottesdienst feierten und das Abendmahl reichten. Meist schloss sich eine Kapelle direkt an den Hospitalraum an, so dass auch die bettlägerigen Kranken am Gottesdienst teilhaben konnten.

Die Leprosorien

Die Lepra stellte die mittelalterliche Gesellschaft vor besondere Probleme. Die Kranken konnten wegen der Ansteckungsgefahr nicht mit den Gesunden zusammenleben. Da die Krankheit aber langsam verlief, musste auf irgendeine Weise mit ihnen umgegangen werden. Das III. Laterankonzil fasste 1179 einen Beschluss, der den Umgang mit Leprakranken regelte. Im Grunde wurden hiermit ältere Bestimmungen zusammengefasst.
- Leprakranke dürfen nicht mit Gesunden leben, sie sollen weder Kirchen noch Friedhöfe teilen,
- Die Kranken sollen sich zu Gemeinschaften zusammenschließen und eigene Gotteshäuser und Friedhöfe haben,
- Diese Gemeinschaften sind von der Zahlung des Zehnten befreit.

Die hier gefassten Regelungen bestimmten den Umgang mit Leprakranken in den folgenden Jahrhunderten. Hatten Leprosenhäuser vereinzelt und vor allem im heutigen Frankreich schon seit dem 7. Jahrhundert bestanden, breitete sich diese Einrichtung im deutschen Raum im 13. und 14. Jahrhundert vermehrt aus. Dies ist nicht nur auf die Bestimmungen des III. Laterankonzils zurückzuführen, sondern auch auf das starke Wachstum der Städte. Die Leprosorien wurden vor den Toren der Städte errichtet, vornehmlich an Wegkreuzungen und Wasserläufen, aber auch bei Gerichtsstätten. Mit der verkehrsgünstigen Lage war die Hoffnung auf Almosen von Vorbeireisenden verbunden.

Der Aufnahme eines Kranken in ein Leprosorium ging seit dem 13. Jahrhundert die Untersuchung des Lepraverdachts, meist durch den Rat der Stadt, voraus. Die Bader, Wundärzte und Ärzte der Städte waren verpflichtet, Leprakranke zu melden. Oft aber meldeten sich diese selbst oder wurden durch ihre Familie oder Nachbarn angezeigt. Der Rat entschied darüber, ob der Verdächtige sich einer Lepraschau unterziehen musste. Die Schau wurde oftmals von Leprosen des örtlichen Leprosenhauses selbst durchgeführt, gelegentlich spielten auch Bader und Wundärzte eine Rolle. Im 14. und 15.

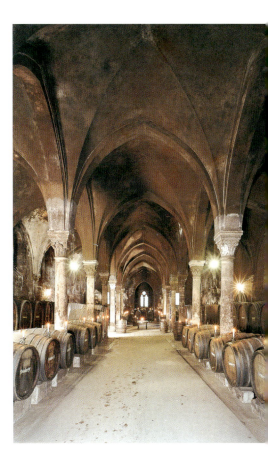

Das Hospital für Arme und Kranke des Zisterzienserklosters Eberbach. Das Hospital wurde um 1215 errichtet, die Kapelle wurde erst im 14. Jh. angebaut. Deutlich zeigt sich hier die enge Verbindung zwischen Altar und Krankensaal. Heute dient das Hospital als Weinlager.

Abb 17: Einem Leprakranken und einem Krüppel wird der Zutritt in die Stadt verweigert (14. Jh.).

Jahrhundert bildeten sich dann regelrechte Zentren für die Lepraschau heraus, in Hessen zum Beispiel in Frankfurt. Die Erkrankten wurden auch von weiter entfernten Orten dorthin zur Untersuchung geschickt.

Die Bestätigung der Lepra durch eine anerkannte Instanz war meist eine Voraussetzung für die Aufnahme in ein Leprosorium. Daneben konnten andere Aufnahmekriterien eine Rolle spielen, wie zum Beispiel, dass der Kranke das Bürgerrecht hatte. Nicht alle Leprakranken kamen also in den Genuss einer Aufnahme. Die Leprosorien waren außerdem relativ klein, nur selten konnten sie mehr als 10 Personen aufnehmen. Somit war ihre Kapazität schnell erschöpft. Außerdem zogen es einige Kranke vor, nicht in ein Leprosorium zu gehen. Es gab also eine große Zahl von Leprakranken, die außerhalb der Leprosorien lebte und bettelnd durch die Lande zog. Deutlich zeigt sich hier der Kontrast zwischen rechtlichen Vorschriften und ihrer praktischen Umsetzung.

Die Leprosorien bestanden meist aus einer oder mehreren Unterkünften, einer Kapelle und einem Friedhof. Die Verwaltung lag meist in den Händen der städtischen Obrigkeit. Innerhalb der Leprosorien gab es Vorsteher, die aus dem Kreis der Kranken stammten und oft von diesen selbst gewählt wurden. Die geistliche Betreuung oblag der Kirche, die die kirchliche Gerichtsbarkeit innehatte und den Priester stellte.

Die Versorgung in einem Leprosorium bot den Kranken ein Dach über dem Kopf, lebenslang Kleidung und Nahrung sowie den Schutz der Gemeinschaft. Mit dem Eintritt ließ der Kranke sein bisheriges Leben hinter sich und ging die Verpflichtung ein, nach den Regeln der Gemeinschaft zu leben. Insofern hat der Eintritt in ein Leprosorium deutliche Parallelen zu einem Eintritt in ein Kloster. Dies zeigt sich auch in der symbolischen Einkleidung der Leprakranken. Sie erhielten meist einen dunklen Umhang, einen Hut und einen Bettelsack sowie eine Klapper oder Schelle, um Gesunde auf sich aufmerksam zu machen. Und auch der Hospitalalltag hatte Anklänge an das Klosterleben. Er war von Gottesdienst und von Gebeten für die Stifter und Almosengeber des Hauses bestimmt. Die Leprosen mussten sich außerdem zur Keuschheit verpflichten. Männer und Frauen lebten getrennt. Die Bewegungsfreiheit der Kranken war zum Teil eingeschränkt. In einigen Leprosorien waren sie angehalten, zusätzlich zu betteln, in anderen durften sie das Leprosorium nur in Ausnahmefällen verlassen.

Die Hospitäler der Antoniter

Die Leprosorien stellten die erste mittelalterliche Einrichtung dar, die auf eine bestimmte Krankheit spezialisiert war. Mit den Hospitälern der Antoniter kam eine zweite hinzu, die vornehmlich für die Opfer des Heiligen Feuers (Antoniusfeuers) gedacht war. Seit 1090 pilgerten zahlreiche Erkrankte zur Kirche im kleinen Ort Saint-Antoine-en-Viennois, wo der Legende zufolge die Gebeine des heiligen Antonius ruhten. Der starke Andrang von Pilgern führte zur Gründung einer Laienbruderschaft, in der sich Männer und Frauen zusammenschlossen, um sich um die Kranken zu kümmern. Schnell folgten erste Gründungen in anderen Städten und auch in deutschen Gebieten. Die Initiative hatten hierbei meist weltliche Herren, die eine Ansiedlung gezielt betrieben. Die Landgrafen von Thüringen waren es, die die Antoniter auf hessischem Gebiet ansiedelten. 1193 wurde in Grünberg ein Antoniterhospital gegründet. Mitte des 13. Jahrhunderts wurde die Bruderschaft in einen regulierten Orden überführt, der die Augustinerregel annahm. Fortan bestimmte eine Dreiteilung den Orden. Die Priester versahen den Gottesdienst und betreuten die Kranken seelsorgerisch, die Laien waren für die körperliche Pflege zuständig, die Konversen versahen die niederen Dienste. Die Frauen, die anfangs fast gleichberechtigt neben den Männern gestanden hatten, waren nur noch als Kranke oder als Lohnpersonal anzutreffen.

Die Spezialisierung auf eine bestimmte Krankheit brachte eine besondere pflegerische Betreuung mit sich. Den Kranken wurde der sogenannte saint vinage gegeben, ein Wein mit Kräuterzusätzen, in den darüber hinaus Reliquien des heiligen Antonius getaucht worden waren. Außerdem wurde der so genannte Antoniusbalsam verwendet, dessen genaue Zusammensetzung aber im Dunkeln liegt. Einen weiteren Behandlungsschwerpunkt stellte die Amputation der abgestorbenen Glieder dar. Solange es sich bei den Antonitern nicht um einen Orden gehandelt hat ist durchaus denkbar, dass sie diese selbst durchführten. Belegt sind aber auch fest angestellte Wundärzte, die dafür zuständig waren. Diejenigen, die die Krankheit überlebten, blieben meist verkrüppelt zurück. Teilweise konnten sie in den Hospitälern verbleiben. Für alle kam dies kaum in Frage, es hätte die Kapazität der Hospitäler sicher bald überschritten.

Hospitäler in den Städten

Seit dem Ende des 12. Jahrhunderts begann eine Gründungswelle von Hospitälern in städtischen Kommunen. Zuvor waren Hospitäler in den Städten vor allem bischöfliche Stiftungen gewesen, die auch organisatorisch direkt an Bischofskirchen angeschlossen waren. Die Bischofsstädte waren, bis auf wenige Ausnahmen wie zum Beispiel Frankfurt, lange Zeit die einzigen größeren Städte im deutschen Reich gewesen. Im 12. Jahrhundert setzte ein

Bevölkerungswachstum ein, das zum Ausbau schon bestehender und zur Gründung neuer Städte führte. Damit einher ging ein erhöhter Bedarf an Einrichtungen der Armenfürsorge für die Bevölkerung. In den Städten entstanden zahlreiche Hospitäler, die in ihrer organisatorischen Vielfalt kaum auf einen Nenner zu bringen sind. Neben Hospitälern, die von Orden wie den Antonitern oder dem allgemein auf die Pflege von Kranken ausgerichteten Heilig-Geist-Orden verwaltet wurden und in denen die Brüder selbst die Kranken pflegten und seelsorgerisch betreuten, standen Hospitäler, bei denen der Stadtrat die Finanzen kontrollierte und Verwalter einsetzte und in denen städtische Pfarrer die Seelsorge übernahmen. Die Pflege wurde in solchen Hospitälern in zunehmendem Maße als Lohnarbeit verrichtet. Bei Hospitälern, die Bischofskirchen unterstanden, nahmen Bischof und Domkapitel wiederum Aufgaben der Kontrolle, aber auch der Seelsorge wahr.

Auch in den Städten war eine Kapelle oder Kirche immer fester Bestandteil der Hospitäler. Gelegentlich ist der Altar sogar in den Hospitalsraum integriert, so dass keine räumliche Trennung zwischen beiden Bereichen existierte. Die Hospitalskirchen waren in der Regel aus dem Pfarrverband der Stadt ausgegliedert, das heißt, sie durften die Sakramente verteilen und hatten auch das Begräbnisrecht, so dass sie über einen eigenen Friedhof verfügten. Die meisten Hospitäler waren recht kleine Einrichtungen. Viele hielten zwölf Plätze bereit, eine symbolische Größe, die auf die 12 Apostel verweist, aber auch Hospitäler mit bis zu 60 Plätzen sind häufig anzutreffen. Selten jedoch sind große Hospitäler mit mehr als 100 oder sogar wie in Nürnberg und Lübeck mit über 200 Plätzen.

In der Regel handelte es sich um multifunktionale Einrichtungen, die ähnlich den Klosterhospitälern Kranken und Bedürftigen aller Art offenstanden.

Die auf engem Raum sichtbar werdende Not und Armut von Teilen der Bevölkerung ist sicher als einer der Beweggründe zu sehen, die Menschen dazu veranlasste, entweder durch Stiftungen Hospitäler zu gründen oder sich selbst dem Dienst an Armen und Kranken zu widmen. Als Stifter von Hospitälern traten wie schon zuvor Bischöfe und Adelige in Erscheinung, zunehmend aber auch Angehörige der städtischen Oberschicht. Bei einer Stiftung wurde das Hospital mit einer Grundausstattung versehen, die meist aus einem größeren Geldbetrag, aber auch aus Einkünften und Gütern bestand. Dies ermöglichte den Bau eines Hospitals und sicherte dauerhaft

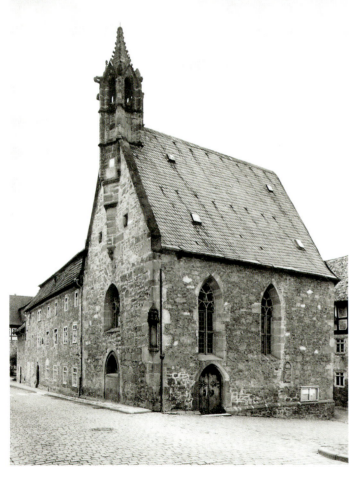

Abb. 18: Heilig-Geist-Hospital Treysa. Das am Rande der Stadt gelegene Hospital ist eine bürgerliche Stiftung, die 1367 zum ersten Mal erwähnt wird. Die Kirche stammt aus dem 14. Jh., der im rechten Winkel angebaute Hospitalbau aus dem 16. Jh.

seine Finanzierung. Aber auch an schon bestehende Hospitäler wurden zahlreiche kleine und große Schenkungen getätigt.

Eine Stiftung war aber nicht völlig selbstlos. Indem der Stifter die Grundlage für eine segensreiche Fürsorge legte, tätigte er eine kluge Investition in seine eigene jenseitige Zukunft. Der Dienst am Nächsten als ein Gott wohlgefälliges Handeln sollte im Jenseits reich belohnt werden. Entsprechend sollten diejenigen, die der Fürsorge teilhaftig wurden, sich dankbar erweisen, indem sie für das zeitliche und das ewige Leben des Stifters beteten. Dieser beiderseitige Nutzen führte zu einer großen Spendenbereitschaft. Auf Grundlage der Schenkungen und testamentarischen Verfügungen konnten Hospitäler sich konsolidieren und expandieren. Hospitäler traten als Investoren und Geldverleiher auf, sie betrieben Mühlen, Marktstände, Gastwirtschaften und Badstuben. Innerhalb der städtischen Wirtschaft waren sie somit kein unbedeutender Faktor.

Bei bürgerlichen oder adeligen Stiftungen nahmen die Stifter oft entscheidenden Einfluss auf die Ausgestaltung des Hospitals. Bei der Gründung trafen sie Verfügungen, wem das Hospital zugutekommen und wie es geordnet sein sollte. Teilweise behielten sie sich auch weiterhin Mitspracherechte vor und setzten zum Beispiel die Pfleger und Spitalmeister selbst ein. Die Pfleger beaufsichtigten und prüften vor allem die richtige Finanzführung des Hospitals, während die Spitalmeister es leiteten. Da diese Rechte innerhalb der Familien weitergegeben wurden, handelte es sich hierbei um eine Absicherung über den Tod des Stifters hinaus.

Seit dem Ende des 13. Jahrhunderts ist ein Kommunalisierungsprozess im städtischen Hospitalwesen zu beobachten. Viele Hospitäler wurden schon mit ihrer Stiftung der städtischen Aufsicht unterstellt. In diesem Fall nahm der städtische Rat die oben beschriebenen Rechte der Stifter wahr und übte Kontrollfunktionen über die Hospitäler aus, entschied aber zum Beispiel auch, wer im Einzelfall aufgenommen wurde.

Zunehmend gewannen die städtischen Kommunen aber auch Einfluss auf Hospitäler, die ihnen zuvor nicht unterstellt gewesen waren. Dies betraf sowohl kirchliche als auch private Stiftungen. Die Ursache für diese strukturelle Veränderung ist bisher nicht geklärt. Denkbar wäre, dass die zunehmend selbstbewusster auftretenden Stadtregierungen es nicht länger dulden konnten, keinen Zugriff auf diese so wichtigen Elemente der sozialen Sicherung zu haben, und deshalb bestrebt waren, die Hospitäler unter ihre eigene Kontrolle zu bringen. Möglich wäre auch, dass die finanzielle Erstausstattung der Hospitäler sich allmählich erschöpfte und die Stadt gezwungen war einzugreifen, um den Fortbestand zu sichern. Auffallend ist weiterhin, dass mit der Kommunalisierung Tendenzen der Verpfründung einsetzten. Das heißt, dass wohlhabende Bürger sich mit einem Geldbetrag im Hospital einkauften und sich somit einen Platz und die Versorgung im Hospital sicherten. Hierbei handelt es sich vor allem um eine Form der Altersvorsorge. Konnte das bei entsprechender Höhe der Einlage

Abb. 19: Das Hospital St. Elisabeth in Spangenberg wurde wahrscheinlich um 1340 als Siechenhaus gegründet. Der Kirchenbau war vermutlich Krankensaal und Kapelle in einem bis im 16. Jahrhundert der zweigeschossige Fachwerkbau als Pfründnerhaus angebaut wurde.

für das Hospital ökonomisch durchaus lukrativ sein, so bedeutete es zugleich eine Verknappung des stationären Versorgungsangebotes. Diese Entwicklung konnte dazu führen, dass ein Hospital den Charakter eines Seniorenheimes für bemittelte Bürger annahm und seine ursprünglichen Aufgaben nicht mehr erfüllen konnte. Wandelten sich traditionelle Hospitäler in Pfründnerhäuser um, so sollten neue Einrichtungen, die zum Teil wiederum auf Stiftungen zurückgingen, die entstandenen Versorgungslücken schließen helfen. Das wiederum gab Raum für Spezialisierungen. Auf diese Weise erhielten einige Hospitäler den Charakter von Elenden- und Armenhäusern, in denen keine Kranken aufgenommen wurden. Es entstanden Pilgerherbergen, Waisen- und Findelhäuser, seit der Mitte des 14. Jahrhunderts angesichts des Schwarzen Todes auch Pesthäuser. Andererseits entwickelten sich andere Hospitäler durch die Auslagerung bestimmter Gruppen zu Siechenhäusern, die nun ausdrücklich als Krankenanstalten gelten konnten. Im Zuge des Auf- und Ausbaus eines kommunalen Gesundheitswesens wurde nun der Stadtarzt beauftragt, die Kranken im Hospital medizinisch zu versorgen.

Als eine weitere Tendenz des späten und ausgehenden Mittelalters ist eine nachlassende Bereitschaft zu karitativen Stiftungen zu beobachten, was zu Engpässen in der Finanzierung führen konnte. Damit einher ging der Versuch, besser zu kontrollieren, wem Hilfeleistungen zugutekamen. Man rückte von einer beliebigen Almosengabe ab und sammelte stattdessen Geld in so genannten Armenkästen. Die Entscheidung über die Verteilung des Geldes lag wiederum in städtischer Hand.

Die städtische Fürsorge konzentrierte sich dabei auf die Sicherung der eigenen Bevölkerung, Fremde wurden möglichst abgewiesen oder sofort weitergeschickt. Zugleich wurden Armut und Hilfsbedürftigkeit qualitativ unterschieden: Nicht mehr jeder Hilfsbedürftige konnte auf die Barmherzigkeit des christlichen Nächsten hoffen, sondern die Karitas richtete sich auf den würdigen Armen, denjenigen, der unverschuldet, durch Krankheit, Alter oder Unglück in Not geraten war.

Damit einher ging die zunehmende Ausgrenzung des als »stark« und »arbeitsunwillig« eingeschätzten Bettlers.

Die fürsorgerische Leistung der Hospitäler

Armut und Krankheit waren in der mittelalterlichen Gesellschaft sehr viel präsenter als in den heutigen westlichen Gesellschaften. Dennoch begegneten mittelalterliche Menschen ihr durchaus nicht gleichgültig, sondern bemühten sich oftmals, die Armut einzudämmen und in Not geratenen Menschen zu helfen. Eine institutionelle Form dieser Hilfeleistung sind die Hospitäler. Für einzelne Krankheiten zeigten sich schon früh Spezialisierungen, eine zunehmende Ausdifferenzierung ist im späten Mittelalter zu beobachten, ohne dass die multifunktionalen Hospitäler völlig von der Bildfläche verschwanden. Das große verbindende Element bildete die christliche Ausrichtung der Hospitäler, in denen der Dienst am Kranken immer eng mit dem Dienst an Gott verbunden war. Zu bedenken bleibt, dass die Hospitäler immer nur einen kleinen Teil der Armen und Kranken erreichten. Es handelte sich hierbei also keineswegs um ein umfassendes Versorgungssystem. Ein großer Teil der Pflege und Unterstützung von Verarmten und Kranken fand innerhalb der Familien und der Nachbarschaft statt. Verschwiegen werden sollten aber auch nicht diejenigen, die jeder Hilfe entbehren, für die Hungern und Frieren zum alltäglichen Leben gehörten und die oftmals elendig zugrundegingen.

Literatur

Wolfgang Einsingbach / Wolfgang Riedel: Kloster Eberbach im Rheingau, Berlin 2004.

Illustrierte Geschichte der Medizin, Bd. 2, Salzburg 1980, Bd. 5, Salzburg 1982.

Kay Peter Jankrift, Mit Gott und Schwarzer Magie. Medizin im Mittelalter, Darmstadt 2005.

Kay Peter Jankrift, Krankheit und Heilkunde im Mittelalter (Geschichte kompakt), Darmstadt 2003.

Dankwart Leistikow, Hospitalbauten in Europa aus zehn Jahrhunderten. Ein Beitrag zur Geschichte des Krankenhauswesens, Ingelheim 1967.

Peter Murray Jones, Heilkunst des Mittelalters in illustrierten Handschriften, Stuttgart 1999.

Gundolf Keil, Die Frau als Ärztin und Patientin in der medizinischen Fachprosa des deutschen Mittelalters. In: Frau und spätmittelalterlicher Alltag, Internationaler Kongress, Krems an der Donau 2.-5. Oktober 1984, Wien 1986, S. 157 – 211.

Ulrich Knefelkamp, Das städtische Spital als Ort der Frömmigkeit. In: Ulrich Knefelkamp (Hg.),, Stadt und Frömmigkeit, Bamberg 1995, S. 53 – 77.

Das Lorscher Arzneibuch, Band 1: Übersetzung der Handschrift Msc. Med. 1 der Staatsbibliothek Bamberg von Ulrich Stoll und Gundolf Keil, Band 2: Faksimile der Handschrift Msc. Med. 1 der Staatsbibliothek Bamberg, hg. von Gundolf Keil, Stuttgart 1989.

Michael Matheus, Funktions- und Strukturwandel spätmittelalterlicher Hospitäler im europäischen Vergleich, (Geschichtliche Landeskunde 56), Stuttgart 2005.

Werner Moritz, Das Hospital der heiligen Elisabeth in seinem Verhältnis zum Hospitalwesen des frühen 13. Jahrhunderts. In: Sankt Elisabeth. Fürstin, Dienerin, Heilige. Aufsätze, Dokumentation, Katalog. Ausstellung zum 750. Todestag der hl. Elisabeth, Marburg Nov. 1981 – Jan. 1982, Sigmaringen 1981.

Ortrun Riha, Zum Verhältnis von Theorie und Praxis in der mittelalterlichen Chirurgie. In: Medizinhistorisches Journal, Band 41, 2006, S. 137-155.

Heinrich Schipperges, Die Kranken im Mittelalter, München 1990.

Bernhard Schnell. Als ich geschriben vant von eines wises meisters hant. Die deutschen Kräuterbücher des Mittelalters – Ein Überblick. In: Das Mittelalter, Band 10, 2005, S. 116 – 131.

Martin Widmann, Christoph Mörgeli, Bader und Wundarzt. Medizinisches Handwerk in vergangenen Tagen, Zürich 1998.

Marie-Luise Windemuth, Das Hospital als Träger der Armenfürsorge im Mittelalter, (Sudhoffs Archiv Beihefte 36), Stuttgart 1995.

Abbildungen

Murray Jones 1999: S. 74, 78 unten, 81

Jankrift 2005: S. 66, 79, 80

Widman/Mörgeli: S. 78 oben

Das Lorscher Arzneibuch 1989; S. 82

Moritz 1981: S. 83

Zippert/Jost: Hingabe und Heiterkeit. Vom Leben und Wirken der heiligen Elisabth, Kassel 2007: S. 84

Illustrierte Geschichte der Medizin 1980: S. 86 oben, 88

Einsingbach/Riedel 2004: S. 86 unten, 87

Leistikow 1967, S. 90, 92

Das Hessische Hohe Hospital Haina in der frühen Neuzeit

Irmtraut Sahmland

Abb. 1: Klosteranlage Haina

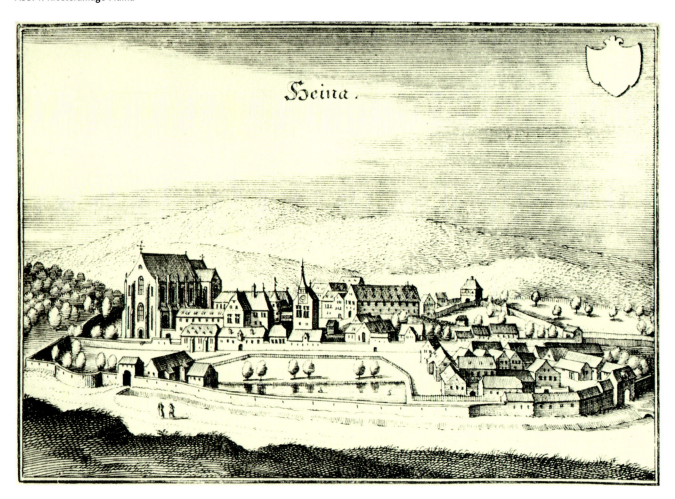

Landesherrliche Fürsorge in Hessen

Anschließend an die im vorausgehenden Kapitel erfolgte Darstellung der mittelalterlichen Hospitäler und ihrer weiteren Entwicklung im Spätmittelalter sollen im Folgenden die durch den hessischen Landgrafen Philipp den Großmütigen im 16. Jahrhundert gegründeten Hessischen Hohen Hospitäler vorgestellt werden. Es handelt sich hierbei um ein Werk, das als eine »ungewöhnliche Maßnahme« und als ein »geradezu sozialrevolutionärer Akt« in damaliger Zeit qualifiziert worden ist (Demandt). Damit ist einerseits die Einzigartigkeit dieser Gründung betont worden; zugleich findet jedoch auch eine Anknüpfung an bestehende Traditionen und also deren Fortschreibung statt.

Auch die städtischen Kommunen in Hessen verfügten zu Beginn des 16. Jahrhunderts über Hospitäler. Sie hatten unterschiedliche, in manchen Standorten nicht sicher zu ermittelnde Gründungsdaten (so etwa in Gießen) und ihre je eigene Geschichte. Diese ist im Falle Marburgs, ausgehend vom Franziskus-Hospital, in dem die heilige Elisabeth wirkte, bis zum nachfolgend errichteten Elisabeth-Hospital vergleichsweise gut bekannt. Die Hospitäler waren eher kleine Einrichtungen, aber multifunktionell ausgerichtet, indem sie sich bemühten, die vielfältigen Leistungen sozialer Fürsorge für die jeweilige Einwohnerschaft zu erbringen. In der Fläche waren die Klöster Anlaufstellen für Hilfsbedürftige. Besonders zu erwähnen sei hier das Antoniterkloster bei Grünberg. Dort kümmerte man sich speziell um die Versorgung derjenigen, die am sogenannten Antoniusfeuer litten. Hierbei handelt es sich um eine schwerwiegende Erkrankung, die durch die Aufnahme des mit dem giftigen Mutterkorn verunreinigten Getreides verursacht wurde und die zum Verlust von Extremitäten führen konnte. Eine Folge dieser Lebensmittelvergiftung war dann eine dauerhafte Unterstützungsbedürftigkeit infolge Arbeitsunfähigkeit. Im Unterschied zu den städtischen Hospitälern gab es auf dem Lande keine stationäre Versorgungsmöglichkeit. Zwar liegen Hinweise darauf vor, dass das Kloster Haina im 13. Jahrhundert einmal ein Armenhospital eingerichtet hatte, dieses war aber offenbar nicht von dauerhaftem Bestand.

Landgraf Philipp der Großmütige von Hessen (1504–1567) initiierte ein durchgreifendes Reformprogramm der sozialen Fürsorge, das im Zuge des Anschlusses Hessens an die Reformationsbewegung realisiert wurde. 1526 wurde auf der Homberger Synode offiziell der Übertritt zum Protestantismus formuliert. Dieser Beschluss hatte vielschichtige Konsequenzen. Einerseits bemühte sich Philipp in der Folgezeit, seinen Beitrag zur Schlichtung der innerreformatorischen Streitigkeiten zu leisten. Er suchte zwischen Zwingli, Luther und Melanchthon zu vermitteln, indem er seinerseits ein Forum für einen Austausch bot (Marburger Religionsgespräch 1529). Auf reichspolitischer Ebene geriet Hessen in Konfrontation zu Kaiser Karl V., und die Niederlage des Schmalkaldischen Bundes sollte 1547 auch zur Festsetzung des hessischen Landgrafen Philipp führen. Der Zeitraum zwischen diesen beiden Daten 1526 und 1547 war die Phase der innenpolitischen Neuorganisation. Das Bekenntnis der Landesherrschaft zum Protestantismus machte einerseits Veränderungen erforderlich, es war dadurch aber zugleich eine Situation geschaffen, in der auch grundlegende Strukturreformen möglich schienen.

Bereits der Kasseler Landtagsabschied von 1527 enthielt den Aufhebungsbeschluss der Klosterkonvente in Hessen. Zugleich wurde über die zukünftige Verwendung der auf diese Weise für den Territorialstaat verfügbar gewordenen Klostergüter und -vermögen Folgendes bestimmt. Sie sollten eingesetzt werden:

- Zur Abfindung der ausscheidenden Mönche und Nonnen,
- Zur Erziehung der Kinder des Adels,
- Zur Dotierung einer in Marburg zu gründenden Universität,
- Zum gemeinen Nutzen, um Armut und übermäßige Besteuerung zu vermeiden.

Insbesondere die Zweckzuweisungen unter den Punkten 3 und 4 bildeten die Basis für Entwicklungen, deren Kontinuität bis heute ungebrochen ist.

Die Gründung der Landesuniversität erfolgte noch 1527. Nachdem seit dem hohen Mittelalter Universitäten zunächst in Oberitalien, dann in Paris entstanden waren, die erste deutsche Hochschule unter Karl IV. 1347 in Prag eröffnet worden war, folgte der Landgraf mit dieser Initiative einem Trend der Zeit. Tatsächlich erhielt Hessen die erste protestantische Hochschule überhaupt. Die Umsetzung der letzten, am wenigsten konkret formulierten Vorgabe zur Verwendung des verbleibenden Klostervermögens wurde ebenfalls unmittelbar in Angriff genommen und keineswegs nachrangig behandelt. Die Einleitung bildete der Aufbau eines Kastenwesens durch die Reform respektive Neueinrichtung von Gottes-, Kirchen- und Armenkästen. Es waren Unterstützungsfonds auf der örtlichen Ebene, die hier mit Mitteln ausgestattet wurden, die zum Besten der Armen verwendet werden sollten. Dieser umfassende Ansatz mündete in die Kastenordnung von 1530. Unmittelbar anschließend wurden Generalvisitationen der bestehenden Hospitäler vorgesehen, deren Durchführung für etliche Standorte in den Jahren 1531-32 belegt ist. Durch die von landesherrlicher Seite angeordnete Prüfung und Bestandsaufnahme dieser Einrichtungen signalisierte der Landgraf eine neue Zuständigkeit, die bis in die städtische Verwaltung reichte. Im Zuge dieser Revision wurden etliche neue Hospitalordnungen erlassen. Dabei dürfte das doch eklatante Versorgungsgefälle zwischen städtischen Kommunen und Landgemeinden deutlich geworden sein, zumal die Klöster in ihrer Versorgungsfunktion weggefallen waren. Um diese Diskrepanz aufzuholen, schloss sich nun die Stiftung der Hessischen Hohen Hospitäler und damit die dritte Phase dieses sozialreformerischen Programms an, der zugleich die größte Nachhaltigkeit beschieden sein sollte.

Komplementär zu dem bestehenden Netz städtischer Spitäler entstanden im Zeitraum von 1533–1542 vier weitere Hospitäler, die logistisch in je einem Landesteil platziert und dezidiert für die ländliche Bevölkerung ausgewiesen wurden. In drei Fällen eigneten sich aufgelassene Klosteranlagen, die nach der Schließung der Konvente nun auch einer neuen Bestimmung zugeführt werden mussten.

Haina, in Oberhessen unweit von Frankenberg gelegen, war ein im 13. Jahrhundert gegründetes Zisterzienserkloster und eine der reichsten Abteien in Hessen, dessen Streubesitz bis nach Frankfurt reichte. 1533 wurde diese Klosteranlage zu einem Hospital umgewidmet, in dem ausschließlich Männer Aufnahme finden sollten (Abb. 1).

Ebenso war in Merxhausen, in der Nähe von Kassel gelegen, im 13. Jahrhundert ein Kloster als Augustiner-Chorfrauenstift geweiht worden. Die Anlage war deutlich kleiner als in Haina und nicht sehr reich dotiert; außerdem hatte ein großer Brand in der 2. Hälfte des 15. Jahrhunderts die Klostergebäude sehr in Mitleidenschaft gezogen. Auch moralisch war dieses Kloster offenbar in Verfall geraten, denn der Vorgänger Philipps, Landgraf Wilhelm II., hatte 1489 das Nonnenkloster wegen angeblicher »Sittenlosigkeit« zu einem Augustiner-Chorherrenstift umgewidmet. Nun wurde es zu einem Hospital für Frauen bestimmt.

Auch die südhessischen Landesteile sollten mit einem entsprechenden Angebot versehen werden. Da sich in der Obergrafschaft keine derartigen Baulichkeiten anboten, wurde 1535 die vergleichsweise große Pfarrei in Hofheim nahe Darmstadt in ein Hospital für Frauen und Männer umgewandelt. Mit einigen Jahren Verzögerung folgte schließlich für die Niedergrafschaft Katzenelnbogen die Gründung des vierten Hospitals im ehemaligen, bei St. Goar gelegenen Benediktinerkloster Gronau. Da hier nur Männer aufgenommen werden sollten, wurde Hofheim nun zu einem Frauenhospital; mit der Auflösung der Einrichtung in Gronau infolge Zerstörungen im 30-jährigen Krieg gab es in Hofheim wiederum eine gemischte Belegung.

Damit war der Schlussstein dieses groß angelegten Reformwerks gesetzt. Um ihm ein solides Fundament zu geben, wurden die Hospitäler als Verbund zusammengeführt. Sie sollten zentral verwaltet werden. Die Spitze dieser »Samtverwaltung« (samt = gesamt) repräsentierte der Obervorsteher, der sich in Haina befand. Den einzelnen Hospitälern standen Vögte beziehungsweise Amtmänner vor. Durch eine entsprechende testamentarische Bestimmung suchte Landgraf Philipp dieser Konstruktion die Zukunft zu sichern. Unmittelbar nach seinem Tod wurde Hessen auf seine vier legitimen Söhne aufgeteilt; nach Erlöschen zweier Linien führten es die beiden Landgrafenhäuser Hessen-Darmstadt und Hessen-Kassel weiter. Über diese politischen Veränderungen hinweg hatte die Samtverwaltung der Hospitäler bis ins Jahr 1810 Bestand. Diese wurden bald als »Samthospitäler« oder als die »Hohen Hospitäler« bezeichnet, wobei letzterer Titel auf die hohe, die landeshoheitliche Abkunft verweist.

Hier von einer sozialrevolutionären Leistung zu sprechen, hat in der Tat seine Berechtigung: Durch landesherrliche Gewalt initiiert, in einer solchen

Größenordnung und ein ganzes Territorium erfassend, dabei vorhandene, aber nur jeweils lokal wirksame Versorgungsnetze konsequent ergänzend, durch eine zentrale Verwaltungsstruktur kontrolliert, durch eine landesherrliche Stiftung auch finanziell solide ausgestattet, waren und blieben die hessischen Hohen Hospitäler beispiellos.

Allerdings war es kein nach heutigem Verständnis revolutionärer Wille, sondern ein reformerischer, ein reformatorischer Geist, von dem das Werk beseelt war. Dieses lässt sich in vielfältiger Weise aufzeigen.

Die Nutzung der Klosteranlagen hatte sicher pragmatische Gründe, waren sie doch nach Verlust ihrer alten Bestimmung für eine neue Verwendung verfügbar. Zugleich war diese Wahl wohl auch ein Politikum. Die Vereinnahmung der Klöster durch den protestantischen Landesherrn blieb durchaus nicht unwidersprochen. Insbesondere in Haina und in Gronau wurden die alten klerikalen Besitzansprüche geltend gemacht und von kaiserlicher Seite unterstützt. Eines Tages – Philipp selbst saß in Gefangenschaft – besuchte ein kaiserlicher Kommissar Haina in dem Auftrag, diesen Ansprü-

Abb. 2: Der »Philippstein« im Kloster Haina 1542 von Philipp Soldan

chen Nachdruck zu verleihen. In diesem Zusammenhang erzählt die Geschichte, Heinz von Lüder, maßgeblicher Baumeister des Reformwerks und erster Obervorsteher, habe sämtliche Hospitaliten längs des Weges zum Kloster Spalier stehen lassen und den Kommissar hindurchbegleitet. Dann habe er diesen gefragt, ob er nicht auch der Meinung sei, »dass die Einkünfte dieser Klöster zum Unterhalt solcher Menschen besser verwendet wären, als wenn faule und gesunde Mönche damit gemästet würden«. Die Wahrheit dieses Satzes habe den Besucher derart beeindruckt, dass er unverrichteter Dinge abgereist sei, um dem Kaiser zu berichten; dieser habe es dabei bewenden lassen. Die offensive Demonstration der praktizierten Caritas entkräftete offenbar jedes Gegenargument.

Die Besetzung dieser dezidiert religiös geprägten Orte war aber neben solchen praktischen und politisch-diplomatischen Vorteilen auch von einer grundsätzlichen symbolischen Bedeutung, und wohl nicht von ungefähr wurde in der Obergrafschaft eine Pfarrei als Standort ausgewählt. Hier sollten aus dem Mittelalter überkommene christliche Glaubensauffassungen und Wertvorstellungen unmittelbar fruchtbar werden, und so könnten die Hohen Hospitäler als »protestantische Klöster« bezeichnet werden.

Sinnfälliger Ausdruck des Selbstverständnisses, von dem die Sozialreform Philipps getragen war, und der Bedeutung, die er selbst seinen Hospitalgründungen gab, ist der Philippstein (Abb. 2). Dieser monumentale, farbig gestaltete Reliefstein wurde von dem Frankenberger Künstler Philipp Soldan geschaffen und auf das Jahr 1542, also das Jahr des Abschlusses der Gründungsphase, datiert. Das Original befindet sich im südlichen Seitenschiff der Klosterkirche in Haina. Geben die eingearbeiteten vier Spruchtafeln ihre Botschaft unmittelbar preis, so eröffnet sich durch ihre Verbindung mit der figürlichen Gestaltung und bildlichen Komposition eine weitere Dimension der Aussage.

Die Szene ist in zwei Teile geteilt. Die linke Bildhälfte präsentiert großzügig den Landgrafen in Herrscherpose, dicht am Bildzentrum stehend und auf dieses ausgerichtet wird die unmittelbare Nähe zum Wappenschild betont, das, an einen Baum gelehnt und mit vollem Helmschmuck, als Signum der Macht die Bildmitte besetzt. Philipp ist mit einer aufwändig gearbeiteten Turnierrüstung bekleidet. Der Eindruck eines machtgewaltigen Potentaten wird jedoch einerseits durch die modisch drapierte Kopfbedeckung, andererseits dadurch gemildert, dass von seinem Schwert zwar der prachtvolle Griff gut sichtbar ist, die Waffe selbst aber dem Betrachter weitgehend verdeckt bleibt. Sein Gegenüber bildet seine Vorfahrin, die heilige Elisabeth. Sie verrichtet, wie vielfach und geradezu typisierend dargestellt, einen Liebesdienst, indem sie dem armen Lazarus Speise und Trank reicht. Lazarus repräsentiert den Armen und Bedürftigen schlechthin, zudem ist er eindeutig als Lepröser stilisiert, der einer Krücke bedarf. Das zeigt seine körperliche Gebrechlichkeit an. Lazarus ist siech, und das bedeutet, er ist speziell durch Krankheit schwach und pflegebedürftig. Die heilige Elisabeth übt an ihm christliche

Nächstenliebe im Sinne der mittelalterlichen Caritas, wie sie es in Thüringen und insbesondere im Franziskus-Hospital in Marburg praktiziert hatte. Der Text der ihr zugeordneten Spruchtafel lautet:

»*Wer Hoffnung hat zu Gottes Reich*
Der tut nicht dem Exempel gleich
Wie ohn Gnad tet der reiche man,
der unbarmherziglich ließ stahn
Lazarum vor der Tür voller Schwern,
Darum musst er, wiewohl ungern,
Ewiglich leiden große Qual
In Höllenglut, das nehmt alle wahr.«

Damit wird ausdrücklich die mittelalterliche Idee gottgefälliger und dem eigenen Seelenheil dienlicher Barmherzigkeit zitiert. An diese Tradition knüpft Philipp an, aber nicht ungebrochen. Hatte Elisabeth ganz entschieden allen weltlichen Werten und Machtansprüchen entsagt, so wird sie hier als ungarische Königstochter und thüringische Landesfürstin mit goldener Krone gesehen. Dies ist ein mindestens ebenso wichtiger Anknüpfungspunkt Philipps zur Legitimation seines eigenen Werks. Und schließlich: Elisabeth starb bereits im Alter von 24 Jahren, vermutlich an Tuberkulose, hier wird sie jedoch als ältere Frau gezeigt, sie ist sehr in die Bildecke gerückt, die Falten ihres Überwurfs liegen auf dem das Bild begrenzenden Rahmen. Außerdem ist sie seltsam in den Hintergrund platziert und wird durch eine Bildtafel, hinter der sie agiert, quasi verstellt – ein Unterschied, der im Vergleich zur Positionierung Philipps um so auffallender erscheint.

Die Harpyie, ein etwas gezwungenes Bild mit griechisch-mythologischen und christlichen Elementen, stellt den Eigennutz dar, wie er, so der Vorwurf, in den Klöstern Einzug gehalten hatte. Mit goldener Haube auf dem Kopf – was auf die Mönche hinweisen mag – sind die großen Fänge die Instrumente für nicht zu stillende Habgier. Philipp hat das Nest der Harpyien – das Kloster – wie ein neuer Herkules ausgeräumt und den Eigennutz mit einer Kette an die Schatztruhe angelegt:

»*Bin alhie zum Spott gebunden ahn,*
das mich speyhet jederman.«

Mit anderen Worten: Der Eigennutz wird hier ganz ausdrücklich an den Pranger gestellt, ebenso wie es damals mit Missetätern geschah.

Im Medium der Ikonografie des Philippsteins wird also eine Reformatio dargestellt. Die heilige Elisabeth erfährt eine Überformung, die Repräsentantin der mittelalterlichen Caritas wird zur Landesmutter mit sozialem Verantwortungsbewusstsein umgedeutet, ähnlich wie Philipp mit der Umbettung ihrer Gebeine aus dem Schrein in der Marburger Kirche auf den Pilgerfriedhof wenige Jahre zuvor eine Revision des Bildes der katholischen Heiligen beabsichtigte. Durch diese spezifische Geschichtsschreibung kann die Tradition fortgeschrieben, ja, sie kann für die Legitimation eines neuen Konzeptes funktionalisiert werden. Wie dieses aussieht, erklärt die Spruchtafel, hinter der Elisabeth nun zurücktreten muss:

> *»Nun bin ich [das Hospital] aber so gestift,*
> *dass ich niemandt uffnehm umb gift.*
> *Der arm hat hie aus milter gunst*
> *Sein kost. behausung, kleidt umbsunst.*
> *Gibt anderst jemandts sonst ein gab,*
> *Dem besser Gott sein seel und haab.«*

Es ist jedem unbenommen, Zuwendungen an die Armen zu machen; die Hospitalstiftung jedoch ist nicht auf diese Mittel angewiesen, sondern sie wird durch die milde Gunst des Landesherrn gesichert. Aus der christlichen Barmherzigkeit gegenüber dem Nächsten, die nicht in Frage gestellt wird, entwickelt sich als erweitertes Prinzip die moralische Verantwortung des Landesherrn zu organisierter sozialer Fürsorge für seine Untertanen.

Wie dieser programmatische Anspruch ausgefüllt wurde, was das Konzept staatlich zu gewährleistender sozialer Sicherung in der Realität bedeutete, soll im Weiteren am Beispiel des Hospitals Haina dargestellt werden. Es war das größte der Hohen Hospitäler, und da sich hier zugleich die Zentrale mit Sitz des Obervorstehers befand, kann vermutet werden, dass dies nicht ohne Auswirkungen auf die Organisation blieb. Im Lauf der Zeit vorgenommene Veränderungen wurden meist zuerst in Haina umgesetzt, während die Hospitäler in Merxhausen und in Hofheim mit zeitlicher Verschiebung folgten. Besonderheiten und Unterschiede ergaben sich auch durch die einseitig auf Männer ausgerichtete Belegung. Unter diesen Einschränkungen kann das Hospital in Haina jedoch insgesamt als repräsentativ für die Hohen Hospitäler angesehen werden.

Das Hospital Haina

Ein Großunternehmen und seine Verwaltung

Das Hospital Haina war ein wirtschaftlicher Großbetrieb. Es wurden Land- und Forstwirtschaft, Vieh- und Teichwirtschaft betrieben. Das Hospital trat in großem Umfang als Lehnsherr auf. Die verstreuten Ländereien und Liegenschaften in den Vogteien wurden an Lehensnehmer vergeben, die mit ihren Familien in den Gebäuden lebten, diese instand zu halten hatten, die Äcker bearbeiteten und dafür den Zehnt abliefern mussten. Außerdem waren Hand- und Spanndienste zu leisten, und als eine symbolische Gabe hatten die Lehensnehmer pro Jahr ein halbes Huhn abzugeben. Ferner unterhielt das Hospital in Nordhessen Bergwerks- und Hüttenbetriebe und eine Pottaschensiederei. Im unmittelbaren Umfeld gab es einen Mühlenbetrieb, das Vorwerk und eine Brauerei. Die Samthospitäler waren darüber hinaus mit verschiedenen Privilegien ausgestattet, aus denen sie Gewinne zogen. Zudem waren sie, wie übrigens schon manche städtische Hospitäler seit dem hohen Mittelalter, Kreditinstitute, die auch ihr Kapital gewinnbringend einsetzten.

Um ein Unternehmen dieses Ausmaßes zu führen, bedurfte es einer differenzierten Personal- und Verwaltungsstruktur. Liefen die Fäden beim Obervorsteher zusammen, so war dieser den Landesregierungen in Darmstadt und Kassel gegenüber weisungsgebunden und hatte nur begrenzte eigene Entscheidungskompetenzen. Innerhalb der einzelnen Hospitäler hatten die Vögte die oberste Leitung inne. Ihnen unterstand das übrige Personal, das sich in Hospitalsbeamte und Hospitalsbedienstete unterteilte. Nach einer Aufstellung von 1575 gehörten zu den Beamten der Vogt, der Pfarrer, der Küchenmeister, der Fruchtschreiber und der Kleidergeber. Zu den Hospitalbediensteten zählten zahlreiche Handwerker wie der Müller, der Koch, der Bäcker, Schneider und Schuster, nicht zuletzt die Aufwärter, also diejenigen Angestellten, die insbesondere mit der Betreuung und Pflege der Hospitaliten beauftragt waren. Das Personal lebte mit seinen Familien im Bereich des Hospitals. Von den Hospitaliten abgesehen bot es also auch auf dieser Ebene Vielen Versorgung und Auskommen. Manche Familiennamen sind über Generationen hin als Bedienstete nachweisbar. Eine berühmte Familie waren die Tischbeins. Mit Johann Conrad und dessen Sohn Johann Heinrich Tischbein stellte sie über zwei Generationen den Hospitalbäcker. In der dritten und vierten Generation gingen aus ihr zahlreiche bedeutende Maler hervor, darunter Johann Heinrich d.Ä. (1722–1789), Hofmaler und Professor in Kassel, und Johann Heinrich Wilhelm (1751–1829), der so genannte Goethe-Tischbein. Die Besoldung des Personals bestand in Geld, ergänzt durch Naturalien, vor allem Korn, Schuhe, Brennholz. Ähnliches galt für Bedienstete, die außerhalb wohnten und nur turnusmäßig im Hospital arbeiteten, wie der Bader oder der verpflichtete Physikatsarzt.

Die Rechnungsführung machte einen Großteil der Verwaltungsarbeit des Hospitals aus. Über alle Bereiche war genauestens Buch zu führen. Sämtliche Einnahmen, ob ständig oder unständig, ebenso die Ausgaben, wurden registriert und mussten mit Quittungen belegt werden. Der Hüttenschreiber war für den Montanbereich zuständig, der Fruchtschreiber für alle Ernteerträge, vor allem Getreide und Holz, der Küchenschreiber hatte alle Verpflegungskosten des Hospitals zusammenzustellen und nachzuweisen, der Rentschreiber kontrollierte die finanziellen Aktivitäten. Die Gegenschreiber hatten die Aufgabe der unmittelbaren Kontrolle. Diese detaillierten Dokumentationen führten alljährlich zu einer imposanten Produktion von Akten, die heute als Archivalien weitestgehend erhalten sind (Abb. 3). In der genauesten schriftlichen Erfassung aller verfügbaren Daten dokumentiert sich der Anspruch auf eine durchstrukturierte Ordnung mit der Option, sämtliche Vorgänge kontrollieren zu können. Tatsächlich stehen diesem Anspruch anhaltende Klagen über Unterschleif und Vorteilsnahme gegenüber, die darauf hindeuten, dass dieser Anspruch nicht vollständig einzulösen war.

Alljährlich fand eine Generalvisitation statt. Die Samt-Visitations-Commission trat in Haina zusammen. Sie bestand aus den Räten beider Regierungen sowie dem Obervorsteher. Man tagte jeweils im Mai/Juni bis zu sechs

Abb. 3: Sämtliche Manuale in Form von Rechnungsbüchern, Quittungssammlungen und Inventarlisten für das Geschäftsjahr 1786, das Hospital Haina betreffend

Wochen lang. In dieser Zeit wurden sämtliche Betriebsbereiche minutiös kontrolliert. Im Vordergrund standen die Rechnungsprüfungen, die sehr genau durchgeführt wurden. Darüber hinaus wurden Beratungen geführt und in Form von Visitationsrezessen Beschlüsse gefasst. Auch war dies nicht nur die Gelegenheit zu internen Anträgen oder Beschwerden, sondern auch zu Bittstellungen für Unterstützung in akuten Engpässen, um Stundung von Ausständen und Abgaben etc., worüber von der Kommission entschieden werden konnte. Sie wurden schriftlich eingereicht oder auch mündlich vorgetragen, weshalb sich zahlreiche Bittsteller einfanden.

Das Hospital im engeren Sinne, als Ort der Fürsorge für die Pfleglinge, war als ein Sektor unter anderen, aber als ein zentraler Bereich in dieses Wirtschaftsunternehmen eingebunden, sein karitativer Auftrag in diesen ökonomischen und kaufmännisch geführten Gesamtkomplex integriert. Das Hospital Haina war ein ökonomisch selbständiges und weitgehend unabhängiges Hauswesen. Sozial stellte es eine hierarchisch geordnete und sehr stabile Gemeinschaft dar. Auf diesem von der Klostermauer umfriedeten Gelände bildete sich eine eigene Lebenswelt aus. Hier war der Ort, an dem staatlich verantwortete Caritas praktiziert wurde.

Aufnahme

Die für Haina und Merxhausen 1534 verfügte Hospitalordnung gibt an, es sollten Arme aus den Dörfern des Fürstentums aufgenommen werden. Sie sollten nicht unter 60 Jahre alt sein, es sei denn, »dass es ein solch gebrechlich mensch were, der sonst zu nichts dienlich«. Das Konzept war jedoch weder

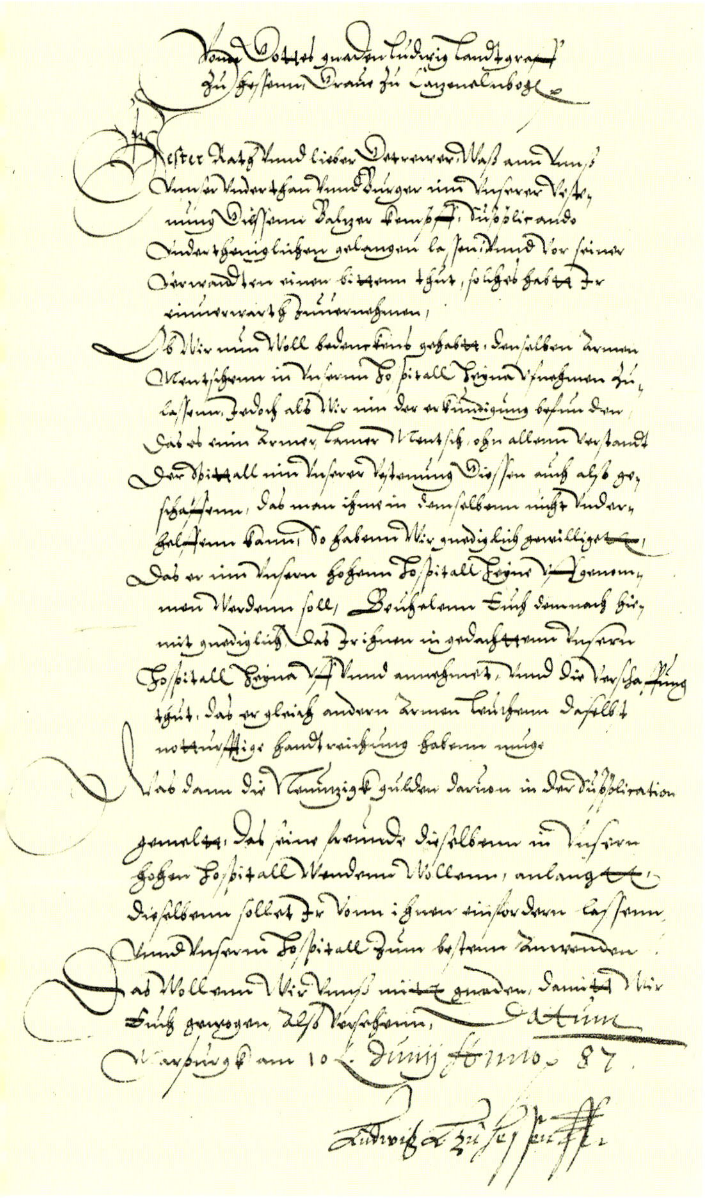

Abb. 4: Ein Rezeptionsreskipt, ausgestellt am 10. Juni 1587

ein Altenheim noch ein Armenhaus. Der Zusatz beziehungsweise die Einschränkung zu der hier als Aufnahmekriterium genannten Altersangabe führte dazu, dass diese in der Praxis sehr bald ohne Belang war. Schon die ersten überlieferten Verzeichnisse der Hospitaliten zeigen, dass viele Personen bereits im Alter zwischen 20 und 40 Jahren, ja selbst einige Kinder Aufnahme fanden. Es waren gebrechliche Menschen, die sich nicht eigenständig unterhalten konnten. Und eben das meint auch der zeitgenössische Begriff der Armut. Er bedeutet nicht nur ökonomische Mittellosigkeit, sondern ist sehr viel weiter gefasst. Im Merxhäuser Saalbuch von 1557 werden die Armen näher spezifiziert: Es sind die Elenden, Lahmen, Blinden, Kranken, Wahnsinnigen, nackten jungen und alten Menschen, die im Hospital Verpflegung, Unterkunft und Kleidung erhalten sollten, wie es auf dem Philippstein heißt. Der indirekte Hinweis auf Matth. 25, 34 – 45 macht den christlichen Bezugsrahmen noch einmal deutlich. Die Klientel sind hilfsbedürftige Untertanen, die durch Krankheit und/oder Alter dauerhaft nicht oder nicht mehr in der Lage sind, ihren Lebensunterhalt zu bestreiten. Ökonomische Mittellosigkeit war damit nahezu zwangsläufig verbunden. Diese Menschen wurden unentgeltlich und auf Dauer in das Hospital aufgenommen.

Eine formale Voraussetzung war eine ordnungsgemäße Antragstellung. Es musste ein schriftliches Bittgesuch, eine Supplikation, eingereicht werden, das der örtliche Amtmann an die Landesregierung weiterleitete. Im Laufe der Zeit wurden die Vorgaben für die dem Antrag beizufügenden Unterlagen umfangreicher. Ab 1728 war ein ärztliches Gutachten verbindlich. 1781 wurde ausdrücklich festgestellt, dass unvollständige Bittgesuche nicht bearbeitet und zurückgewiesen würden. Die Anträge umfassen nunmehr folgende Schriftstücke:

- Die Supplikation. Da in der frühen Neuzeit sehr viele Menschen insbesondere aus den unteren Schichten der Bevölkerung nicht über die Schreibkompetenz verfügten, wurden die Bittgesuche in aller Regel von Schreibern aufgesetzt; diese wussten auch, wie solche Briefe, die immerhin an den Landesherrn adressiert wurden, auszusehen hatten. Sie orientierten sich dabei an Vorlagen, die ihnen so genannte Schreibebücher lieferten, deshalb sind die Supplikationen in ihrem formalen Aufbau sehr ähnlich.
- Einen Auszug aus dem Taufregister oder Kirchenbuch, den der Gemeindepfarrer anfertigte. Er hatte die Funktion eines Personalausweises. Er diente der Identifikation einer Person, zeigte seine eheliche oder uneheliche Geburt und

104

seinen Familienstatus an, wies seinen hessischen Geburtsort aus und erlaubte eine präzise Altersangabe.

- Ein Votum des Pfarrers. Er macht häufig Angaben über den sittlichen und moralischen Lebenswandel des Gemeindemitglieds, schildert aber auch die Lebensumstände der betreffenden Person.
- Eine Stellungnahme des Gemeindevertreters (Greben), die insbesondere Informationen über die Familiensituation und die Vermögensverhältnisse beinhaltet.
- Ein ärztliches Attestat, das von einem öffentlich angestellten Amtsphysikus, ersatzweise auch von einem Amtschirurgus, nach vorausgegangener Untersuchung ausgefertigt werden musste. Es enthält die Diagnose der Erkrankung beziehungsweise des Gebrechens, das häufig genauer geschildert wird. Manchmal beinhaltet es Angaben über die Dauer des Leidens, dessen ermittelte Ursache und bis dahin erfolgte Heilversuche. Das medizinische Attest endet meistens mit der Prognose, das Gebrechen sei unheilbar, was bedeutet, dass es chronisch ist. Damit ist aus medizinischer Sicht das Aufnahmekriterium der Unheilbarkeit erfüllt. Diese Voraussetzung zielte darauf, dass nur Personen berücksichtigt werden sollten, deren Situation sich nicht bessern würde und die also dauerhaft unterstützungswürdig seien.

Das sehr formalisierte Antragsverfahren glich quasi einem modernen verwaltungstechnischen Geschäftsgang. Die gutachtlich beteiligten Amtleute waren bei Strafe angehalten, der Wahrheit gemäße Angaben zu machen. Wurde die Aufnahme nach der Sichtung und Prüfung der Unterlagen bewilligt, erging der Bescheid in Form eines Rezeptionsreskriptes. Das bedeutet, er wurde offiziell von einem der beiden Landgrafen oder von beiden ausgestellt und unterzeichnet. Das Reskript legte auch die näheren Einzelheiten fest. Dabei wurde zwischen zwei Kategorien unterschieden, die Eingruppierung erfolgte nach Aktenlage. Handelte es sich um einen Dringlichkeitsantrag, der schnelle Hilfe erforderlich machte, so wurde die Aufnahme extra ordinem (außer der Reihe) bewilligt, das heißt, die betreffende Person konnte unverzüglich in das Hospital eingewiesen werden. Dies betraf vorwiegend Geisteskranke, die tobsüchtig oder rasend waren. Eine solche Situation war in den Familien nicht zu bewältigen, sie konnte allenfalls überbrückt werden. Da auch die städtischen Hospitäler nicht entsprechend ausgestattet waren, um solche Kranke dort unterzubringen, wurden in diesen Fällen auch Stadtbürger und -bürgerinnen in den Hohen Hospitälern aufgenommen; ebenso Geisteskranke aus Adelsbesitzungen. Oftmals heißt es ausdrücklich, die Person müsse extra statum nocendi (außer Schaden) gesetzt, also in sichere Verwahrung gebracht werden, da von ihr Gefahr für Leib und Leben anderer ausgehe (Abb. 4).

Andere Anträge wurden secundum ordinem (nach der Reihenfolge) bewilligt. In diesen Fällen erfolgte die Einberufung ins Hospital nach der Reihenfolge, und es wurde streng auf die Einhaltung dieses Prinzips geachtet. Da die Anzahl

Transkription zu Abb. 4:
Dieses am 10. Juni 1587 ausgestellte Bewilligungsschreiben zur Aufnahme in das Hospital Haina, das an den Obervorsteher adressiert ist, lautet:
»Von Gottes Gnaden Ludwig Landgraf zu Hessen, Graf zu Katzenelnbogen [u.s.w.] Bester Rat und lieber Getreuer.
Was an Uns Unser Untertan und Bürger in Unserer Festung Gießen Balzer Kampff supplicando [als Bittgesuch] untertänig gelangen lassen und für seinen Verwandten eine Bitte tut, solches habt Ihr innerwärts [nachfolgend] zu vernehmen,
Ob Wir nun wohl Bedenken gehabt, denselben armen Menschen in Unserm Hospital Haina aufnehmen zu lassen. Jedoch als Wir in der Erkundigung befunden, dass es ein armer, lahmer Mensch, ohne allen Verstand, das Spital in Unserer Festung Gießen auch so geschaffen, dass man ihm in demselben nicht unterhelfen [unterbringen] kann, so haben Wir gnädig bewilligt, dass er in Unserm Hohen Hospital Haina aufgenommen werden soll, Befehlen Euch demnach hiermit gnädig, dass Ihr ihn in gedachtem Unserm Hospital Haina auf- und annehmt, und die Verschaffung tut, dass er gleich andern armen Brüdern daselbst notdürftige Handreichung haben möge.
Was dann die neunzig Gulden davon in der Supplikation gemeldet, dass seine Freunde dieselben in Unsern Hohen Hospital wenden wollen, anlangt, dieselben sollt Ihr von ihnen einfordern lassen und Unserm Hospital zum Besten anwenden.
Das wollen Wir Uns mit Gnaden, damit Wir Euch gewogen, also versehen. Datum [geschrieben]
Marburg am 10. Juni Anno [15]87
Ludwig Landgraf zu Hessen«

der ausgestellten Bewilligungsbescheide weit über den Kapazitäten der Hospitäler lag, zumal die Insassen dort in der Regel ihr ganzes restliches Leben blieben, gab es lange Wartelisten. Sie umfassten phasenweise weit über hundert Namen, so dass der tatsächliche Eintritt in das Hospital erst viele Jahre nach dem Bewilligungsbescheid erfolgte, manchmal aber auch gar nicht erlebt wurde.

In sehr begrenztem Umfang konnte auch der Obervorsteher Plätze vergeben. Dabei handelt es sich vielfach um Hospitalbedienstete oder deren Witwen. Hier praktizierte das Hospital eine Altersversorgung für seine ehemaligen Angestellten. Das galt auch in gewissem Maße für Landesbedienstete. Mit dem Hinweis darauf, dem Landesherrn lange Jahre treu gedient zu haben, wurden sie nach ihrem altersbedingten Ausscheiden oder als blessierte und invalide Militärangehörige als Hospitaliten in Haina aufgenommen. Schließlich lebten in den Hohen Hospitälern auch Honoratioren, Personen von Stande, die sich eingekauft hatten und unter besonderen Bedingungen dort wohnten. Die Zahl dieser Pfründner im eigentlichen Sinne blieb aber vergleichsweise gering.

Versorgungskapazitäten

In der ersten Hospitalsordnung von 1534 wurde festgeschrieben, es seien so viele arme Personen in die Spitäler aufzunehmen, wie man dort unterhalten könne; wenn die Nahrung sich mehre, solle auch die Zahl der Armen vermehrt werden. Es wurde also eine maximale Auslastung angestrebt, wobei diese sich nicht am verfügbaren Raum, sondern an der Menge der Nahrungsmittel bemisst, die zur Verfügung gestellt werden kann. Deutlich erkennbar ist der Wille des Stifters, die Kapazitäten zu erhöhen.

Zunächst wurde für Haina als das größte der Hohen Hospitäler eine Aufnahmequote von hundert festgesetzt. 1567, im Todesjahr Philipps des Großmütigen, befinden sich dort allerdings bereits 359 Hospitaliten, in den vier Hospitälern insgesamt sind zu diesem Zeitpunkt 844 männliche und weibliche Insassen registriert. Im Jahr 1591 sind es 1056, von denen 390 in Haina untergebracht sind. Diese rasante Entwicklung dokumentiert zum einen die große Nachfrage, zum anderen zeigt sie an, dass das in der Samtverwaltung zentral geführte Großunternehmen offenbar sehr erfolgreich arbeitete. Bei dieser Belegungszahl dürfte Haina allerdings auch räumlich an seine Grenzen gestoßen sein, zumal hier, abgesehen von einem Blockhaus, noch keine baulichen Erweiterungen erfolgt waren. Das 17. Jahrhundert wurde vom 30-jährigen Krieg geprägt, von dem auch Hessen stark betroffen war und wodurch auch die Hospitäler sehr in Mitleidenschaft gezogen wurden. Während Gronau aufgegeben werden musste, konnten sich die übrigen Hospitäler nur mühsam erholen. Dennoch waren 1694 in Haina 312 Hospitaliten registriert, die Küchenrechnung des Jahres 1743 führt 332 Personen auf. 1739 hat man den Beschluss gefasst, dass künftig Wartgelder gezahlt werden sollten. Damit wurde die soziale Unterstützung in neuartiger Weise erweitert. Nun zogen auch diejenigen, die einen Aufnahmebescheid erhalten hatten, bis zur Einberufung aber warten mussten, gleichwohl einen unmittelbaren Nutzen aus ihrer Anwartschaft auf einen Hospitalsplatz. Es wurden zwei Reichstaler jährlich ausgegeben. Diese Expansion der Fürsorge außerhalb des Hospitals war offenbar nicht durchzuhalten. Sie erforderte einen erheblichen Mehraufwand an Verwaltungsarbeit, um die lange Warteliste zu betreuen, wobei ein Missbrauch der Leistungen nicht auszuschließen war. Außerdem ermunterte sie zu einem vermehrten Antragsaufkommen, um allein in den Genuss der Zuwendungen zu kommen. Die Wartgeldzahlungen waren keine effektive Hilfe, und so wurden sie 1755 eingestellt. Der 7-jährige Krieg bedeutete auch für die Samthospitäler erneut erhebliche Belastungen. Um die Einbußen wieder auszugleichen, wurde 1773 ein Schuldentilgungsplan, der so genannte Ökonomieplan, erarbeitet. Er legte die Kapazitätsgrenze für Haina auf 200 Plätze fest. Als Mitte der 1780er Jahre diese finanzielle Krise überwunden war, konnte sie sukzessive wieder angehoben werden. Zu Beginn des 19. Jahrhunderts hat Haina eine Belegungszahl von 310 (381, von denen aber 71 beurlaubt sind).

Leben im Hospital

Der Hospitalalltag und damit das Leben im Hospital waren streng geregelt. Erste Vorschriften enthält die von Heinz von Lüder erarbeitete und für Haina und Merxhausen erlassene Hospitalordnung von 1534. Sie blieb als Manifest und Geschäftsgrundlage über die Zeiten hin gültig. Das zweite allgemeine Hospitalstatut, die Schenksche Ordnung von 1573, macht hierzu detailliertere Ausführungen, in denen Einzelheiten der zeitgenössischen Praxis geschildert und für die Zukunft fortgeschrieben werden. Die Renovirte Ordnung aus dem Jahr 1728 bedeutet eine Anpassung an die inzwischen veränderten Gegebenheiten, wie sie zum Beispiel an der um ein Mehrfaches erhöhten Belegungszahl ablesbar sind. Sie beinhaltete keine Revision des Stiftungswillens, sie ist vielmehr ein Dokument konstanter Stabilität.

Ein auf 1721 datiertes Ölgemälde mit einer großen Spruchtafel demonstriert die ungebrochene Präsenz des Geistes, aus dem vor nahezu 200 Jahren die Stif-

Abb. 5: Kopie des Gemäldes von 1721:
»Ein König, der die Armen treulich richtet, des Thron wird ewiglich bestehen« (Sprüche 29, Vers 14)
»Beraube den Armen nicht, ob er wohl arm ist, und unterdrücke den Elenden nicht im Thor; Denn der Herr wird ihre Sache handeln und wird ihre Untertreter untertreten«.
(Sprüche 22, Verse 22-23)
Diese Bibelverse, die das Gemälde einrahmen, verweisen auf das christliche Glaubensfundament, wie es für die Hohen Hospitäler auch im 18. Jahrhundert beansprucht wird.

tung der Hohen Hospitäler erfolgt war (Abb. 5). Die beiden in weiß gekleideten Engel, die rechts und links neben dem hessischen Wappenschild platziert sind und dieses quasi umrahmen, haben jeweils eine verweisende Funktion: Während der rechte Engel auf das allgegenwärtige Auge Gottes deutet, zeigt der linke Engel auf den Tafeltext. Die Komposition dieses Kunstwerks ist in entscheidenden Elementen eine Wiederholung des Philippsteins: Wiederum steht das Wappen im Zentrum, zwischen zwei Figuren, die dadurch zugleich getrennt und verbunden werden. Auch die bildliche Darstellung erläutert und erweitert die Texttafel. Indem jedoch keine historischen Personen gezeigt werden, sondern Engelsgestalten die Krone des Wappens halten, ist dieses zugleich in eine höhere Sphäre erhoben. Durch die Integration des Auges Gottes in die Szene und die Spruchzitate, die das Gemälde auf der oberen und unteren Seite einrahmen (Sprüche 29, Vers 14; Sprüche 22, Verse 22–23), wird das Stiftungswerk hier ausschließlich im christlich-religiösen Sinnzusammenhang gedeutet. So betrachtet, tritt das Gemälde historisch hinter die Aussage des Philippsteins zurück. Die Texttafel selbst enthält jedoch im Kern geradezu ein Zitat:

»[…] Da Ein Manßbild seiner [Philipps] undersassen
Von Gott mit Creutz beladen wer
mit armut Oder Kranckheit schwer.
Der Solt alhir versorget Sein.
Erquickt getröst In Seiner pein.
Umb sonst wirdt ihnen solchs Beschert.
Damit allein Gott werd Geehrht.«

Dann folgt allerdings – möglicherweise aus gegebenem Anlass – eine deutliche Warnung vor jeder Art von Missbrauch dieser karitativen Anstrengungen:

»Wer Etwas diesem hauß entzeucht.
Die Armen um ein kleins Betrügt,
Oder sich einschleicht ohn einig noht.
Und Sich missbraucht der armen brodt
Der flucht So lang der selbe Bleib.
An ehren gutt und Seinem leib,
Biß er Seine sünde erkehnnen thu
Den armen Laß dass ihr mit ruh.«

Bis in die Mitte des 19. Jahrhunderts hält man nachweislich an der fundationsmäßigen Ordnung fest; auch Neuerungsvorschläge werden unter anderem damit legitimiert, dass sie mit dem Willen des Stifters in Einklang stünden.

Viele Elemente erinnern sehr an klerikale Lebensgemeinschaften. Die Hospitaliten und Hospitalitinnen wurden als Brüder und Schwestern bezeichnet. Für den Tagesablauf gab es einen vorgegebenen Tagesplan, an den sich alle zu halten hatten, die dazu in der Lage waren. Er begann frühmorgens um fünf Uhr, im Winter etwas später. Zunächst war eine halbe Stunde Zeit für die Körperpflege und zum Anziehen. Man sammelte sich dann in der Klosterkirche, in der kalten Jahreszeit in der Winterkirche (Stube) zu einer christlichen Unterweisung nach dem Katechismus und zum Danksagungsgebet, dem sich das Fürbittegebet für den Stifter anschloss. Diese Zeit war nicht zu überschreiten, um die Konzentrationsfähigkeit der Alten nicht zu überfordern. Anschließend sollte jeder eine seinen Fähigkeiten entsprechende Arbeit aufnehmen. Zum Mittagessen traf man sich in der Großen Stube zum gemeinsamen Mahl, und danach hatte jeder eine Stunde Zeit, die er individuell gestalten konnte, in der aber auch die Betten gemacht und die Stuben aufgeräumt werden sollten. Dann ging es erneut an die Arbeit; unterbrochen von einem Vespertrunk dauerte sie bis zum Abendessen fort. Das wiederum gemeinsam eingenommene Mahl wurde, wie auch am Mittag, von Lesungen aus dem Neuen Testament beziehungsweise aus dem Katechismus begleitet und mit einer Danksagung beendet. Dann brach der Feierabend an, Zeit, um sich auszuruhen und den Tag zu beschließen. Zu festgesetzter Zeit war Bettruhe zu halten.

Diejenigen, die aufgrund ihrer Gebrechen nur eingeschränkt beweglich oder gar bettlägerig waren, wurden separat versorgt. Der Pfarrer beziehungsweise Prädikant sollte sie nach der morgendlichen Kirchenandacht aufsuchen, um ihnen geistlichen Trost und Zuspruch zu spenden. Das Essen wurde diesen Kranken zu den Mahlzeiten auf ihre Zimmer gebracht.

Die Hospitaliten waren aufgefordert, sich auf dem Hospitalgelände aufzuhalten und die Umfriedung nur mit Erlaubnis und zu bestimmten Zwecken, um etwa Botengänge zu besorgen, zu verlassen.

Dass diese Vorgaben, an die sich im Idealfall alle in geordneter Weise halten sollten, für die Realität unzureichend waren, steht außer Frage. Anders als in einem klerikalen Konvent stellten diese Brüder eine absolut heterogene und zunehmend größer werdende Gruppe dar. Die Hospitaliten hatten durch die diversen körperlichen und geistigen Gebrechen ganz unterschiedliche Bedürfnisse; ihre Eingeschränktheiten und Fähigkeiten waren individuell sehr verschieden. Da sie in ganz unterschiedlichen Lebensphasen standen, dürfte die Altersstruktur sehr viel Konfliktstoff beinhaltet haben. Schließlich kamen die Hospitaliten aus ganz unterschiedlichen Lebenszusammenhängen und brachten natürlich ihre individuellen Lebensgeschichten mit. Diese Menschen gleichwohl zu einer aktiv gestalteten Gemeinschaft zu formen, war ausgesprochen schwierig, zugleich aber nahezu unumgänglich, um den Alltag überhaupt organisieren und regulieren zu können.

Die Zuchtordnungen waren ein Instrument, um diese Aufgabe besser zu bewältigen.

Die Hospitaliten wurden zu einem sozial verträglichen Verhalten ermahnt. Streit, Zank und Schlägereien sollten vermieden werden und wurden streng geahndet. Verweigerungshaltungen und Missachtungen von Vorschriften wurden ebenfalls mit Strafen belegt. Wenn jemand sich ohne triftigen Grund beim Essen verspätete oder schwätzte, anstatt dem Vorleser zuzuhören, sollte er des Tisches verwiesen werden. Eine Disziplinierungsmaßnahme bei Fehlverhalten war der Essensentzug; in anderen Fällen wurde eine Nacht oder länger Gefängnis verhängt; als härteste Strafe drohte der Verweis aus dem Hospital, womit auch jeder weitere Anspruch erlosch. Für einen geordneten Ablauf des Hospitalalltags erschien neben einer streng hierarchischen Struktur mit klaren Zuständigkeiten die Einhaltung von Regeln unverzichtbar. Ihre mutwillige Verletzung wurde mit Strafen belegt. Sie dienten auch dazu, Moralvorstellungen, wie sie von den Repräsentanten der Leitungsebene vertreten wurden, Nachdruck zu verleihen, und sie hatten durchaus eine erzieherische Qualität. Ein weiteres Grundprinzip im Umgang mit den Hospitaliten war deshalb ihre Gleichbehandlung und jeder Verzicht auf Gewaltanwendung seitens des Aufsichtspersonals. Die Ge- und Verbote waren Regelungsinstrumente für eine hochkomplexe Lebensgemeinschaft. Durch ihren Einsatz sollte ein einträchtiges, friedliches und Gott wohlgefälliges Leben ermöglicht werden. Sie sprechen aber auch eine deutliche Sprache über die reale Situation, die sich anders darstellte. Der Alltag im Hospital war tatsächlich nicht umfassend kontrollierbar, und es war auch nur bis zu einem gewissen Maße sinnvoll, auf dieser Grundlage die Kooperationsbereitschaft der Hospitaliten überhaupt einfordern zu können. So war das Hospital keine nach außen hin hermetisch abgeschlossene Enklave. Es gab Kontakte der Insassen zu den umliegenden Ortschaften, und an den dörflichen Veranstaltungen wie Tanz und Kirmes wurde durchaus teilgenommen, was seinerseits Konfliktpotentiale beinhaltete. Auch intern gab es immer wieder Streitigkeiten und tätliche Auseinandersetzungen, von denen auch das Wartepersonal nicht ausgeschlossen blieb. Ausweisungen aus dem Hospital wurden angedroht, nicht zuletzt aus fürsorgerischer Verantwortung allerdings vergleichsweise selten durchgeführt.

»Mit Creutz beladen, mit armut oder Kranckheit schwer« – die Hospitaliten und ihre Gebrechen

Die Hospitalsinsassen weisen ein breites Spektrum an Krankheiten und Gebrechen auf. Sie werden in den Aufnahmeanträgen für die einzelnen Personen angegeben, wobei das Leiden ganz unterschiedlich bezeichnet sein kann; oftmals sind die Menschen zudem mit mehreren Erkrankungen und Gebrechen behaftet. Auch in den jährlichen Bestandslisten des Hospitals werden die Insassen mit ihren Leiden eingetragen, wegen derer sie aufgenommen wurden.

Von den im Jahr 1750 in Haina registrierten 347 Insassen galten demnach 104 als »gebrechlich«, »ungesund« oder »lahm«, 18 waren blind oder »blöden Gesichts«, also sehbehindert; 5 Insassen waren »taub und stumm«, also gehörgeschädigt oder gehörlos, 7 weitere waren »mit Flüssen behaftet«. 16 Personen sind Epileptiker. 58 Hospitaliten sind geistig behindert, 31 leiden an geistiger »Verwirrung« oder sind »melancholisch«, 83 sind »verrückten Verstandes«, »wahnsinnig«, »in delirio«, leiden an Manie (»Maniaci«), sind

»rasend« oder werden als »furios« bezeichnet. Nur bei 19 Personen findet sich die Angabe, sie seien aufgrund ihres »hohen Alters« oder »Armuts wegen« aufgenommen worden.

Der Versuch, diese Begriffe zu ordnen und zusammenzuführen, um einen besseren Überblick zu erhalten, ergibt folgendes Bild: 51% der Pfleglinge hatten körperliche Gebrechen, 49% waren geistig behindert oder geisteskrank. Beide Gruppen sind ähnlich stark vertreten. Im Jahr 1802 sind in Haina 381 Hospitaliten registriert (von denen allerdings 71 beurlaubt sind). Unter den Anwesenden »sind 65 Wahnsinnige, 100 Blödsinnige, 39 Epileptische, 48 Lahme, 37 Blinde und andere Augenkranke, 8 Taubstumme, 13 vor Alter Schwache, Kränkliche u.s.w.« (Justi). Es können demnach 47% als Leibeskranke und 53% als mit geistigen Gebrechen versehen eingestuft werden. Nimmt man auch die Epileptiker, deren Zuordnung nicht festgelegt war, die aber oftmals als Folge ihrer Krankheit auch als geistig behindert beschrieben werden, zur Gruppe der Geisteskranken mit hinzu, beträgt deren Anteil 1750 bereits 54% und steigert sich auf 66% im Jahr 1802. Die in diesen Zahlen deutlich sichtbare Verschiebung zeigt eine Tendenz an, da im Verlauf des 19. Jahrhunderts der Anteil der psychisch Kranken und geistig behinderten Menschen zunimmt und das Hospital in Haina – wie auch das in Merxhausen und in Hofheim – zu Landesirrenheilanstalten werden.

Die Vielzahl der in dieser Zeit verwendeten Krankheitsbezeichnungen ist deutlich. Sie hat sich auch um die Wende zum 19. Jahrhundert noch nicht wesentlich verändert. Sie mit der heutigen medizinischen Nomenklatur fassen zu wollen, ist nicht möglich, aufgrund der Angaben in den Quellen nachträgliche Diagnosen nach heutigen medizinischen Erkenntnissen stellen zu wollen, wäre ausgesprochen fragwürdig.

Die Krankheitszuweisungen sind recht unspezifisch. Dabei handelt es sich nicht um akute Erkrankungen, sondern um chronische Verläufe. Je länger sie andauern – sie werden dann als so genannte »alte Schäden« bezeichnet, desto ungünstiger wurden die Aussichten, dass sie geheilt werden konnten. Die Ursachen dieser Leiden, die von den Betroffenen selbst benannt oder vom gutachtenden Arzt festgestellt werden, sind ebenfalls sehr vielfältig. Oftmals wird angegeben, dass ein körperliches Gebrechen von Geburt an vorgelegen oder dass es sich seit früher Kindheit eingestellt habe. Als auslösende Faktoren können andere (Kinder-)Krankheiten genannt sein; immer wieder werden Lähmungen und insbesondere Blindheit auf die Blattern zurückgeführt, aber auch Epilepsie kann mit den Pocken in Verbindung gebracht werden. Plötzliche Ereignisse, wie Arbeitsunfälle, können zu dauerhaften körperlichen und geistigen Schädigungen führen. Sofern jemand großer Furcht oder Schrecken ausgesetzt war, kann dadurch eine Geisteskrankheit ausgelöst werden. Insbesondere bei diesen Erkrankungen kann auch eine familiäre Vorbelastung vorliegen; sofern in der Verwandtschaft ähnliche Erscheinungen aufgetreten sind, nimmt man eine Erblichkeit an. Eine als körperliches

Leiden verstandene Erkrankung wie die »Fallsucht«, Epilepsie, kann sich zu einer schweren Geisteskrankheit entwickeln, so dass der Mensch rasend wird. Andere psychische Erkrankungen beginnen eher schleichend, eine Person ist trübsinnig, desinteressiert, lustlos bei der Arbeit, wird dann als melancholisch bezeichnet, und dieser Zustand droht in Wahnsinn und Raserei überzugehen. Andere Fälle stellen sich wiederum so dar, dass jemand ganz plötzlich in anhaltenden Wahnsinn verfällt.

Selbst wenn man das Phänomen Krankheit in einem religiösen Sinnzusammenhang zu deuten suchte, so ist natürlich davon auszugehen, dass man darum bemüht war, die Gesundheit wiederzuerlangen. War eine Erkrankung selbst nicht unmittelbar für Leib und Leben bedrohlich, so gefährdete sie doch die ökonomische Existenz, wenn jemand auf diese Weise nicht mehr in der Lage war, seiner Hände Arbeit nachzugehen. Gesundheit war also ein unverzichtbares Grundkapital. Der medizinische Markt war sehr vielfältig. Das Verhalten im Krankheitsfall hing sicher davon ab, welche Erfahrungen man mit welchen Anbietern gemacht hatte und welche Hilfsangebote verfügbar waren. Ganz entscheidend waren aber auch die finanziellen Möglichkeiten, denn die Heiler und die Medizin mussten bezahlt werden. So war man bei allgemein knappen Ressourcen zunächst wohl um medizinische Hilfe bemüht, die erschwinglich war, in der Hoffnung, dadurch zu gesunden. Hatte das keinen Erfolg, musste man sich, sofern man weitere Mittel einsetzen konnte, an teurere Ärzte wenden, die oftmals mehrere Stunden entfernt wohnten. Die Ärzte der Zeit, die sich in Aufklärungsschriften an den gemeinen Mann wenden, um ihm Anleitungen zu geben, wie er sich gesund erhalten könne und was er im Krankheitsfall zu tun habe, appellieren immer wieder, die Patienten sollten möglichst umgehend einen qualifizierten Arzt aufsuchen, und das heißt auch, die verfügbaren Mittel nach ihrer Meinung möglichst effizient einzusetzen. War der Patient mittellos, musste er sich gegebenenfalls mit seinem Zustand zu arrangieren suchen. Dabei hatten die Menschen nicht den Anspruch, bis in ein hohes Alter körperlich fit zu sein, sondern sie hatten die Vorstellung einer relativen Gesundheit. Ihre Lebenserfahrung lehrte sie, dass sich mit zunehmendem Alter Gebrechen und Krankheiten einstellten, dass dies ein quasi normaler Vorgang war, der als solcher auch akzeptiert wurde. Alter – und diese Kategorie war damals anders besetzt als heute – und Krankheit waren miteinander assoziiert, damit stellte sich alterszyklisch bedingt eine Hilfsbedürftigkeit ein. Wenn diese durch ein fehlendes soziales Umfeld nicht aufgefangen werden konnte und der alte Mensch selbst sich nicht einmal mehr dazu in der Lage sah, »sein Brod vor den Thüren zu suchen«, also sein notdürftiges Auskommen durch Betteln zu sichern, war dies ein Grund, um Aufnahme in das Hospital zu bitten.

Nun war die Gruppe der ihres Alters und ihrer Armut wegen Aufgenommenen vergleichsweise gering. Tatsächlich sind alle Altersschichten vertreten. Menschen mit Gebrechen von Geburt oder früher Kindheit an, wozu auch Blödsinn und Epilepsie gezählt werden müssen, konnten oftmals gar keine Berufsausbildung machen, um sich eine Zukunftsperspektive zu sichern. Sie waren in einem solchen Maße gehandicapt, dass sie nur in sehr geringfügigem Umfang etwas zum Lebensunterhalt beitragen konnten, oder sie waren auf latente Hilfe und Pflege angewiesen. Sie wurde in aller Regel von den Eltern geleistet. Wenn diese aber ihrerseits alt und gebrechlich wurden, verloren ihre Kinder dieses soziale Kapital. Die Eltern waren darum bemüht, ihre Kinder versorgt zu wissen, wenn sie diese Hilfe nicht mehr leisten konnten. Dieses sind oftmals die Situationen, in denen sie einen Aufnahmeantrag für ihren Sohn oder ihre Tochter stellen. Junge Menschen, die mit etwa 20 bis 30 Jahren in das Hospital eingewiesen wurden, konnten in Haina viele Jahre und Jahrzehnte leben, ehe sie dort als Greise starben.

Lahme und körperlich behinderte Hospitaliten

Abgesehen von angeborenen Fehlbildungen verschiedener Art ist bei erworbenen Körperbehinderungen an verschiedene verursachende Erkrankungen zu denken. So war zum Beispiel Rachitis weit verbreitet. Bei dieser auch als englische Krankheit bezeichneten Wachstumsstörung konnte sich der Knochenbau nicht regelgerecht ausbilden. Die Kinder lernten erst spät zu laufen, ihr Skelett blieb dauerhaft geschädigt. Die Ursache liegt in einem Vitamin-D-Mangel, was aber zur damaligen Zeit noch nicht bekannt war.

Abb. 6: Mit Leder überzogene Krücke und Beinprothese mit gepolsterter Auflagefläche für den Beinstumpf (18. Jh.), Haina

Weiterhin ist an Kinderlähmung zu denken, eine Viruserkrankung, die, wie der sprechende Name schon anzeigt, vor allem Kinder betrifft. Auch diese Infektionskrankheit kann zu Lähmungen und krampfartigen Kontrakturen führen. Die Zusammenhänge waren der Medizin des 18. Jahrhunderts nicht bekannt, sondern konnten erst im 20. Jahrhundert geklärt werden. Auch bei Masern konnte es zu bleibenden Ausfallerscheinungen kommen. Wie bedeutsam körperliche Deformationen bei Kindern und Jugendlichen gewesen sind, ist nicht zuletzt daran ablesbar, dass die Ärzte Maßnahmen zur physischen Erziehung proklamierten. Damit sollte sich der Stützapparat richtig ausbilden und eine naturgemäße Körperhaltung ermöglichen (»Orthopädie«). Vorzugsweise spätere Lebensphasen betreffend ist auch an den Schlaganfall zu denken, wodurch verschiedene Lähmungen unterschiedlichen Schweregrades verursacht werden können. Weiterhin führten Unfallereignisse, Kopfverletzungen, nicht gut versorgte und schlecht verheilte Knochenbrüche zu körperlichen Behinderungen. Dazu kommen die zahlreichen Kriegsverletzungen (Abb. 6).

Blinde Hospitaliten

Diese Gruppe war in ganz spezifischer Weise beeinträchtigt: Es versagte das Sinnesorgan, welches als das wichtigste unter den Sinnesvermögen galt. Seit Gründung der Hohen Hospitäler lebte dort konstant eine größere Anzahl blinder und sehbehinderter Insassen. Eine bedeutende Ursache für Erblindung in der Kindheit waren die Pocken. Diese Infektionskrankheit musste nahezu jedes Kind durchmachen. Je nach Schweregrad der Erkrankung variierte die Sterblichkeitsrate. Für die 2. Hälfte des 18. Jahrhunderts gehen zeitgenössische Schätzungen davon aus, dass in Deutschland mit einer Bevölkerung von 28 Millionen 70.000 Menschen pro Jahr an den Pocken starben. Diejenigen, die die Blattern überstanden, konnten auf einem oder beiden Augen erblinden, wenn sich die Pockenpusteln selbst über die Hornhaut verbreiteten. Hier wie bei zahlreichen anderen Augenerkrankungen konnte die Medizin wenig ausrichten. Anders dagegen beim Grauen Star. Trübungen der Linse wurden seit vielen Jahrhunderten operativ behandelt, dabei wurde mittels des Starstichs die Linse entfernt, was eine Verbesserung des Sehvermögens bedeuten konnte. Diese Spezialoperation nahmen allerdings bevorzugt so genannte Starstecher oder Oculisten vor. Sie waren nicht ortsgebunden, sondern zogen durch das Land. Damit waren sie nicht immer verfügbar, ihre Heilversuche waren teuer, die Erfolgsaussichten unsicher. So sind viele derer, die als »blödsichtig« bezeichnet werden, mit dem Katarakt behaftet, einem Leiden, mit dem sie sich ebenfalls arrangieren mussten. Auch Fehlstellungen der Augen, das Schielen, konnten Menschen in einer Weise stigmatisieren, dass sie von ihrer Umwelt gemieden wurden. Insbesondere blind geborene oder früh erblindete Menschen befanden sich in extremer Hilflosigkeit und Abhängigkeit von anderen. Sobald die Versorgungsnetze in ihrem Umfeld nicht mehr gegeben waren, suchte man um einen Platz im Hospital nach, denn diese Personen waren selten in der Lage, selbst zurecht zu kommen. Ein Fall ist belegt, in dem jemand als Aspirant auf einen Hospitalplatz diesen nie beanspruchte, da er als Musikus mit anderen durch das Land zog und so offenbar sein Auskommen fand – und seine Freizügigkeit behielt.

Geisteskranke Hospitaliten
Etwa die Hälfte der Insassen in Haina hatte geistige Behinderungen und psychische Krankheiten. Dazu zählen die als »blödsinnig« oder »unverständig« Charakterisierten. Hierbei dürfte es sich vielfach um angeborene Leiden handeln, wobei auch daran zu denken ist, dass bei komplizierten Geburten und einer damit verbundenen zwischenzeitlichen Unterversorgung des kindlichen Gehirns mit Sauerstoff solche Behinderungen die Folge sein können. In dieser Gruppe finden sich Menschen, deren Denkvermögen beeinträchtigt ist, deren Handlungen nicht nachvollziehbar, sinn- und ziellos erscheinen, die vielleicht aber auch Wahnvorstellungen folgen. Jenseits der Vielgestaltigkeit ihrer konkreten Ausprägungen ist diesen Behinderungen gemeinsam, dass die Kranken zwar unter Aufsicht stehen müssen, damit sie kein Unheil anrichten, aber dass sie doch lenksam und also gemeinschaftsfähig sind.

Von ihnen zu unterscheiden sind die »Wahnsinnigen«, »Rasenden« und »Tobsüchtigen«. Als »ihres Verstandes beraubt«, »verrückt«, sind auch sie nicht zurechnungsfähig. Durch ihr aggressives Verhalten, dem oft auch Bosheit mit unterstellt wird, geht von ihnen jedoch eine ganz andere Qualität von Gefahr aus. Sie gelten als Gemeingefährliche, deren Zerstörungswut sich gegen eigenes und fremdes Eigentum richtet und die danach trachten, andere anzugreifen, zu verletzen oder gar zu töten. Immer wieder wird berichtet, eine kranke Person sei selbstmordgefährdet oder habe bereits einen Suizidversuch unternommen. In diesen Fällen ist unmittelbarer Handlungsbedarf gegeben, da das soziale Umfeld vor diesen Menschen, diese aber auch vor sich selbst geschützt werden müssen. Im Unterschied zu der Kategorie der Blödsinnigkeit, die oftmals mit einem Platz auf der Warteliste bedacht wird, muss hier die Aufnahme umgehend, extra ordinem, erfolgen, um die Person extra statum nocendi zu setzen. Dabei sind die Übergänge zwischen verschiedenen Geisteszuständen fließend, da sie sich verändern. Raserei und Tobsucht treten periodisch auf, können aber auch anhaltend sein. Die Melancholie ist sehr vielschichtig: Einerseits stellt sie einen der vier Konstitutionstypen dar (der Melancholiker steht neben dem Phlegmatiker, Choleriker und Sanguiniker), und in diesem Sinne ist sie überhaupt nicht pathologisch; andererseits ist Melancholie eine mentale Disposition, eine Gefühlslage, die ebenfalls nicht krankhaft ist. Zugleich ist Melancholie dann aber ein Sammelbegriff für Formen von Geisteskrankheiten, die in periodischen oder anhaltenden Wahnsinn münden können. Die Medizin hatte durchaus Erklärungsmodelle für das Auftreten von Geisteskrankheiten. Diese basierten vor allem auf der überkommenen Krankheitslehre der Humoralpathologie. Sie brachte das Krankheitsgeschehen in Zusammenhang mit Körpersäften, die in ein unausgewogenes Mischungsverhältnis geraten, die verdorben waren oder von denen sich eine zu große Menge im Körper angesammelt hatte. Die daraus abgeleiteten Heilversuche konnten allerdings oftmals nur eine vorübergehende Besserung des Zustandes erreichen. Gegen Ende des 18. Jahrhunderts wurden die Theorien über Geisteskrankheiten differenzierter. Einerseits glaubte man sie wie somatische, körperliche Krankheiten einstufen zu können, andererseits bildeten sie eine besondere Kategorie der so genannten psychischen Erkrankungen. Erst im frühen 19. Jahrhundert begann sich die Psychiatrie als ein neues medizinisches Fachgebiet auszubilden. Bei akuten Zuständen von Wahnsinn und Raserei stand nach wie vor die Notwendigkeit im Vordergrund, diese Menschen in sichere Verwahrung zu bringen, und hierfür war man auf mechanische Mittel angewiesen.

Unterbringung
Laut Willen des Stifters sollte das Hospital die Grundbedürfnisse der Unterkunft, Verpflegung und Kleidung sicherstellen. Das Kloster wurde »zum Behuf eines Hospitals, so gut als es sich schicken wollen, eingerichtet« (Crantz). Ohne dass nennenswerte Umbaumaßnahmen erfolgt wären, lebten die Hospitaliten in den vorhandenen Klosterräumlichkeiten. Gegen Ende des 16. Jahrhunderts werden sechs verschiedene Lokalitäten genannt. Diejenigen Personen, die mobil waren und noch einige Arbeiten verrichten konnten, waren in der großen Stube, die damals 147 Menschen beherbergte. Ferner gab es eine Blindenstube, die 60 Personen aufnahm. Hier lebten Blinde, Sehbehinderte und Fallsüchtige zusammen. Im Hintergrund stand sicher die Überlegung, dass bei epileptischen Anfällen Blinde am wenigsten gefährdet wurden, weil ihnen der Schrecken erregende Anblick erspart blieb, der nach traditioneller Auffassung Krankheiten verursachen konnte. Die Kranken und Bettlägerigen waren in der Krankenstube untergebracht. Im so genannten Gewölbe waren »verrückte«, »wahn- und mondsüchtige« Hospitaliten offenbar fixiert, also wohl diejenigen, die phasenweise Tobsuchtsanfälle erlitten. Darauf weist der Begriff der Mondsüchtigen hin, der diejenigen bezeichnet, die periodisch und vorzugsweise bei Neumond besonders gefährdet waren. Die »Rasenden« befanden sich im Gefangenenbau, der mit dem etwa Mitte des 16. Jahrhunderts errichteten Blockhaus identisch sein dürfte. Für sie gab es 18 starke Kisten, unter denen ein Bach hindurch floss, der allen Unrat aufnahm. Im 16. Jahrhundert wird auch noch von einem Siechenhaus berichtet. Es befand sich außerhalb der Hospitalmauer und diente zur Unterkunft der Leprösen. Dort lebten 18 aussätzige Männer. Das Siechenhaus hatte den Charakter einer Isolierstation, wie es für Leprosorien üblich war, um eine Ansteckung zu vermeiden. Da es aber doch eng an das Hospital ge-

koppelt war, mussten seine Gegenstände, Geschirr, Wäsche und so weiter gesondert gelagert und gereinigt werden. Auch im 18. Jahrhundert wurden die vier Flügel der Klosteranlage für die Unterbringung der Hospitaliten sowie als Wirtschaftsräume intensiv genutzt.

Darüber hinaus waren angesichts der steigenden Belegungszahlen inzwischen einige Neu- und Erweiterungsbauten erfolgt, neben dem Blockhaus namentlich das Magazin und der Neue Bau, die zu Beginn des Jahrhunderts errichtet worden waren. Aufgrund einer im Jahr 1800 in Auftrag gegebenen Beschreibung des Hospitals Haina sind wir über die Struktur etwas genauer informiert.

Die Stuben waren große Aufenthaltsräume für zahlreiche Insassen. Sie befanden sich jeweils im Erdgeschoss. In den oberen Stockwerken boten die Kammern – hier hatten sich ehemals auch die Zellen der Mönche befunden – Raum für die Schlafgelegenheiten. Dort waren alle Hospitaliten untergebracht, die körperlich mobil waren. Es lebten jeweils mehrere Personen in einem Raum, der nur mit dem notwendigsten Inventar zweckmäßig eingerichtet war. In der frühen Neuzeit war es durchaus nicht selbstverständlich, dass jeder Hospitalit sein eigenes Bett hatte; in Haina ist jedoch spätestens seit der zweiten Hälfte des 18. Jahrhunderts dieser Standard gegeben. Die Räume wurden von außen über den Gang beheizt.

Waren die Kranken und Gebrechlichen nach wie vor im Ostflügel des Klosters, im ehemaligen Kapitelsaal und in der Krankenstube, untergebracht, so verfügten nun alle vier Gebäudekomplexe über eine Krankenstation.

Das Blockhaus und das Magazin beherbergten die Geisteskranken. Jeweils im Erdgeschoss befanden sich kleine Räume, in denen die anhaltend Rasenden verwahrt wurden. Mit Steinfußboden versehen, der eine leichte Neigung zu einem Ausguss hatte, was die Reinigung erleichterte, waren diese Zimmer durch Holzbohlen abzuteilen, so dass jeweils zwei Personen Platz fanden. Sie waren auf mit Stroh bedeckten Holzpritschen gelagert, an die sie mit einer Fußfessel angeschlossen wurden. Sofern es erforderlich

Abb. 7: Mit Leder überzogene Handbeziehungsweise Fußschellen zur Fixierung rasender Kranker, (18. Jh.), Haina

schien, wurde ihnen außerdem ein Leibgürtel angelegt, der mit zwei Handschellen versehen auch ihre Hände fixierte (Abb. 7). Ihre Bewegungsfreiheit war soweit eingeschränkt, dass sie nurmehr eine Hand an den Mund führen konnten. Denjenigen, die nicht in diese strenge Sicherheitsverwahrung gebracht werden mussten, weil sie nicht in gleichem Maße gefährlich schienen, war etwas mehr Bewegungsspielraum gegeben, indem sie nur am Fuß gefesselt wurden, gegebenenfalls konnten sie sich in ihrer Kammer auch frei bewegen. Sofern sie reinlich waren, erhielten sie statt des Strohlagers ein Bett. Personen, die nur in Intervallen tobsüchtig wurden, lebten in den Kammern der oberen Etagen.

An der Struktur der Belegung wird eine Binnendifferenzierung des Hospitals deutlich, die darum bemüht war, den einzelnen Insassen nach Maßgabe seines Gebrechens adäquat unterzubringen – eine Zielvorgabe, die jedoch nur solange realistisch sein konnte, als die verfügbaren Kapazitäten nicht restlos ausgeschöpft waren. So wurde der Hospitalit einem der Gebäude zugewiesen, innerhalb dessen er nach seinen jeweiligen Bedürfnissen verlegt werden konnte. Sofern diese es erlaubten, wohnte er mit anderen zusammen in einer der Kammern, erkrankte er, brachte man ihn auf die Krankenstation. Das galt in gleicher Weise für die Geisteskranken im Blockhaus und im Magazin. Hier erfolgten graduelle Abstufungen in der Einschränkung ihrer Bewegungsfreiheit; je nach Einstufung des Grades ihrer Gemeingefährlichkeit lebten sie in mehr oder weniger strenger Sicherheitsverwahrung. Viele von ihnen lagen über Jahre hin angeschlossen in den Behältnissen der Rasenden. Hatte das familiäre Umfeld dieser Kranken keinen anderen Ausweg gesehen, als ihn mit Ketten zu fixieren und dauerhaft bewachen zu lassen, so gab es im Hospital keine grundsätzlich andere Perspektive: Auch hier ging es primär darum, dem Rasenden jede Gelegenheit zu nehmen, sich und anderen Schaden zuzufügen. Hierfür standen einstweilen nur mechanische Mittel zur Verfügung.

Eine weitere Gruppe der Hospitaliten stellten die Honoratioren oder »Personen von Stande« und »nicht geringer Herkunft«. Die Aufnahme von Pfründnern in der eigentlichen Bedeutung war ursprünglich nicht vorgesehen; ihre Zahl blieb verhältnismäßig gering. Sie hatten sich gegen zum Teil erhebliche Summen in das Hospital eingekauft oder finanzierten ihren Unterhalt und die Verpflegung durch laufende Zahlungen selbst. Sofern sie nicht an geistigen Erkrankungen litten, die eine andere Unterbringung erforderten, wohnten sie im Honoratiorenbau, der abseits von den übrigen Gebäuden der Hospitaliten gelegen war. In vieler Hinsicht galten für sie Sonderkonditionen, insofern sie ihre Zimmer individuell einrichten konnten, sich nach eigenem Ermessen kleideten, die beste Kost bekamen und sich nach ihren Wünschen Genussmittel wie Wein, Kaffee, Tee oder Tabak dazukauften. Außerdem waren sie von den Pflichten der Hospitaliten, wie sie die Hausordnung vorschrieb und die ihren Tagesablauf stark reglementierten, weitgehend freigestellt.

Abb. 8: Tisch im Kloster Haina, 4,20 m lang, mit zwei Bänken

Verpflegung

Die Verpflegung der Hospitaliten sowie der im Hospital arbeitenden Bediensteten war zentral organisiert. Lebensmittel wurden aus der eigenen Produktion der zum Hospital gehörenden Meiereien, der Viehhaltung, des Gemüsegartens und der Teichwirtschaft gewonnen und in der Bäckerei und Küche verarbeitet. Weitere Viktualien wurden zum Teil über weite Strecken zugekauft; so bezog das Hospital zum Beispiel Heringe aus Bremen. Die Essensausgabe erfolgte zu festgesetzten Zeiten. Die Hospitaliten, die dazu in der Lage waren, trafen sich zu den gemeinsamen Mahlzeiten in der Großen Stube, wo sie an langen Tischen saßen (Abb. 8). Alle übrigen mussten in den Krankenstuben oder in ihren Kammern versorgt werden.

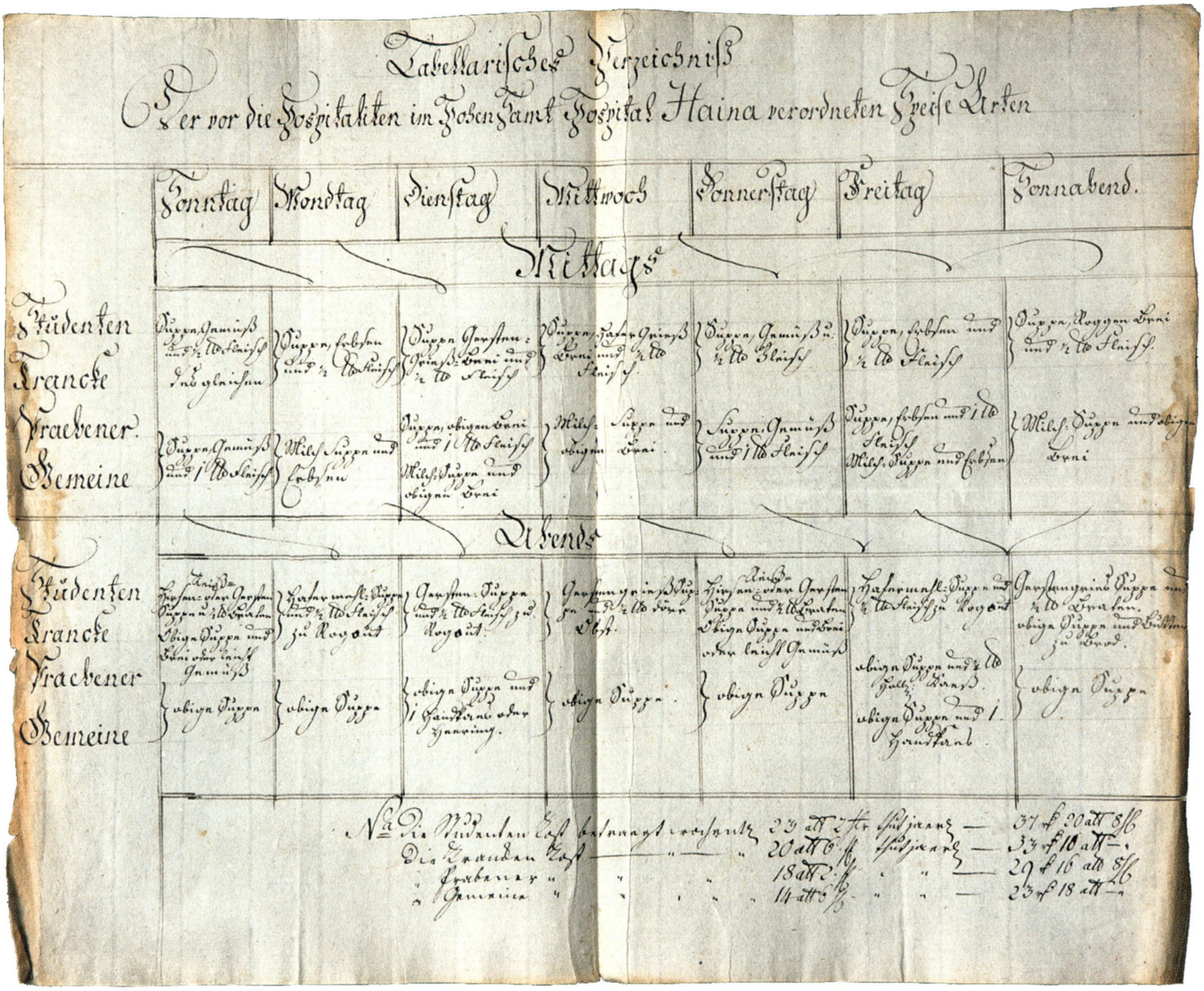

Abb. 9: Speiseplan Haina, undatiert

Am Tag wurden zwei warme Mahlzeiten gereicht. Aus verschiedenen Zeiten sind Speisepläne überliefert, die sehr detaillierte Aufschlüsse über die Ernährung erlauben. Es gab jeweils vier Kostarten: Die »Studentenkost« war für den Honoratiorentisch vorgesehen, also für die zahlenden Pfründner (wobei der Begriff »Studentenkost« darauf hinweist, dass es sich zumeist um gebildete Personen handelte) sowie die Hospitalsbeamten. Diese Verpflegung galt als die beste Kost insbesondere deshalb, weil es hier die meisten Fleischportionen gab. Die Krankenkost war dieser ersten Kategorie durchaus ähnlich; sie wurde den kranken, rekonvaleszenten und alten Hospitaliten gereicht. Die Aufwärter und weitere Bedienstete erhielten die Präbener-Kost. Diese unterschied sich von der gemeinen Kost im Wesentlichen dadurch, dass sie einen höheren Fleischanteil beinhaltete. 1750 wurde an 20% der Hospitaliten Krankenkost verabreicht, knapp 70% bekamen gemeine Kost. Wie ein undatierter, aber in die Mitte oder 2. Hälfte des 18. Jahrhunderts einzustufender Speiseplan ausweist (Abb. 9), basierte die Ernährung ganz wesentlich auf verschiedenen Getreidesorten, die zu Suppen oder zu Brei verarbeitet wurden. Hinzu kamen Milchsuppen, Hülsenfrüchte (vor allem Erbsen), zweimal in der Woche Käse und/oder Fisch und Gemüse, außerdem beinhaltete die gemeine Kost an zwei Tagen je 1 Pfund Fleisch. Die Krankenkost sah täglich eine, teilweise sogar zwei Portionen Fleisch vor, wobei davon auszugehen ist, dass es sich hierbei um zarte, leichter verdauliche Sorten gehandelt hat, die nicht gebraten, sondern gekocht wurden. Einmal in der Woche bekamen die Kranken Butter. Jedem Hospitaliten standen in der Woche 5 Laibe Brot mit einem Gesamtgewicht von 12,5 Pfund zu und täglich ½ Maß Bier, was etwa einem Liter entsprach. Bier war das Hauptgetränk, es wurde in der hospitaleigenen Brauerei gebraut, sein Alkoholgehalt dürfte nicht sehr hoch gewesen sein. Trotz der immer wieder formulierten Klagen über die schlechte Verpflegung ist die Ernährung nach Ausweis der Speisepläne in der Menge und Vielfalt als durchaus gut und ausreichend zu bezeichnen. Wenn die Verköstigung im Laufe der Zeit eine Reduktion des Fleischanteils und damit der tierischen Fette bedeutete, so war dies der Gesundheit womöglich eher zuträglich. Zugleich steht diese Entwicklung im Einklang mit Veränderungen im allgemeinen Ernährungsverhalten, das auf teure Lebensmittel weitgehend verzichten musste. Auch für das Hospital war die Verköstigung der Hospitaliten ein erheblicher Kostenfaktor, und in wirtschaftlichen Engpässen, wie sie im Gefolge des 7-jährigen Krieges gegeben waren, wurde auch hier nach Einsparpotentialen gesucht. Dabei sollte jedoch ausdrücklich gewährleistet bleiben, dass den Insassen dadurch nichts Notwendiges entzogen wurde.

Man kann durchaus versuchen, die überlieferten Angaben mit heutigen ernährungsphysiologischen Parametern wie Ausgewogenheit und Kaloriengehalt zu bewerten; den ganz wesentlichen Vergleichsmaßstab zur Beurteilung der Güte der Verköstigung liefert jedoch die zeitgenössische Ernährungslage der Landbevölkerung und der ländlichen Unterschichten, denen der weitaus überwiegende Teil der Hospitaliten zugehörte. Dazu muss berücksichtigt werden, dass diese Menschen mit ihren vielfältigen Gebrechen oftmals am Existenzminimum lebten und sehr viel Energie aufbringen mussten, um das Wenige zu erlangen. In Haina waren sie gut versorgt. Zudem zeigt sich in der Verpflegung wiederum eine Differenzierung, die den individuellen Bedürfnissen entgegenzukommen ermöglichte. Jenseits der angegebenen Kriterien war die Zuteilung der Krankenkost jedoch auch Verhandlungssache. Zahlreiche Bitten der Hospitaliten, unter Hinweis auf Hartleibigkeit oder Unverträglichkeit der gemeinen Kost in den Genuss der Krankenkost zu kommen, deuten an, dass jene sehr begehrt war. Die Entscheidung über deren Bewilligung stand im Ermessen des Hospitalarztes beziehungsweise -chirurgen und des Küchenmeisters.

Beschäftigung

Es wurde bereits deutlich, dass der Tagesablauf der Hospitaliten wesentlich durch Arbeit bestimmt war. Schon die erste Hospitalordnung legte ausdrücklich fest, dass es hierbei nicht um wertschaffende Arbeit gehe, etwa in dem Sinne, auf diese Weise einen Beitrag zur Kostendeckung zu leisten. Vielmehr galt es, dass »man dem Teufel durch den Müßiggang keinen Raum gewähre«. Dieser religiös begründeten und zugleich moralisch erziehenden Intention zufolge sollte jeder – die Kranken und später die Honoratioren ausgenommen – nach seinem Vermögen und ohne ihn zu überbürden eine sinnvolle Tätigkeit übernehmen. Die Hospitaliten wurden in den Wirtschaftsbetrieben des Hospitals und beim Wegebau eingesetzt, sie leisteten Feldarbeit, beaufsichtigten das Vieh, halfen in der Schneiderei und Schusterei, unterstützten das Pflegepersonal bei der Betreuung anderer Pfleglinge, sie machten Botengänge oder übernahmen Aufgaben in der Küche oder bei der Essensausgabe. Daneben wurden Strümpfe gestrickt, Körbe geflochten, Wolle und Flachs gesponnen. Tatsächlich war es eine Beschäftigung, die durchaus den Charakter produktiver Arbeit hatte und zugleich auf spätere Konzepte von Beschäftigungstherapie vorauswies. So konnten anfallende Arbeiten, für die man Dienstpersonal oder saisonal Tagelöhner hätte einstellen müssen, teilweise durch Hospitaliten abgedeckt werden. Im Rahmen des Hauswesens Hospital wurden Gebrauchsgegenstände in Eigenleistung hergestellt, um den vorhandenen Bedarf zu decken. Die Arbeitsleistung der Hospitaliten war also kein unerheblicher wirtschaftlicher Faktor. Zugleich konnten sie durch eine Beschäftigung, die für die Gemeinschaft wertvoll und wichtig und die mit einer gewissen Verantwortung verbunden war, sich und anderen beweisen, dass sie gleichwohl nützlich und leistungsfähig waren, was ihrem Selbstwertgefühl und ihrer Zufriedenheit zuträglich gewesen sein dürfte. Schließlich war die Beschäftigung der Insassen nicht nur ökonomisch wie psychologisch sinnvoll, sondern als Ordnungs- und Disziplinierungsfaktor geradezu zwingend notwendig, um das Zusammenleben einer so heterogen zusammengesetzten, großen Gruppe von Männern in einem eingegrenzten Lebensraum überhaupt bewältigen zu können. Unsolidarische Arbeitsverweigerungshaltung, Bequemlichkeit und Faulheit, über die immer wieder geklagt wird, waren auch moralisch nicht zu tolerieren. Zur allgemeinen Ermunterung wurden für besonderen Leistungseinsatz Douceurs, anerkennende Sonderzuteilungen in Form von Tabak oder eines größeren Quantums Bier, ausgegeben; auch konnten kleinere Geldbeträge, etwa für Botengänge, gezahlt werden, eine Entlohnung gab es jedoch nicht.

»Pflegepersonal«

Die historische Benennung der für die frühe Neuzeit anachronistischen Bezeichnung »Pflegepersonal« ist Aufwärter. Als Bedienstete waren sie in der Hierarchie des Hospitals sehr weit unten angesiedelt. Unterhalt und Verpflegung für sie und ihre Familien stellte das Hospital. Darüber hinaus erhielten sie einen vergleichsweise geringen Lohn und es stand ihnen ein gewisses Kontingent an Naturalien zu. Die Aufwärter lebten und arbeiteten in unmittelbarer Nähe mit den Pfleglingen, um ihre Versorgung in den unterschiedlichsten Belangen zu gewährleisten. Mit dem aus Adelskreisen übernommenen Begriff der Aufwartung ist die Vorstellung des Dienens assoziiert, die im Kontext des Hospitals den Gedanken des Dienstes am Nächsten beinhaltet.

Die Aufwärter hatten die Aufgabe, die Idee der Caritas unmittelbar praktisch umzusetzen. Ihre Kammern lagen in den Gebäuden der Pfleglinge. Ihre konkreten Aufgabenbereiche waren sehr umfassend und desto aufwändiger, je hilfsbedürftiger die Insassen ihrer Abteilungen waren. »*Bey sämtlichen hiesigen Armen ist eine Anzahl Aufwärter angestellt, welche denen Kranken pflegen, sie waschen, kämmen, ihnen das Essen reichen, die Bette machen, des Winters die Zimmer heitzen, die Rasenden täglich reinigen und ihnen so oft es nötig ist frisch Stroh geben, und alles Leinenzeug waschen, auch dafür sorgen müssen, dass sämtliche Kleidungsstücke in gutem Stand erhalten und zu rechter Zeit ausgebessert werden. […] Denen ihnen anvertrauten Armen und Kranken, sollen sie das denenselben verordnete Essen und Trinken täglich hohlen, es ihnen treulich verhandreichen, sie freundlich und gut behandeln, die Kranken aufs Beste warten, und pflegen, keinen derselben ohne Vorwissen des Obervorstehers über ihre Vergehungen züchtigen oder schlagen, bey Vermeidung der nachdrücklichsten Strafe.*« Die Aufwärter sollen nicht nur in Bezug auf die Hospitaliten und deren Unterkünfte, Betten, Wäsche und Essgeschirr peinliche Sauberkeit beachten, sondern sie haben »auch sich selbst reinlich und ordentlich zu halten«. Die Versorgung der Kranken schließt auch mit ein, sie bei Bedarf zu füttern und zu gewährleisten, dass ihnen die verordnete Medizin zur festgesetzten Zeit verabreicht wird. Schließlich müssen die Bediensteten auch nachts in Bereitschaft bleiben, um die Pfleglinge zu versorgen.

Durch den ständigen Umgang mit ihnen, der über Jahre anhalten konnte, und durch einen mit dem vieler Hospitaliten vergleichbaren sozialen Status begünstigt, wurden engere Kontakte möglich, so dass die Aufwärter als deren Fürsprecher auch eine vermittelnde Funktion zwischen den Hospitaliten und den Repräsentanten der Hospitalverwaltung einnehmen konnten. Zugleich sollten sie die Kontrolle und die Aufsicht über die ihnen anvertrauten Pfleglinge ausüben, und in dieser Rolle standen sie wiederum in einer gewissen Distanz zu ihnen.

Die zitierten normativen Vorgaben verdeutlichen das Ideal einer umfassenden und intensiven Krankenpflege und Irrenbetreuung. Die Praxis sollte sich daran ausrichten, tatsächlich blieb sie jedoch langfristig weit dahinter zurück. Das Wartepersonal hatte keine Ausbildung für den Umgang mit Kranken, Gebrechlichen oder gar Rasenden. Daraus ist abzuleiten, dass es sich oftmals auch mit Gewalt Respekt verschaffen musste. Das Verbot, eigenmächtig Gewalt gegen die Pfleglinge einzusetzen, war sicher notwendig, und die Aufwärter waren durchaus auch in Querelen und Streitigkeiten verwickelt. Ein Weiteres kommt hinzu. Im 16. Jahrhundert war bei vergleichsweise geringer Belegungszahl das Verhältnis zwischen Hospitaliten und Aufwärtern günstig: So wurden 1575 acht in der Krankenstube befindliche Personen von drei Aufwärtern gepflegt; für neun »verrückte« Personen im Gewölbe standen zwei Aufwärter bereit. Mit anwachsender Belegung verringerte sich jedoch zugleich das Wartepersonal. 1740 weist die Küchenrechnung nur neun Aufwärter mit ihren Ehefrauen aus. Die Aufwärter beklagten sich darüber, sie hätten die meiste Arbeit zu verrichten. Jenseits der Pflege der ihnen zugewiesenen Hospitaliten hatten sie auch noch andere Aufgaben wahrzunehmen, etwa im Garten zu arbeiten oder Botengänge zu erledigen, wodurch ihre ständige Präsenz nicht mehr gegeben war. Inzwischen suchte man angesichts des akuten Personalmangels die Lücken anderweitig zu schließen. So wurde ein Hospitalit als Aufwärter für die Kranken bestellt. Andere halfen bei der Beaufsichtigung. Im Jahr 1802 gab es nurmehr sechs Aufwärter, von denen einer für die Honoratioren und einer für das Lazarett zuständig waren und im strengen Sinne nicht mitgerechnet werden konnten, da sie den gemeinen Hospitaliten, deren Zahl auf annähernd 400 angewachsen war, nicht zur Verfügung standen. Die Aufwärter waren nun in jeder Hinsicht gänzlich überfordert. Damit sie auch nur annähernd ihre Aufgaben wahrnehmen könnten, wäre eine Verdreifachung des Personals erforderlich, »wenn es der Fonds erlaubte«, so C. W. Justi 1803. Damit war ein Kernbereich der internen Hospitalstruktur, in der der Dienst am Kranken ganz unmittelbar praktiziert wurde, offenbar weitgehend dem Sparzwang zum Opfer gefallen.

Geistlicher Zuspruch

Ein zentrales Element des Lebens im Hospital war die Seelsorge. Abgesehen von wenigen jüdischen Glaubensgenossen war die Belegschaft des Hospitals protestantisch, sowohl lutherisch als reformiert. Ähnlich wie im Klosterkonvent bestimmte das geistliche Wort den Tagesrhythmus. So kam man frühmorgens zunächst in der Klosterkirche beziehungsweise in der Großen Stube zu einer halbstündigen Predigt mit anschließendem Bitt- und Dankgebet zusammen. In gleicher Weise wurde der Tag mit dem Abendgebet in der Kirche beschlossen. Das gemeinsame Mittagessen in der Großen Stube wurde mit Bibeltexten begleitet. Der Leser, ein Gehilfe des Pfarrers, las aus dem Neuen Testament vor, allerdings war die Apokalypse ausdrücklich auszusparen. Damit sollte sicherlich vermieden werden, dass insbesondere geistig behinderte Hospitaliten sich aufregten oder verängstigt wurden. Zum Abendessen trug der Leser an gleicher Stelle aus dem Katechismus vor. Diese Unterweisung diente vor allem dazu, die Kenntnis der Glaubensgrundsätze zu festigen und Neuzugänge gegebenenfalls zu unterrichten und in die Gemeinschaft zu integrieren. An den Lesungen während der Mahlzeiten wird sehr anschaulich, was es heißt, die Hospitaliten sollten »ihre Versorgung haben an Leib und Seele«. Die Sorge um das körperliche Wohl ist unmittelbar mit der Sorge um die Seele verbunden, erst beide Teile zusammen machen eine umfassende Versorgung aus.

Alle vier Wochen wurde das Abendmahl gefeiert, an dem jedoch nur teilnehmen durfte, wer mit den Glaubenssätzen ausreichend vertraut war, um die Bedeutung dieses Sakraments verstehen zu können. Bei Bedarf konnte es aber jederzeit gespendet werden.

Der Pfarrer war beauftragt, diejenigen, die am geistlichen Leben der Gemeinschaft nicht teilnehmen konnten, täglich zu besuchen. Er sollte die Kranken zur Geduld im Leiden ermahnen und ihnen Trost und Zuversicht aus Gottes Wort zusprechen. Hier ist wiederum die komplementäre Funktion der Seelsorge unmittelbar deutlich. Während die Medizin und Krankenpflege sich um den Körper bemühten, um ihn zu heilen oder wenigstens das Leiden zu lindern, war das geistliche Wort »Seelenarznei«, wobei die Zuversicht in das dem Gläubigen zugesagte Heil seiner Seele einen wichtigen Beitrag zur Heilung auch seines Körpers zu leisten vermocht haben mag.

Die geistlichen Übungen hatten ohne Zweifel auch disziplinierenden Charakter, und sie dienten der Festigung der Gemeinschaft. Wer sich in diese durchaus ritualisierten Regeln nicht fügen wollte, wurde mit Strafmaßnahmen bedroht. Die in den Zuchtordnungen enthaltenen Vorschriften deuten an, dass auch hier Widerstand, Gleichgültigkeit und Ignoranz begegneten. So musste zum Beispiel eingefordert werden, dass zunächst die Sonntagspredigt abzuwarten war, ehe die Insassen ihren freien Nachmittag beginnen konnten, und es musste ausdrücklich gemahnt werden, alle, die dazu in der Lage seien, hätten an Begräbnissen auf dem hospitalseigenen Friedhof teilzunehmen.

Medizinische Versorgung

Ein Hospital, das jemanden aufnahm, um ihn dort lebenslang zu versorgen, für das seit 1728 ein ärztliches Attest über die Unheilbarkeit einer chronischen Erkrankung eine Zugangsvoraussetzung darstellte, war kein Krankenhaus im modernen Sinne. Das Hohe Hospital Haina stand in der Tradition des christlichen Gebots des karitativen Auftrags zum Dienst am bedürftigen Nächsten, wenn auch auf einer neuen, politisch verankerten Grundlage. In diesem Sozialasyl für kranke, gebrechliche, alte und deshalb mittel- und hilflose Menschen standen therapeutische Bemühungen um deren Wiederherstellung und Rückführung in ihr soziales und Arbeitsumfeld nicht im Vordergrund. Das bedeutet allerdings keineswegs, dass es keine Medizin gegeben hätte. Medizinische Kenntnisse waren vielmehr latent vorhanden und konnten genutzt werden. Bezeichnenderweise war es in den Anfängen des Hospitals ein dort verbliebener Mönch namens Dexbach, von dem berichtet wird, er sei ein »guter medicus« gewesen. Später wurde der an der Marburger Universität lehrende Medizinprofessor Dryander (Eichmann) verpflichtet, bei Bedarf die Hospitaliten in Haina zu betreuen. Ihm folgen, wenn auch mit Unterbrechungen, weitere Namen praktizierender Ärzte, die in den angrenzenden Ämtern als Physici angestellt waren.

Dort ansässig, kamen sie mehr oder weniger regelmäßig nach Haina, um die Kranken zu besuchen.

Seit 1579 gab es zusätzlich eine wundärztliche Versorgung. Traditionell waren die Zuständigkeiten der Ärzte und der Chirurgen streng gegeneinander abgegrenzt: Während die Medici sich um die Behandlung innerer Erkrankungen bemühten und die erforderliche Medikation verordneten, versorgten die Chirurgen äußere Schäden. Dabei konnten beide in der praktischen Arbeit am Patienten durchaus zusammenarbeiten. Im Rahmen des Therapieplans versah jeder seine Aufgaben, wobei sich der Chirurg allerdings in der untergeordneten Position befand. Auch die Wundärzte lebten nicht im Hospital, sondern waren ebenfalls auswärtige Bedienstete, die turnusmäßig zur Behandlung der Hospitaliten und bei aktuellem Bedarf auch darüber hinaus nach Haina kamen. Erstmals 1788 wohnte der Hospitalchirurg vor Ort.

Seit dem 16. Jahrhundert konnte das Hospital also kontinuierlich auf medizinisches Personal zurückgreifen, das den Insassen zwar nicht ausschließlich zur Verfügung stand, sondern diese als auswärtige Bedienstete offiziell und gegen eine festgelegte Besoldung mitbetreute. Insofern Fachkräfte »beider Arznei« (der inneren Medizin und der Wundarzneikunst) verfügbar waren, bestand damit ein umfassendes medizinisches Angebot. Dieses wurde noch durch einen Bader ergänzt, der im Verlauf eines Jahres mehrmals in das Hospital kam, um die Hospitaliten zu schröpfen oder zur Ader zu lassen. Dabei handelte es sich nicht um therapeutische, sondern um prophylaktische Maßnahmen. Vor dem Hintergrund der damaligen Krankheitslehre hielt man es für sinnvoll, wenn der Körper in gewissen Abständen quasi entlastet wurde, damit es nicht zu einer Anhäufung der Säfte oder verdorbener Materie komme, wodurch Krankheiten verursacht werden konnten.

Diese differenzierte Struktur medizinischer Dienstleistung zielte nicht darauf ab, die Grunderkrankungen der Hospitaliten zu behandeln. Angeborene Leiden oder solche, die bereits in der Kindheit erworben worden waren oder die schon Jahre währten, Erkrankungen, die vorausgegangenen Heilversuchen widerstanden hatten, schließlich altersbedingte Gebrechen galten als unheilbar, wie es die Ärzte im Zuge der Antragsverfahren attestierten. Bei den beschriebenen körperlichen und geistigen Krankheitsbildern waren die medizinischen Möglichkeiten für gezielte und wirkungsvolle Therapiemaßnahmen nicht gegeben. Die medizinische Hilfe im Hospital musste sich also darauf konzentrieren, akut auftretende Krankheitsfälle zu behandeln und darüber hinaus die mit den Grunderkrankungen einhergehenden Beschwerden möglichst zu lindern.

Bezogen auf die Zahl seiner Bewohner war das Hospital sicher einem Dorf mittlerer Größe vergleichbar. Neben den gewöhnlich und zum Teil jahreszeitlich bedingt vermehrt auftretenden Infekten wie Erkältungskrankheiten sind in gewissem Umfang individuelle Erkrankungen zu erwarten, die etwa das Herz-Kreislauf-System betreffen, die Lungenfunktion oder das Verdauungssystem. Zusätzlich waren die Hospitalinsassen jedoch in besonderem Maße gesundheitlichen Risiken ausgesetzt, die vor allem durch die Gefahren der Verunfallung entstanden. Epileptiker konnten sich bei einem womöglich unvermittelt auftretenden Anfall schwer verletzen; Blinde und stark Sehbehinderte drohten sich Schaden zuzufügen, wenn sie in einem Umfeld mit unebenen Wegen und offenen Gräben zu Fall kamen. Geistig behinderte und verwirrte Menschen waren womöglich desorientiert. So wird von Fällen berichtet, in denen jemand in den nahe gelegenen Teich gefallen war, wobei unter Umständen unklar blieb, ob es sich dabei um einen Unfall oder einen Suizidversuch gehandelt hatte. Immer wieder wird von Verbrennungen an den Händen berichtet, weil diese Kranken, sofern sie mit Feuer in Kontakt kommen konnten, nicht vorsichtig damit umgingen; auch ist es im Winter immer wieder zu Erfrierungen von Händen oder Füßen gekommen.

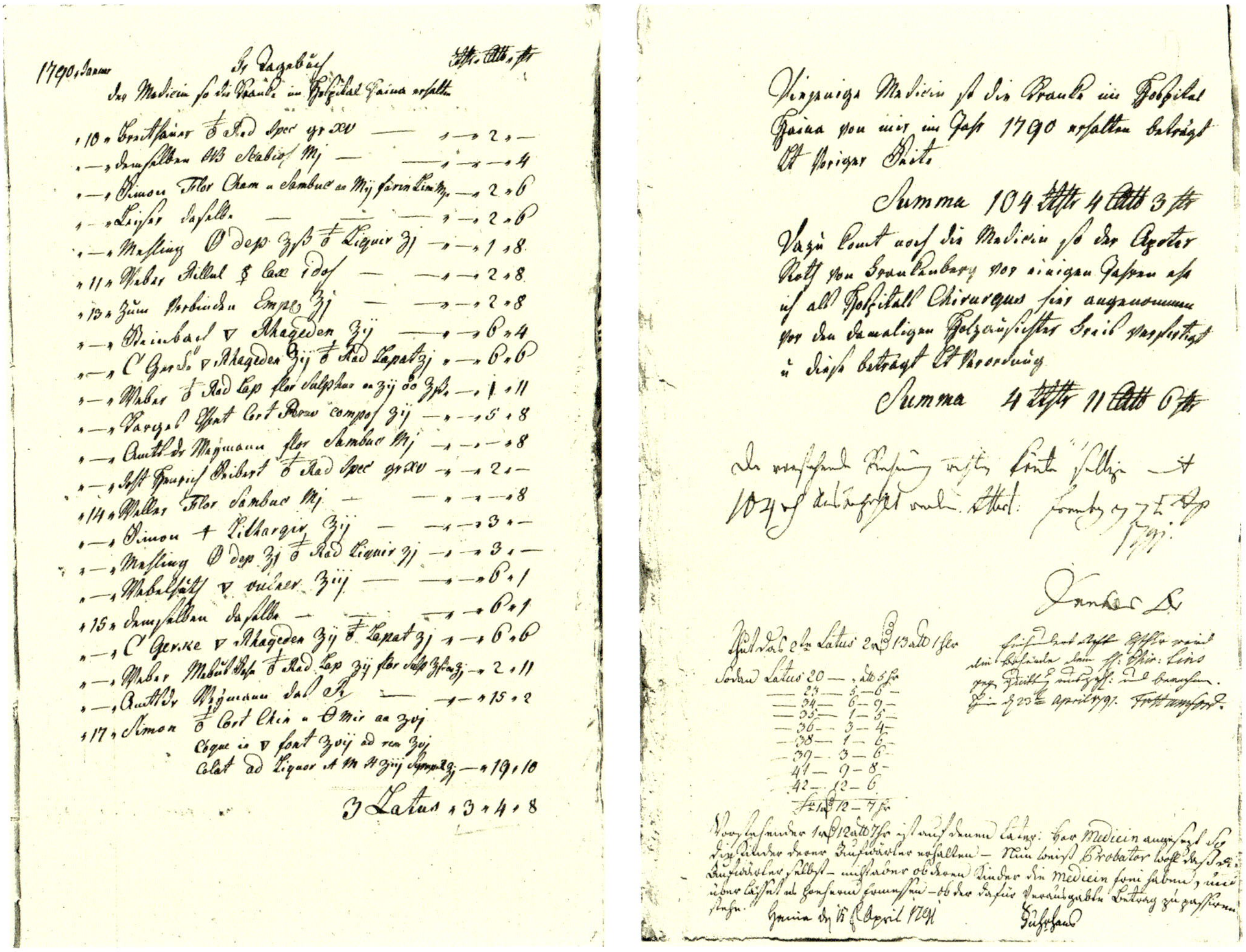

Über die Tätigkeit insbesondere des Hospitalchirurgen geben die Quellen genauere Auskunft. Es sind Verzeichnisse überliefert, die eine detaillierte Aufstellung der Medizin enthalten, die er den namentlich genannten Hospitaliten

Abb. 10: Blätter aus dem medizinischen Tagebuch des Chirurgen Lins, 1790:
Das 42 Seiten umfassende Tagebuch (hier Seite 3) nennt das Datum der Ausfertigung des Rezeptes und den Namen des Patienten; dann folgt die verordnete Rezeptur mit Mengenangaben und schließlich der Preis, den Chirurg Lins für die Medizin berechnete.
Wie das weitere Blatt zeigt, betrug die Gesamtsumme im Rechnungsjahr 1790 104 Reichstaler, 4 Albus, 3 Heller. Außerdem machte Lins noch 4 Reichstaler, 11 Albus und 6 Heller geltend, die beim Apotheker in Frankenberg seit einigen Jahren offenstanden. Die Rechnung wurde geprüft und dabei die Frage gestellt, ob auch die Medizin, die für die Kinder der Hospitalsbediensteten verordnet wurde, auf Kosten des Hospitals abgegeben werden sollte. Diese Ausgaben betrugen 1 Reichstaler, 12 Albus, 7 Heller. Der Obervorsteher wies dem Hospitalchirurgen Lins die Summe von 108 Reichstalern an.

Abb. 11: Kunstvoll aus Erlenholz gefertigte Standgefäße, die aus der Gründungszeit der Apotheke im 18. Jahrhundert datieren (mit Beschriftungen aus dem 19. Jahrhundert); Psychiatriemuseum Haina, Dauerleihgabe der Apothekerin Frau Grote

mit Angabe des Datums verordnet hat (Abb. 10). Dazu konnte er sich seit 1750 einer Apotheke bedienen, in der er die Arzneien vorrätig hielt oder herstellte. Die Kosten wurden ihm vom Hospital erstattet. Die Rezepturen bestanden bevorzugt aus pflanzlichen Stoffen, es wurden aber auch sehr viele mineralische Substanzen verarbeitet (Abb. 11/12). Häufig begegnen Abführmittel, es werden Teesorten verordnet, Augenbalsam ist vielfach genannt. Der Chirurg benötigte Salben und Pflaster, um Wundverbände zu legen. Er applizierte aber auch so genannte Blasenpflaster, zum Beispiel »Spanische Fliegen«. Dabei wurden stark reizende Substanzen auf die Haut aufgetragen, so dass diese mit Blasenbildung reagierte. Auf diese Weise sollten verdorbene Säfte aus der betroffenen Körperregion nach außen abgeleitet werden, um die Beschwerden zu lindern.

Die Jahresrechnungen für Medikamente sind sehr umfangreich. Die Einträge erfolgten in Abständen von wenigen Tagen. Der Chirurg behandelte sowohl die Hospitaliten wie auch die Hospitalsbediensteten, vor allem die Aufwärter und

Abb. 12: Apothekengefäße aus Glas, 18. Jahrhundert

deren Familien. Manche Personen werden nur vereinzelt aufgeführt, anderen wurde über längere Phasen hin Medizin verordnet. Sofern der Hospitalsarzt ein Rezept ausstellte, war der Chirurg gehalten, dieses in der Apotheke zu fertigen; hatte er die nötigen Ingredienzien nicht verfügbar, wurde nach Frankenberg oder Wildungen geschickt. Trotz der umfangreichen Medikation sind die Kosten für die verabreichten Arzneimittel im Verlaufe eines Jahres im Vergleich zu anderen Ausgaben sehr gering. Die Rezepturen sollten einfach, aber wirksam sein. Das Nötige wurde bereitgestellt, jedoch galt auch hier wie in allen anderen Bereichen das Gebot der Sparsamkeit.

Neben dem Bemühen, Krankheiten mit Arzneien oder mittels operativer Eingriffe zu behandeln, war ein weiterer, für die Medizin der frühen Neuzeit zentraler Bereich die Diätetik. Sie stellt ein umfassendes Konzept für eine gesunde Lebensweise dar. Dabei werden alle wesentlichen Aspekte erfasst, die für die Gesundheit eines Menschen von Bedeutung sind und die im Gegensatz zu anderen Faktoren durch ein angemessenes Verhalten günstig zu beeinflussen sind. Im Einzelnen geht es um eine gesunde und saubere Umwelt, womit sowohl die Wohnlage und die Wohnungen selbst wie auch die Körperhygiene angesprochen sind. Von zentraler Bedeutung sind Essen und Trinken, also das Ernährungsverhalten, sowie ein gesundes Verhältnis von Arbeit und Ruhe, von Schlafen und Wachen. Schließlich ist ein ausgewogener Affekthaushalt, eine psychische Ausgeglichenheit wichtig, um gesund zu bleiben und im Krankheitsfall wieder zu gesunden. Das tragende Prinzip dieser Gesundheitslehre ist es, in allen angesprochenen Lebens- und Tätigkeitsbereichen das goldene Mittelmaß einzuhalten. Dieser feststehende Kanon der so genannten Sex res non naturales (die sechs nicht natürlichen Dinge) verweist zurück auf die Anfänge der abendländischen Medizin in antiker Zeit. Je geringer die Möglichkeiten zu wirksamer Behandlung waren, desto wichtiger mussten vorbeugende Maßnahmen sein. Die antike Gesundheitslehre war im medizinischen und kulturellen Wissensbestand bis ins 19. Jahrhundert hinein fest verankert.

Auch im Hospital Haina sind diese Elemente seit dem 16. Jahrhundert erkennbar, allerdings nicht in Form ärztlicher Anweisungen, vielmehr sind sie als leitende Gestaltungsprinzipien in den Ordnungen quasi strukturell angelegt. Zudem werden sie nicht medizinisch, sondern religiös begründet. Die Aufforderung, die Hospitaliten sollten sich frühmorgens waschen und sich reinlich halten, wird mit dem Hinweis auf den Paulusbrief an die Kolosser versehen. Demnach ist es Gott nicht wohlgefällig, wie Säue in einem Saustall zu leben, sondern man solle den Leib verschönen und ihm seine Ehre geben. Um 1800 heißt es dann in eindeutig medizinischer Lesart, Reinlichkeit bewirke oft mehr als alle Arzneien. Die Vorschrift, sich nach den jeweiligen Fähigkeiten sinnvoll zu beschäftigen, wird ebenfalls biblisch begründet. Es gilt, Arges zu verhüten und dem Teufel durch Müßiggang keine Eintrittspforte zu öffnen, denn der Prophet sage, Müßiggang und Völlerei hätten Sodom zu Asche gemacht. Tatsächlich sind hier zugleich zwei wichtige Elemente einer gesunden Lebensweise angesprochen, nämlich maßvolle Arbeit, die mit Ruhephasen abwechselt, wie sie die Hospitalsordnung vorschreibt, und maßvolle Ernährung, wie sie in den Speiseordnungen festgehalten ist. Nicht zuletzt hat der zentrale Stellenwert der Seelsorge im Hospital wesentlichen Einfluss auf die psychische Ausgeglichenheit der Menschen. Hier verbindet sich die Seelenarznei ganz unmittelbar mit dem medizinischen Konzept einer gesunden Lebensführung.

Resumee und Ausblick

In den Hohen Hospitälern wurde die Tradition mittelalterlicher Caritas fortgeführt. Neu war die durch den Landesherrn übernommene Verantwortung zu sozialer Fürsorge. Indem die Initiative zur Gründung von Landgraf Philipp dem Großmütigen ausging, wurde durch das bereitgestellte ökonomische Potential zugleich eine neue Dimension erreicht, die auf eine territorial flächendeckende, vorzugsweise auf die Landbevölkerung ausgerichtete Versorgung abzielte. Die Größenordnung dieser staatlichen Einrichtungen machte eine ausgearbeitete Organisationsstruktur erforderlich, die in der Samtverwaltung zentral zusammengeführt wurde.

Das Hospital Haina, das hier beispielhaft und mit besonderem Blick einerseits auf die Gründungsphase, andererseits auf die Zeit des 18. Jahrhunderts vorgestellt wurde, war in der frühen Neuzeit insofern multifunktional ausgerichtet, als hier männliche Personen mit ganz unterschiedlichen Gebrechen und verschiedenen Alters aufgenommen wurden. Ihnen gemeinsam war, dass sie in einem Maße gehandicapt waren, das ihnen die eigene Subsistenzsicherung auf Dauer nicht erlaubte. So erwarben sie mit der Aufnahme eine lebenslange Versorgung im Hospital.

Die in der Gründungsurkunde und in den Ordnungen festgeschriebenen Vorgaben zeigen einen im christlichen Glauben verankerten karitativen Anspruch. Der Bezug auf die heilige Elisabeth, zwar nicht als Heilige, sondern als Landesmutter, macht die Verbindung zum barmherzigen Dienst am bedürftigen Nächsten in doppelter Weise deutlich. Sie repräsentiert beides, sowohl den Geist der Caritas wie den bevorzugten Ort karitativen Wirkens, das Hospital. Zugleich wurde deutlich, dass die zumeist in aufgelassenen Klosteranlagen eingerichteten Hohen Hospitäler in mancher Hinsicht Traditionen des (benediktinischen) Klosterlebens fortschrieben.

Die Hospitäler boten vielen Menschen eine gesicherte Lebensperspektive. Dennoch beweisen die langen Wartelisten, dass die als berechtigt anerkannte Nachfrage die Kapazitäten bei weitem überstieg. Andererseits reichte die Hilfe in vielen Fällen über die Versorgung eines Individuums deutlich hinaus. Sie erstreckte sich faktisch auf ganze Familien. Angesichts notorisch knapper Ressourcen bedeutete die Aufnahme eines kranken Mitgliedes eine nicht unerhebliche Entlastung. Sie setzte Mittel frei, die bisher für Aufwendungen für Pflege und gegebenenfalls Bewachung gebunden waren, und sie erlaubte eine neue Flexibilität zum Erwerb des Lebensunterhalts, wenn diese Verpflichtungen nicht mehr bestanden. Bei gemeingefährlichen Geisteskranken bedeutete die Einweisung in das Hospital oftmals Hilfe für eine ganze Gemeinde.

Obgleich es im Hospital nicht darum gehen konnte, die vielfältigen chronischen Erkrankungen zu kurieren, gab es seit dem 16. Jahrhundert einen beachtlichen Standard medizinischer Versorgung für akute Erkrankungen, bei Unfällen sowie zur Linderung chronischer Leiden und latenter Beschwerden. Die direkte Betreuungsarbeit und Pflege der Kranken fiel in die Zuständigkeit der Aufwärter. Daneben konnte die Orientierung an dem Konzept der gesunden Lebensweise, das in wesentlichen Elementen in die Hospitalordnungen strukturell eingebunden war, dazu beitragen, den Insassen ein Leben auf der Basis relativer Gesundheit zu ermöglichen. Die praktische Umsetzung blieb allerdings aus unterschiedlichen Gründen hinter diesen normativen Zielvorgaben mehr oder weniger deutlich zurück. Eine aufopfernde Pflege, wie sie bereitgestellt werden sollte, war angesichts der Reduzierung der Zahl der Aufwärter und der Fülle ihrer Aufgaben nicht realistisch. Die intendierte Binnendifferenzierung nach Krankheitsgruppen ließ sich spätestens zu Ende des 18. Jahrhunderts bei absoluter Auslastung aller verfügbaren Platzreserven nicht mehr umsetzen. Trotz aller Betonung der Reinlichkeit darf der erreichbare hygienische Standard im Hospital während der frühen Neuzeit nicht zu hoch eingeschätzt werden. Das wird besonders deutlich angesichts der Situationsbeschreibungen, die im frühen 19. Jahrhundert anlässlich beantragter Sanierungsmaßnahmen erfolgt sind. Allerdings haben sich um diese Zeit die Anforderungen bereits erheblich verändert, und hieran wird ganz offensichtlich, dass normative Vorgaben nicht absolut, sondern jeweils nur in ihrem historischen Kontext zu beurteilen sind. Daran bemessen müssen sie allerdings als sehr vorausweisend gelten; die Tatsache, dass sie in der Praxis nur bedingt erreicht wurden, steht dieser Bewertung nicht entgegen.

Nach dem Willen des Stifters sollte das Hospital gemessen an seinen Möglichkeiten im größtmöglichen Umfang Hilfe leisten. Im Sinne einer größeren Effizienz und angesichts der räumlichen Auslastung wurde seit den 1780er Jahren geprüft, welche der Insassen möglicherweise als geheilt entlassen werden könnten. Bis dahin hatte es immer wieder vereinzelte Fälle gegeben, in denen Hospitaliten von körperlichen Leiden befreit oder psychisch Erkrankte spontan wieder gesundet waren, nachdem sie eine Weile im Hospital gelebt hatten. Nun verstärkte sich allerdings eine neue Tendenz zu gezielten Heilversuchen mit der Perspektive, anschließend wieder ein selbständiges Leben in der Gesellschaft führen zu können. Mit dem ausgehenden 18. Jahrhundert, also etwa zeitgleich, erlangte die Medizin im Hospital einen neuen Stellenwert, das ärztliche Personal, vor allem der Hospitalchirurg, gewann an Bedeutung und Einfluss. Es wurden Therapieversuche mit Insassen vorgenommen, die bestimmte psychische Krankheitsbilder zeigten oder umschriebene Lähmungserscheinungen aufwiesen. Dabei wurden Erkenntnisse und Erfahrungen genutzt, die der aktuellen medizinischen Fachliteratur, vor allem den Publikationen der sich gerade erst herausbildenden Disziplin der Psychiatrie, zu entnehmen waren. Allmählich wurde das im Hospital tätige medizinische Personal zu Experten. Dies war eine Voraussetzung und zugleich ein Symptom für den sich vollziehenden Wandel vom Hospital zum Krankenhaus. Das traditionsreiche Hospital Haina partizipierte damit an dem sich nun allgemein durchsetzenden Entwicklungsprozess hin zur Einrichtung von Kliniken im modernen Sinne, nämlich zu Therapiezentren, in denen sich spezielle medizinische Fachkompetenz mit speziellen Behandlungsmöglichkeiten verbindet, um den Patienten wiederherzustellen.

Im Laufe des 19. Jahrhunderts wandelten sich die Hohen Hospitäler allmählich zu »Spezialkrankenhäusern«. Sie wurden als Landesirrenheil- und Pflegeanstalten ausgelegt, in denen die heilbaren Patienten therapiert werden konnten, während die nicht heilbaren Kranken gepflegt werden mussten.

Literatur

Karl E. Demandt, Die Anfänge der staatlichen Armen- und Elendenfürsorge in Hessen. In: Hessisches Jahrbuch für Landesgeschichte, Bd. 30, 1980, S. 176 – 235.

Arnd Friedrich, Fritz Heinrich, Christina Vanja (Hgg.), Das Hospital am Beginn der Neuzeit. Soziale Reform in Hessen im Spiegel europäischer Kulturgeschichte (Historische Schriftenreihe des Landeswohlfahrtsverbandes Hessen. Quellen und Studien, Bd. 11), Petersberg 2004.

Walter Heinemeyer, Tilman Pünder (Hgg.), 450 Jahre Psychiatrie in Hessen (Veröffentlichungen der Historischen Kommission für Hessen, Bd. 47), Marburg 1983.

Dieter Jetter, Das europäische Hospital. Von der Spätantike bis 1800, Köln 1986.

Robert Jütte, Vom Hospital zum Krankenhaus: 16. – 19. Jahrhundert. In: *Alfons Labisch, Reinhard Spree (Hgg.)*, ›Einem jeden Kranken in einem Hospitale sein eigenes Bett‹. Zur Sozialgeschichte des Allgemeinen Krankenhauses in Deutschland im 19. Jahrhundert, Frankfurt am Main 1996, S. 31 – 50.

Robert Jütte, Ärzte, Heiler und Patienten. Medizinischer Alltag in der frühen Neuzeit, München, Zürich 1991.

C. W. Justi, Das Hospital zu Haina. Versuch einer Darstellung seiner ehemaligen und gegenwärtigen Beschaffenheit, Marburg [1803].

Ulrich Knefelkamp, Über den Funktionswandel von Spitälern vom Spätmittelalter zur Frühen Neuzeit, aufgezeigt an Beispielen aus Deutschland, England und Italien. In: Historia Hospitalium, Heft 22, 2000/2001, S. 9 – 34.

Michael Matheus (Hg.), Funktions- und Strukturwandel spätmittelalterlicher Hospitäler im europäischen Vergleich (Geschichtliche Landeskunde, Bd. 56), Stuttgart 2005.

Irmtraut Sahmland, Sabine Trosse, Christina Vanja (et al.) (Hgg.), »Haltestation Philippshospital«. Ein psychiatrisches Zentrum – Kontinuität und Wandel. 1535-1904-2004. (Historische Schriftenreihe des Landeswohlfahrtsverbandes Hessen. Quellen und Studien, Bd. 10), Marburg 2004.

Irmtraut Sahmland, Beginn landesherrlicher Fürsorge. In: Deutsches Ärzteblatt 2005; 102: A 960 – 965 (Heft 14).

Norbert Stieniczka (Hg.), »Mit dem Glauben Staat machen«. Beiträge zum Evangelischen Philipps-Jahr 2004 (Quellen und Studien zur Hessischen Kirchengeschichte, Bd. 12), Darmstadt, Kassel 2005.

Christina Vanja, Leben und Arbeiten im Hospital Haina um 1750. In: Johann Heinrich Wilhelm Tischbein (1751 – 1829). Das Werk des Goethe-Malers zwischen Kunst, Wissenschaft und Alltagskultur, hrsg. von Arnd Friedrich, Fritz Heinrich und Christiane Holm, Petersberg 2001, S. 33 – 45.

Heinz Vonhoff, Geschichte der Barmherzigkeit. 5000 Jahre Nächstenliebe, Stuttgart 1987.

Carlos Watzka, Vom Hospital zum Krankenhaus. Zum Umgang mit psychisch und somatisch Kranken im frühneuzeitlichen Europa (Menschen und Kulturen, Bd. 1), Köln, Weimar, Wien 2005.

Marie-Luise Windemuth, Das Hospital als Träger der Armenfürsorge im Mittelalter (Sudhoffs Archiv, Beihefte, 36), Stuttgart 1995.

Abbildungen

Abb. 1: Matthäus Merian, 1646

Abb. 2: Klosterkirche Haina

Abb. 3: LWV-Archiv Haina

Abb. 4: LWV-Archiv Haina, Best. 13

Abb. 5: Zentrum für Soziale Psychiatrie Haina

Abb. 6: Psychiatriehistorisches Museum Haina

Abb. 7: Psychiatriehistorisches Museum Haina

Abb. 8: Kloster Haina

Abb. 9: Psychiatriehistorisches Museum Haina

Abb. 10: LWV-Archiv Haina

Abb. 11: Psychiatriehistorisches Museum Haina,
Dauerleihgabe der Apothekerin
Frau Grote

Abbildung 12:
Marburger Universitätsmuseum.

Aufnahmen der Abbildungen:
2, 3, 5, 6, 7, 8, 9, 11, 12: Foto Marburg

Im Zeichen von Philanthropie und Naturwissenschaften

Der Dienst am Kranken im 19. und frühen 20. Jahrhundert

Christina Vanja

Abb. 1: Wien, Ansicht des allgemeinen Krankenhaus, gezeichnet und gestochen von Joseph und Peter Schaffer, um 1785, koloriert

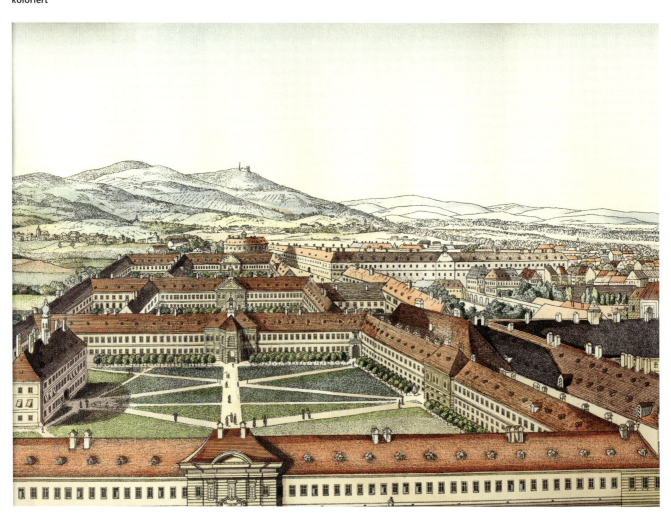

Das neue Krankenhaus um 1800

Die Vorgeschichte des modernen Krankenhauses reicht bis in die Zeit des Mittelalters zurück. Als frühe therapeutische Einrichtungen können zum Beispiel Antoniterspitäler (Hilfe für an einer Mutterkornvergiftung Erkrankte durch gute Ernährung) und Blatterhäuser (Behandlung von Syphiliskranken mit Sud aus Guajakholz und Salben mit Quecksilber) verstanden werden. Erste Orte der Akutbehandlung unterschiedlicher Leiden im Sinne von Allgemeinkrankenhäusern stellten im 16. und 17. Jahrhundert unter anderem die Hospitäler der Barmherzigen Brüder, ebenso aber auch Bürgerspitäler dar. Erst im 18. Jahrhundert allerdings wurden Krankenhäuser auch konzeptionell als neue therapeutische Einrichtungen von den herkömmlichen multifunktionalen Spitälern abgegrenzt. Der Heiloptimismus, der schließlich auch den Bau von Krankenhäusern beflügelte, stand insbesondere im Zeichen der Aufklärung. »Vernünftiges Mitleiden« und »Menschenliebe« (Philanthropie) verlangten es im Rahmen einer »aufgeklärten« Bevölkerungspolitik fortan, den Ursachen von Krankheiten auf den Grund zu gehen, den Körper auch in seinem Innern systematisch zu erforschen, die Verwendung von Therapeutika wissenschaftlich zu begründen sowie mit Heilmitteln an Tieren, am Patienten oder im Selbstversuch zu experimentieren. Die herkömmlich in Hospitälern tätigen Bader, Barbiere oder Handwerkschirurgen mit ihrem Erfahrungswissen wurden entsprechend bald von studierten Ärzten abgelöst. Diese zumeist an mehreren einschlägigen Fakultäten Europas ausgebildeten Mediziner wurden letztendlich auch zu Leitern der Spitäler. Sie standen als solche nicht nur allen Beschäftigten, auch dem Ökonomen, vor und beaufsichtigten den laufenden Betrieb, sondern machten auch Vorgaben zur Krankenhausarchitektur. Im Sinne der neu belebten Diätetik benötigten Kranke für ihre Genesung vor allem helle und gut zu belüftende Krankenräume. Entsprechend rückten Krankenhausneubauten schon im 18. Jahrhundert an die Peripherie der Städte und waren von schönen Gärten und einer ansprechenden Landschaft umgeben. Die Ärzte waren überdies Ausbilder von Medizinstudenten und jungen Medizinern, die nun aus der Praxis am Krankenbett (Bedside-teaching) – und nicht allein aus Büchern – ihr Fach erlernen sollten. Die Universität Leiden unter Herman Boerhaave (1668–1738) ging mit diesem neuen Typus einer Klinik um 1700 voraus. In Sektionsräumen des Krankenhauses oder einem eigenen »Theatrum anatomicum« der Universität folgten schließlich Studien an den Körpern verstorbener Krankenhauspatienten oder anderer für die Anatomie freigegebener Leichname. Beobachtungen des Krankheitsverlaufs mit differenzierten Methoden der Diagnostik verbunden mit Erkenntnissen aus der pathologischen Anatomie begründeten detailliertere Krankheitsklassifikationen und neue Therapien. Vorbildlich war in dieser Hinsicht unter anderem die Wiener Schule unter Gerhard van Swieten (1700–1772) in den 40er Jahren des 18. Jahrhunderts. Das Erscheinen neuer wissenschaftlicher Zeitschriften intensivierte zugleich den Wissenschaftsaustausch im gesamteuropäischen und amerikanischen Bereich. Überdies holten sich Krankenhausärzte immer wieder Anregungen auf wissenschaftlichen Reisen, die sie zu den in ihrer Zeit berühmten Spitälern und als Koryphäen geltenden Medizinern führten.

In deutschsprachigen Territorien nahmen seit dem 18. Jahrhundert landesherrliche Krankenhausgründungen eine herausragende Stellung ein. Sie waren Teil eines repräsentativen und aufgeklärten Wohlfahrtsprogramms (»medicinische Policey«), das neben den verwundeten oder im Militärdienst erkrankten Soldaten (Invalidenspitäler) vor allem der armen Bevölkerung galt. Zu den berühmtesten Staatsanstalten um 1800 zählte das von Kaiser Joseph II. gestiftete und 1784 eröffnete »Allgemeine Krankenhaus« in Wien, ein Großkrankenhaus mit 111 Krankenzimmern und rund 2.000 Betten. Die Anlage umschloss auch ein Gebärhaus sowie den so genannten Narrenturm als Einrichtung für 200 bis 250 Geisteskranke.

Nur ein Jahr später eröffnete in Wien die »Mediochirurgische Militair-Academie«, das »Josephinum«, mit 1.200 Betten für kranke Militärangehörige ihre Pforten. Neben weiteren europäischen Großkrankenhäusern in Paris, London oder Dublin entstammt auch das heutige Klinikum der Berliner Humboldt-Universität dem 18. Jahrhundert. Das Krankenhaus mit integriertem Operationssaal, eigenen Bereichen für Chirurgie und innere Medizin, Infektionsabteilung, geburtshilflicher Station, Militärlazarett und eigener Apotheke erhielt bei seiner Gründung durch den preußischen König Friedrich Wilhelm I. im Jahre 1727 nicht zufällig den Namen »Charité«. Dieser Name, welcher sprachlich auf das absolutistische Frankreich mit seinen großen Wohlfahrtseinrichtungen verwies, betonte erneut einen Krankendienst in der Tradition christlicher »Barmherzigkeit«. Die neuen Heilstätten verstanden sich nämlich weder als »Gesundheitsfabriken« im heutigen technischen Sinne, noch waren sie Wirtschaftsunternehmen für eine zahlende Klientel. Noch bis in die Anfangsjahre des 20. Jahrhunderts hinein blieben diese Krankenhäuser vielmehr wie die älteren Hospitäler Armeneinrichtungen; auch wenn alle Krankenhäuser einzelne Zimmer für Selbstzahler besaßen, stellten die gesellschaftlichen Unterschichten doch das Gros der hilfsbedürftigen Kranken, während die Krankenbehandlung zugleich überwiegend in Privatwohnungen stattfand. Diese Armen sollten jedoch im Unterschied zu den Hospitaliten und Hospitalitinnen der Hessischen Hohen Hospitälern grundsätzlich nur aufgenommen werden, wenn ihre Gebrechen den Medizinern als heilbar erschienen. Krüppeln und Schwachsinnigen, Blinden und »Taubstummen«, für die als Behinderte Spezialanstalten geschaffen wurden, wurde folglich der Zugang zu diesen neuen Einrichtungen zumeist verwehrt. Einlass fand dagegen die Klientel, die bislang kaum eine Chance auf institutionelle Versorgung hatte, die so genannten »labouring poor«. Bei diesen zumeist noch jüngeren Werktätigen handelte es sich vor allem um Knechte und Mägde, Tagelöhner, Manufaktur- beziehungsweise Fabrikarbeiter sowie gering entlohnte Dienstleute. Sie wurden nicht selten von ihren Herrschaften beziehungsweise Arbeitgebern in das Krankenhaus geschickt, um dort ihre Arbeitsfähigkeit wiederzuerlangen. Bei den attestierten Krankheiten handelte es sich, wie für das Würzburger Juliusspital nachgewiesen werden konnte, vielfach um Fieber, Mangelerscheinungen oder Verletzungen. Zur Finanzierung der Krankenhausbehandlungen trugen schon um 1800 eigene Krankenversorgungskassen bei. Zu einer generellen Krankenversicherung für Arbeiter sollte es in Deutschland jedoch erst im Rahmen der Bismarckschen Sozialgesetzgebung 1883 kommen.

Der Krankenhausbetrieb unterschied sich zunächst nicht grundsätzlich von dem in den älteren Hospitälern: Strenge Hausordnungen sorgten auch hier für Disziplin; noch begrenzt arbeitsfähige Patienten wurden auch im Krankenhausbetrieb zu Hilfstätigkeiten angehalten. Neu war in aufgeklärten Krankenanstalten die Aufnahme von Patienten unterschiedlicher Konfessionen, wobei die Bedeutung der Seelsorge allerdings allgemein abnahm. Dagegen dominierten nun medizinische Grundsätze: Vor allem wurde jetzt die Ordnung der Krankenräume nach Diagnosen vorgenommen. In den einzelnen Räumen wiederum wurde jedem Patienten ein Bett zugewiesen. Sein Name und seine Krankheit waren auf einer am Bett angebrachten Holztafel für den behandelnden Arzt sofort erkennbar.

Das Spektrum der Behandlungsmöglichkeiten war in den neuen Krankenhäusern zu Beginn des 19. Jahrhunderts allerdings noch begrenzt. Den Leitlinien der traditionellen Diätetik folgte die allgemeine Versorgung der Kranken mit Nahrung und Kleidung. Große Fenster und helle Räume versprachen ein gesundes Klima. Wasserleitungen und Klosetts sollten ein Minimum an Hygiene ga-

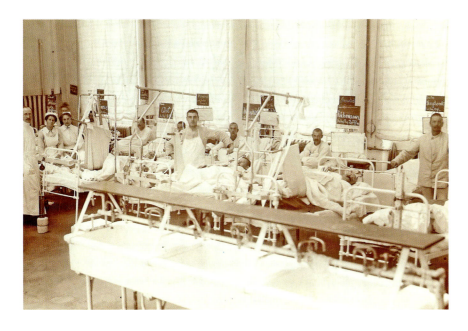

Abb. 2: Ein in der Marburger Anatomie untergebrachter Lazarettraum im Ersten Weltkrieg, mit durch Tafeln gekennzeichneten Krankenbetten,
Fotografie 1915, Emil-von-Behring-Bibliothek für Ethik und Geschichte der Medizin, Marburg

rantieren. Einzelbetten sorgten für Bettruhe und eine Begrenzung der Ansteckungsgefahr. Zur Behandlung von inneren Krankheiten stand weiterhin das herkömmliche Repertoire an Purgationsmitteln (Abführen, Erbrechen, Aderlass, Blutegel, Schröpfen etc.) zur Verfügung, die mancherorts in extenso eingesetzt wurden. Erst nach und nach kamen neue, spezifische Heilmittel hinzu. Chirurgische Eingriffe wurden nach wie vor ohne Betäubung und mit großem Blutverlust vorgenommen. »Brandige«, das heißt infizierte Gliedmaßen amputierte man. Konnte den Kranken in einer in Wochen bemessenen Zeitspanne nicht geholfen werden, so blieb nur die Entlassung als »Ungebesserte« oder eine Überführung in herkömmliche karitative Einrichtungen.

Die ersten therapeutischen Einrichtungen waren Allgemeinkrankenhäuser, die entsprechend zumeist den Namen »Allgemeines Krankenhaus« oder »Landkrankenhaus« erhielten. Sie befanden sich – zumindest im deutschsprachigen Raum – zumeist in staatlicher, provinzialer oder städtischer, seltener in privater Trägerschaft. Mit der Herausbildung medizinischer Fachdisziplinen an der Universität im frühen 19. Jahrhundert – auch die Chirurgie wurde nun akademisch gelehrt – begann sich auch das Krankenhauswesen zu spezialisieren.

Eine frühe Sonderentwicklung betraf die Psychiatrie. Gemütskranke wurden herkömmlich allgemeinmedizinisch behandelt. Die besondere Zuwendung der Aufklärer zum Thema »Wahnsinn« führte jedoch bereits im 18. Jahrhundert zur Forderung nach eigenen Heilanstalten für Geisteskranke. Mit großer Hoffnung auf eine Rückführung dieser aus Sicht der Zeitgenossen besonders bemitleidenswerten »vernunftlosen« Menschen zu einem tätigen bürgerlichen Leben entstanden erste »psychische Kuranstalten«. Als frühes Beispiel gilt die im Jahre 1805 unter der Leitung von Johann Gottfried Langermann (1763–1832) eröffnete »Psychische Heilanstalt« in Bayreuth. Die ersten Mediziner, die sich als Irrenärzte engagierten, plädierten dabei für abgelegene ländliche »Asyle«, wo sich die Seelenkranken in der Natur von den schädlichen Einflüssen der Stadt regenerieren konnten. Licht, Luft und Bewegung, gute Ernährung, leichte Arbeit und ein genau geregelter Alltag unter Leitung des Arztes als einer Vaterfigur bestimmten den Lebensalltag. Zur medizinischen Behandlung gehörten weiterhin Purgationen, aber auch verschiedene Formen der Hydrotherapie sowie die Fixierung in unterschiedlichen Apparaturen (Zwangsstuhl, Drehrad, Schaukel), die medizinisch begründet und ihrer englischen Herkunft entsprechend als »tranquilizer« bezeichnet wurden. Anregungen zu einer genaueren Diagnostik psychischer Erkrankungen kamen vor allem aus Frankreich, wo Dr. Philippe Pinel (1745 – 1826) in den 90er Jahren des 18. Jahrhunderts dem Fach Psychiatrie entscheidende medizinische Impulse gab.

Der Typus der ländlich gelegenen Heilstätte war im 19. Jahrhundert allerdings keineswegs auf die Psychiatrie beschränkt. Vor allem in privater Trägerschaft entstanden auch Kuranstalten zum Beispiel für Rheumatiker, Magenkranke und Nervöse, die durch gesunde Ernährung, Bewegung, Sonnenbäder, Liegekuren und Wasseranwendungen geheilt werden sollten. An ihnen orientierten sich wiederum in der zweiten Hälfte des 19. Jahrhunderts die Konzepte der Lungenheilstätten, die in rascher Folge für vermögende Kranke im Hochgebirge und für ärmere Patienten in den deutschen Mittelgebirgen eröffnet wurden. Aber auch ältere Badekurorte erfuhren nun eine Renaissance.

Geburtshilfe wurde traditionell von Hebammen geleistet. Ein eigenes von Medizinern geleitetes Fach Gynäkologie entstand ebenfalls am Ende der Frühen Neuzeit. Als erste eigenständige Gebäranstalt in den deutschen Territorien gilt das im Jahre 1751 in Göttingen eröffnete Accouchierhaus, das im Jahre 1791 einen repräsentativen Neubau beziehen konnte. Die Gebärhäuser waren ebenso Wohlfahrtseinrichtungen für arme unverheiratete Mütter, die hier den zu dieser Zeit noch üblichen Unzuchtsstrafen entgingen, wie Unterrichts- und Forschungsstätten, wo Hebammen und Medizinstudenten praktisch ausgebildet und gynäkologische Erkenntnisse gewonnen wurden.

Ein weiteres neues medizinisches Spezialfach beschäftigte sich mit der Kinderheilkunde. Nach dem Vorbild eines frühen Kinderkrankenhauses »Hôpital des Enfants Malades« mit 300 Betten in Paris (1801) konnte in Deutschland im Jahre 1830 das erste Kinderkrankenhaus mit Poliklinik an der Berliner Charité eröffnet werden.

Menschen mit Augenkrankheiten wurden herkömmlich von Okulisten (zumeist reisende Augenspezialisten mit chirurgischer Ausbildung) ambulant behandelt. Ein erstes Institut für arme Augenkranke entstand 1802 in Erfurt, eine frühe Universitätsaugenklinik 1828 in Berlin. Weitere Augenkliniken wurden vor allem in der zweiten Jahrhunderthälfte eröffnet, nachdem sich durch die Erfindung des Augenspiegels im Jahre 1850 auch die Untersuchungsmethoden deutlich verbessert hatten.

Der Begriff »Orthopädie« geht auf die Bemühungen des Pariser Arztes Nicholas Andry (1658–1742) zurück, Deformitäten des kindlichen Körpers zu verhüten und Form- und Funktionsfehler des menschlichen Bewegungsapparates zu korrigieren. Eine erste orthopädische Heilanstalt eröffnete der schweizerische Landarzt Jean André Venel (1740–1791) in Orbe (Kanton Waadt). Er arbeitete mit Bandagen, Schienen und verschiedenen Apparaturen. Die erste deutsche orthopädische Heilanstalt gründete Johann Georg Heine (1770 – 1838), »Demonstrator der orthopädischen Maschinenlehre« und Assessor der Medizinischen Fakultät in Würzburg, im Jahre 1824. Die so genannte Krüppelfürsorge (Gründung einer Deutschen Vereinigung im Jahre 1909) kümmerte sich seit der Wende zum 20. Jahrhundert erstmals systematisch um Kinder und junge Menschen. Nicht zuletzt die Notwendigkeit, eine große Zahl im Krieg verkrüppelter Soldaten zu behandeln, förderte seit Beginn des 20. Jahrhunderts die Eigenständigkeit des Faches Orthopädie. Erst relativ spät separierte sich nun die Orthopädie als akademisches Fach von der Chirurgie, die herkömmlich Fehlstellungen der Gliedmaßen operativ behandelte.

Meilensteine der Medizin:
Kliniken als Forschungs- und Therapiezentren

Der Wandel von Armenkrankenhäusern zu anerkannten Stätten der Therapie mit allgemeiner Akzeptanz auch in der vermögenderen Bürgerschaft geht auf beachtenswerte Fortschritte der Medizin im 19. und frühen 20. Jahrhundert zurück. Der Umschwung stand nicht zuletzt in einem engen Zusammenhang mit dem grundlegenden Paradigmenwechsel medizinischen Denkens. In Deutschland war es vor allem das von dem Berliner pathologischen Anatomen Rudolf Virchow (1821–1902) formulierte neue organische Körperverständnis, das den endgültigen Wechsel von der traditionellen Humoralpathologie zur Zellularpathologie begründete, ein Konzept, das bis heute im Grundsatz Gültigkeit besitzt. Als entscheidendes Werk gilt Virchows Publikation »Die Cellularpathologie in ihrer Begründung auf physiologische und pathologische Gewebelehre« aus dem Jahre 1858.

Abb. 3: Hölzernes Stethoskop und Thermometer in hölzernem Etui, Marburger Universtätsmuseum, Foto Marburg

Die neue Krankheitslehre führte alle Krankheitszustände des Organismus auf krankhafte Veränderungen der Körperzellen zurück. Jede physiologische Störung besitzt demnach einen lokal definierten Anfang, einen anatomisch bestimmbaren Sitz und kann, im optimalen Fall, entsprechend gezielt therapiert werden. Auf der Basis dieses erstmals pointiert formulierten naturwissenschaftlichen Verständnisses biologischer Vorgänge entwickelte sich im Weiteren der medizinische Fächerkanon, nämlich mit Bezug auf die einzelnen menschlichen Organe, während die Therapie nun sehr viel stringenter auf die in den einzelnen Zellbereichen vermuteten Krankheitsursachen ausgerichtet werden konnte. In den folgenden Jahrzehnten nahmen einzelne medizinische Fächer folglich einen rasanten Aufschwung. »Dienst am Kranken« bedeutete für diese neue Medizin entsprechend ihrer naturwissenschaftlichen Ausrichtung vor allem gezielte wissenschaftliche Ursachenforschung für alle Krankheitsbilder und Arbeit an effektiveren Therapien. Unter anderem führten verbesserte physikalische und chemische Untersuchungsmethoden (insbesondere die Auskultation mit dem Stethoskop seit 1828, die Thermometrie durch Einsatz von Fiebermessern seit etwa 1851 sowie genaue Laboranalysen) zur genauen Beobachtung des Krankheitsverlaufs. Die Physiologie als Lehre von den Körpervorgängen gewann insbesondere durch den Berliner Anatomen und Physiologen Johannes Müller (1801–1858) durch detaillierte Nosographie und den Einsatz qualitativer Experimentaltätigkeit eine herausragende Bedeutung. Schließlich begann bereits zu Beginn des 19. Jahrhunderts mit der Entdeckung des Morphiums durch Friedrich Wilhelm Sertürner (1783–1841) im Jahre 1804 das Zeitalter der pharmazeutischen Forschung. In rascher Folge kam es nun zur Entwicklung wichtiger neuer Arzneien, die bald in prosperierenden pharmazeutischen Fabriken anstelle der alten Apothekenlaboratorien (Firma Merck in Darmstadt seit 1827, Firma Bayer in Wuppertal seit 1887) massenhaft produziert wurden. Bahnbrechend wurde um 1900 die Entwicklung und Verbreitung neuer Impfstoffe und der Beginn der Chemotherapie. Seit 1910 war das von Paul Ehrlich (1854–1915) in einer langen chemischen Versuchsreihe als Nr. 606 entwickelte arsenhaltige Präparat »Salvarsan« zur Behandlung der verbreiteten, bislang unheilbaren Syphilis im Handel; zwanzig Jahre später entdeckte der schottische Arzt Alexander Fleming (1881–1955) mit dem »Penicillium notatum« ein bakterienvernichtendes Mittel, das jedoch erst nach dem Zweiten Weltkrieg das Zeitalter der Antibiotika einleiten sollte.

Unterstützt wurde die Medizin durch die Hygiene. Im Verlauf des 19. Jahrhunderts löste die Kontagienlehre endgültig die Miasmentheorie (Ansteckung durch »verpestete« Luft) ab. Den Hintergrund bildeten vor allem die Choleraepidemien, die noch im Jahre 1892 in Hamburg mehr als 8.000 Opfer forderten. Vorbild der deutschen Hygienebewegung war die englische »Sanitary Movement«. Bereits 1865 erhielt Max v. Pettenkofer (1818–1901) den ersten Lehrstuhl für Hygiene in München. Ein durchschlagender Erfolg war jedoch erst der Bakteriologie als Wissenschaft von den kleinsten einzelligen Mikroorganismen beschieden: Der französische Mediziner Louis Pasteur (1822–1885) konnte nachweisen, dass Erreger durch Erzeugen einer bestimmten Temperatur abgetötet (pasteurisiert) wurden. Robert Koch (1843–1910) gelang seinerseits in den Jahren 1873–1883 der Nachweis von Bakterien als Krankheitserregern. Deren Reinzüchtung hatte eine Impfung zum Ziel, im Sinne der Vakzination, die Edward Jenner (1749–1823) bereits im Jahre 1796 erfolgreich gegen die Pockenkrankheit eingesetzt hatte. Im Jahre 1882 entdeckte Koch insbesondere das »Mycobacterium tuberculosis« als Ursache der verbreiteten Lungenleiden, ein Jahr später das »Vibrio comma sive cholerae«, den Choleraerreger. Im Jahre 1885 folgte die Entdeckung des Wundstarrkrampferregers (Clostridium tetani) durch J. Fr. Rosenbach (1842–1923). Besonders hilfreich für diese Forschungen waren die technische Erweiterung der Mikroskopie sowie spezielle Färbetechniken.

Die serumtherapeutische Ära ist vor allem durch den Koch-Schüler Emil von Behring (1854–1917) und den Japaner Shibasaburo Kitasato (1852–1931) vertreten und verbesserte neben der Therapie die Prophylaxe. Behrings Grundidee für eine Blutserumtherapie fußte auf der Annahme, es müsse gelin-

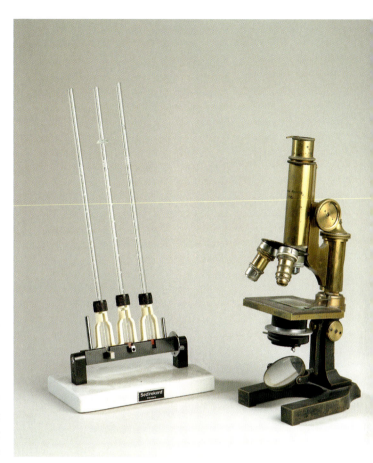

Abb. 4: Mikroskop von Leitz und Blutsenkungs-Messapparat, Privatbesitz Aumüller, Foto Marburg

gen, die Erreger von Infektionskrankheiten mit Gegengiften (Antitoxinen) zu bekämpfen, die vom Körper selbst im Rahmen der Abwehrreaktion produziert (»innere Desinfektion«) würden. Behrings Suche nach einem Diphterieserum war in den 1890er Jahren erfolgreich. Zahlreiche Kinder konnten mit dem entwickelten Heilserum erfolgreich behandelt und »gerettet« werden. Für seine Entdeckung erhielt von Behring im Jahre 1901 den ersten Medizinnobelpreis.

Die Chirurgie, welche sich im 19. Jahrhundert zu einem der herausragenden medizinischen Fächer weiterentwickelte, profitierte in vielfacher Hinsicht von der physiologischen, pathologischen, anatomischen und hygienischen Grundlagenforschung. Zu den wichtigsten praktisch einsetzbaren Entdeckungen der Medizin gehörte jedoch für dieses Fach die Anästhesie. Am Anfang rascher Verbesserungen stand die Betäubung mit Hilfe von Lachgas, erstmals durch den amerikanischen Zahnarzt Horace Wells (1815–1848) im Jahre 1844 vorgeführt; die Äther-Inhalationsnarkose durch William Morton (1819–1868) und John Warren (1778–1856) erfolgte bereits im Jahre 1846. Schließlich etablierte sich in der Chirurgie die Chloroformnarkose, die zunächst (erste Chloroformnarkose 1847 in Edinburgh) in der Gynäkologie durch James Young Simpson (1811–1870) Verwendung gefunden hatte. Durch die Anästhesie wurde es Mitte des 19. Jahrhunderts erstmals möglich, Menschen schmerzfrei und ohne den bisher die Eingriffe bestimmenden enormen Zeitdruck zu operieren. Diese Rahmenbedingung eröffnete Wege zu neuen und umfassenderen Operationen, zum Beispiel im Bereich des Unterleibs. So führte der in Wien tätige Chirurg Theodor Billroth (1829–1894) im Jahre 1881 die erste Magenresektion durch. Die Thoraxchirurgie mit ersten Eingriffen im Bereich der Lunge setzte kurz nach der Wende zum 20. Jahrhundert ein. Für viele chirurgische, aber auch für andere Behandlungen wurde nicht zuletzt die Entdeckung der »X-Strahlen« durch Wilhelm Conrad Röntgen (1845–1923) und damit der Blick auf das Skelett des lebenden Menschen im Jahre 1895 bedeutsam.

Ein zweites großes Problem des Krankenhauses neben den Schmerzen bei Operationen bestand insbesondere in Chirurgie und Geburtshilfe weit bis in das 19. Jahrhundert hinein in der Infektionsgefahr während der Patientenbehandlung. Als erster Mediziner hatte der Wiener Gynäkologe Ignaz Semmelweis (1818–1865) am Wiener Allgemeinen Krankenhaus einen Zusammenhang zwischen der Leichensektion durch Ärzte und der enorm hohen Mütter- und Kindersterblichkeit durch das so genannte Kindbettfieber bei der sich häufig im medizinischen Alltag direkt anschließenden Geburtshilfe festgestellt. Seine im Jahre 1847 erstmals erhobene Forderung, Ärzte sollten sich beim Eintritt in die gynäkologische Abteilung ihre Hände in einer Chlorkalklösung desinfizieren, wurde aber zunächst als lächerlich abgewiesen. Der schnelle Fortschritt bakteriologischer Forschung bestätigte jedoch einige Jahre später die vermutete Übertragung von Erregern von den sezierten Leichen auf die Gebärenden. Es begann das Zeitalter von Antisepsis und Asepsis (Sepsis = Fäulnis). Die Antisepsis als bedingte Vernichtung oder Hemmung der Wundinfektionserreger durch Desinfektionsmittel wurde in der Chirurgie insbesondere durch den schottischen Operateur Josef Lister (1827–1912) verbessert. Er entdeckte in den 60er Jahren des 19. Jahrhunderts die keimtötende Wirkung der Karbolsäure, die er auf den Wundbereich sprühte. Die Desinfektionsmittel Phenol- beziehungsweise Karbolsäure und ein von Ernst von Bergmann (1836–1907) in Berlin entwickeltes Sublimat wurden nun vielerorts erfolgreich bei Operationen eingesetzt. Das Einatmen der Dämpfe blieb jedoch nicht ohne gesundheitsschädliche Folgen. Bald schon erfolgte auch die Sterilisation der Operationsinstrumente durch strömenden heißen Wasserdampf.

Die Apparate wurden nach dem Berliner Mediziner Curt Schimmelbusch (1860–1895) »Schimmelbusch-Trommeln« genannt.

Abb. 5: Sterilisator, Technologie Transfer Marburg, Foto Marburg

Erst später kamen das Tragen von Gummihandschuhen und Desinfektion des Operationsfeldes durch Aufstreichen von Jodtinktur hinzu. Eine wirkliche Asepsis wurde durch die Schaffung neuer, gänzlich keimfrei gehaltener Operationsräume erreicht. Parallel achtete man fortan im ganzen Krankenhaus auf die Desinfektion der Krankenräume, reinliche Bettwäsche und Patientenkleidung sowie die bis heute charakteristischen weißen Arztkittel.

Das Ergebnis dieser und weiterer Fortschritte der Medizin waren um 1900 nicht allein ein deutlich höherer Behandlungserfolg, sondern auch die zunehmende Akzeptanz des Krankenhauses. Erst jetzt wurde diese Institution Teil der allgemeinen medizinischen Versorgung auch für das Bürgertum. Repräsentative und funktionale Krankenhausneubauten mit einem breiten Spektrum an Spezialkliniken, die dem neuen medizinischen Fächerkanon entsprachen, zeugten schließlich am Beginn des 20. Jahrhunderts unübersehbar vom Siegeszug der naturwissenschaftlichen Medizin. 1876 befanden sich im gesamten Reichsgebiet rund 3.000 Krankenanstalten mit etwa 141.000 Betten, 1900 zählte man bereits 6.300 Krankenhäuser mit 370.000 Betten. Die Zahl der Krankenhausärzte stieg von 334 im Jahre 1876 auf annähernd 2.000 an der Wende zum 20. Jahrhundert. Damit erhöhte sich zugleich ihr Anteil an der Zahl aller Ärzte von 2,8 auf 9 Prozent.

Abb. 6: Operation um 1900,
Emil-von-Behring-Bibliothek für Ethik
und Geschichte der Medizin, Marburg.

Geradezu als Heroen wurden um 1900 vor allem operierende Ärzte in ihren Hörsälen auch bildlich dargestellt. Umgeben von einer sie bewundernden Zuhörerschar und mit Blick auf den leidenden Patienten, dem mit neuester Technik geholfen wurde, schien sich gerade im modernen Krankenhaus eine zeitgemäße Caritas zu versinnbildlichen. Es waren nun gut ausgebildeten und spezialisierte Mediziner, die, befördert durch die Erfolge der Naturwissenschaften, als »Retter der leidenden Menschheit« erschienen.

Konfessionelle Krankenhäuser und die Herausbildung der modernen Krankenpflege

Die Traditionen christlicher Pflegeorden reichen bis in das Hohe Mittelalter zurück. Zur Versorgung erkrankter oder verwundeter Ritter und Pilger auf dem Weg nach Jerusalem entstanden seit der Mitte des 11. Jahrhunderts zahlreiche Spitäler an den entsprechenden Stationen der Kreuzfahrt. Ein erstes Spital stifteten Kaufleute, soweit bekannt, im Jahre 1050 in Amalfi. Bald übernahmen Ritterorden, darunter insbesondere die Deutschordensritter und die Johanniter (seit 1539 auch Malteser genannt), die Versorgung der Krankenstationen. Ihr Krankendienst war in den Ordensstatuten festgelegt. Nach Beendigung der Kreuzzüge fanden diese Gründungen eine Nachfolge in zahlreichen europäischen Spitälern. Mit der im Jahre 1204 erfolgten Stiftung des »Ospedale Santo Spirito« in Rom durch Papst Innozenz III. entstand der Heilig-Geist-Orden mit zahlreichen Dependancen vor allem in Italien, Frankreich und Süddeutschland. Weitere seit dem Mittelalter sich ausbildende Pflegegemeinschaften waren unter anderem Alexianer und Antoniter sowie Cellitinnen und die Elisabethanerinnen als religiöse Frauengemeinschaften, welche sich Kranker, Behinderter, Geisteskranker und Sterbender annahmen. Der katholische Orden der Barmherzigen Brüder gründete bedeutende Hospitäler in Wien (1614), Graz (1615) sowie in Münster in Westfalen (1733). Einen weiteren Schritt machte der französische Geistliche Vinzenz von Paul (1581 – 1660), der um 1634 die Genossenschaft der »Filles de la Charité« in Paris ins Leben rief. Unter dem Namen Barmherzige Schwestern gewannen sie aufgrund ihrer kenntnisreichen Armen- und Krankenpflege schnell Anerkennung und Wohlwollen des französischen Königshauses, das zu ihrer Verbreitung beitrug. In Deutschland entstanden im 19. Jahrhundert der evangelische Johanniterverband und der katholische Malteserorden. Beide Organisationen unterhalten bis heute zahlreiche Einrichtungen im Gesundheitswesen, darunter Krankenhäuser, Altenheime und Unfalldienste. 1808 gründete Freiherr Clemens August Droste zu Vischering (1774–1845) im westfälischen Münster die erste deutsche Genossenschaft für die katholische Krankenpflege durch Frauen, die »Barmherzigen Schwestern«, auch »Clemensschwestern« genannt. Noch um 1900 spielten diese karitativ tätigen Frauen eine herausragende Rolle. In ihrer Tradition stehen heute die soziale engagierten »Vinzentinerinnen«.

Auf den diakonischen Auftrag im Neuen Testament und die karitative Tradition insbesondere der Barmherzigen Schwestern bezog sich in den 1830er Jahren der Kaiserswerther Pfarrer Theodor Fliedner (1800 – 1864), als er neben anderen sozialen Einrichtungen (Gefängnisfürsorge, Kindergärten) auch ein Krankenhaus und später eine »Heilanstalt für gemütskranke Frauen« ins Leben rief. Fliedner stützte sein »Werk der Nächstenliebe« für arme Hilfsbedürftige insbesondere auf das christliche Engagement von Frauen, deren (patriotische) Tatkraft unter anderem in der nationalen Bewegung der napoleonischen Zeit deutlich geworden war. Nun sollten die unverheirateten Frauen, die Fliedner für sein Projekt gewann, ihr Engagement gleichsam als Dienst an Jesus in den Rahmen einer missionarischen evangelischen »Liebestätigkeit« stellen. Der »Verein für Bildung und Beschäftigung evangelischer Diakonissen« gab im Jahre 1836 dem Unternehmen einen Rahmen. An der Aufbauarbeit wirkte insbesondere auch Fliedners erste Ehefrau Friederike (1800–1842) mit. Die zumeist aus bürgerlichen, vielfach gebildeten Elternhäusern stammenden Diakonissen begaben sich in einen streng geregelten Lebens- und Arbeitszusammenhang unter Leitung des Vorstehers. Fliedner wählte für sie eine Tracht nach bürgerlichem Vorbild (Kleider aus blauem Stoff mit weißen Punkten und eine weiße Haube) und machte Vorgaben für ihr Gemeinschaftsleben mit regelmäßigen Gottesdiensten. Nach mittelalterlich-frühneuzeitlichem Vorbild waren auch die evangelischen Diakonissen seelsorgerisch tätig, indem sie mit den Kranken über die Fragen einer christlichen Lebensweise sprachen, mit ihnen beteten und ihnen aus religiösen Schriften vorlasen. Im Unterschied zu der Kongregation der Barmherzigen Schwestern legte Fliedner jedoch zugleich einen besonderen Wert auf die »leibliche« Krankenpflege. So wurden die Diakonissen von einem Arzt wöchentlich

Abb. 7: Hintere Ansicht der Diakonissen-Anstalt zu Kaiserswerth, kolorierter Stich, um 1840, Fliedner-Archiv, Kaiserswerth.

Abb. 8: Großes Militärlazarett in Scutari (Türkei), Lithographie von Thomas Packer, 24. Februar 1855, Florence Nightingale Museum, London.

immerhin eine Stunde medizinisch unterwiesen, eine Maßnahme, die angesichts des Fehlens einer Krankenpflegeausbildung in dieser Zeit fortschrittlich war. Bald erweiterte sich dieser Unterricht zu einer systematischen Pflegeausbildung. Kaiserswerth wurde bald zum Mutterhaus mit zahlreichen Filiationen. Es entstanden weitere selbstständige Mutterhäuser in Deutschland und im Jahre 1849 bereits eine erste Niederlassung in den USA. 1861 zählte man schon 28 Mutterhäuser und ca. 1.200 Diakonissen. Von annähernd 13.000 Diakonissen waren im Jahre 1900 bereits mehr als 4.000 in der Krankenpflege tätig.

Bereits in den 40er Jahren des 19. Jahrhunderts war die Kaiserswerther Anstalt so berühmt, dass unter anderem eine Engländerin sie besuchte, um hier zu lernen. Diese Tochter aus gutem Haus, Florence Nightingale (1820–1910), sollte wenige Jahre später zur Symbolfigur der neuen weiblichen Krankenpflege werden. Nachdem Nightingale im Jahre 1854 während des Krimkrieges in der Türkei erstmalig eine Lazarettkrankenpflege mit 38 weiteren Schwestern systematisch organisiert hatte, förderte sie in England die Einführung einer eigenen Krankenpflegeausbildung am Londoner St. Thomas-Hospital. Die Schwesternschule konnte im Jahre 1860 eröffnet werden. Ein Jahr zuvor erschienen Nightingales berühmte »Notes on nursing«, die Standards für die Zukunft setzten.

Der Dienst evangelischer und katholischer Schwestern im Rahmen der allgemeinen medizinischen Versorgung stellte jedoch nur einen Teil der neuen konfessionellen Caritas dar. Trotz des seit dem 18. Jahrhundert vorherrschenden Heiloptimismus zeigten sich nämlich sehr bald die Grenzen der Medikalisierung. Auch weiterhin wurden Kinder mit »unheilbaren« Behinderungen geboren und keineswegs in jedem Fall konnte die Chronifizierung von Krankheiten verhindert werden. Die Sorge für hilflose Menschen blieb daher auch im 19. und 20. Jahrhundert ein zentrales gesellschaftliches Thema. Während sich für Pflegebedürftige aus vermögenden Familien schon bald zahlreiche Privatanstalten herausbildeten, nahmen sich konfessionelle Träger und öffentliche Einrichtungen behinderter Menschen aus armen Familien an. Am bekanntesten wurde Bethel bei Bielefeld als »Stadt der Barmherzigkeit«. Die Einrichtung, die zur Pflege von Epileptikern im Jahre 1867 gegründet worden war, erlebte seit 1872 unter der Leitung von Friedrich v. Bodelschwingh (1831–1910) eine enorme Expansion und war bald der größte Komplex von Anstalten und Wohlfahrtseinrichtungen Europas. Ähnlich wie Kaiserswerth stützte sich auch Bethel in hohem Maße auf »die Kraft der Frauen und die Macht der Religion« (Hans-Walter Schmuhl). Charakteristischerweise erhielten auch alle Einzeleinrichtungen biblische Namen wie Nazareth, Ebenezer, Sarepta, und den Anstaltsalltag bestimmte, wie beim älteren christlichen Hospital, der Wechsel von Gebet und Arbeit. Anders als in Kaiserswerth führte in Bethel jedoch dieses ausgeprägt theologische Krankheitskonzept offensichtlich zunächst zur Vernachlässigung klinischer Standards. Erst aufgrund öffentlicher Kritik erhielten hier Mediziner einen größeren Einfluss. Gemeinsam war beiden evangelischen »Großkonzernen« jedoch das mit dem Krankendienst verbundene missionarische Engagement im eigenen Land (»Innere Mission«) ebenso wie in den damaligen Kolonien.

Über diese evangelischen und katholischen Bemühungen hinaus kam es im Laufe des 19. Jahrhunderts überdies zur Stiftung von Behinderteneinrichtungen durch philanthropische Bürger und Bürgerinnen, darunter auch zahlreiche Juden.

Vom Hospital der heiligen Elisabeth zur Krankenversorgung in Marburg am Beginn des 20. Jahrhunderts

Das erste Krankenhaus der Landgrafschaft Hessen wurde im Jahre 1785 in der Residenz- und Hauptstadt Kassel mit 400 Plätzen und für die damalige Zeit beeindruckenden technischen Einrichtungen eröffnet. Nach dem großen Berliner Vorbild wurde auch diese Einrichtung vor den Toren der Stadt »Charité« genannt. Rund zwanzig Jahre zuvor war ebenfalls in Kassel eine der frühen Gebärkliniken in Verbindung mit einem Findelhaus neben dem älteren reformierten Waisenhaus eröffnet worden. Die Leitung dieses »Accouchierhauses«, das der Landgraf bezeichnenderweise als »Xenodochium Obstestricium« (geburtshilfliche Fremdenherberge) verstand, leitete der seinerzeit bekannte und einflussreiche Medizinprofessor Georg Wilhelm Stein d. Ä. (1737–1803). Nicht weit davon entfernt stand ein »Theatrum Anatomicum«, wo Prof. Samuel Thomas Soemmerring (1755–1830) das Fach Anatomie vertrat und neben der Vorführung von Leichensektionen auch die von ihm selbst konservierten oder erworbenen Präparate zeigte. Alle diese Einrichtungen verdankten ihre Entstehung dem aufgeklärten Landgrafen Friedrich II., der in Kassel das »Collegium Carolinum« als Hochschule zwischen Gymnasium und Universität durch die Berufung herausragender Professoren förderte. Nach seinem Tod im Jahre 1785 hob sein sparsamer Sohn und Nachfolger Landgraf Wilhelm IX. (ab 1803 Kurfürst Wilhelm I.), der die Begeisterung seines Vaters für die Aufklärung nicht teilte, die eingetretene Doppelung akademischer Angebote in seinem Territorium wieder auf und versetzte die Kasseler Professoren, sofern sie die Landgrafschaft nicht verließen, an die Universität Marburg. Das Theatrum Anatomicum, ein Fachwerkbau, wurde komplett abgeschlagen und in der Marburger Ketzerbach als Einrichtung der Universität wieder aufgebaut. Die Nachfolgeeinrichtung des im Jahre 1787 aufgelösten Kasseler Gebärhauses konnte, erneut unter der Leitung Prof. Steins, im Jahre 1792 zunächst in einem Gebäude am Grün wiedereröffnet werden.

Im Jahre 1837 zog die Einrichtung in das Komtureigebäude an der Elisabethkirche um, bis 1868 ein Neubau am Pilgrimstein bezogen werden konnte. Nur die »Charité« verblieb in Kassel als Landkrankenhaus, zog am Ende des 19. Jahrhunderts als Provinzialkrankenhaus in Neubauten auf dem Möncheberg (Neubau 1895) um und ging im Jahre 1937 schließlich in die Trägerschaft der Stadt Kassel (Städtische Kliniken) über.

Die Universitätsstadt Marburg war am Ende des 18. Jahrhunderts medizinisch hinter den Entwicklungen der Zeit zurückgeblieben und besaß kein modernes Krankenhaus. Dies sollte sich zu Beginn des 19. Jahrhunderts jedoch ändern. Das Hospital St. Elisabeth des Deutschen Ordens stellte bis dahin eine traditionelle Versorgungseinrichtung dar und beherbergte zuletzt rund 20 Pfründner.

Durch die Auflösung des Deutschen Ordens unter napoleonischer Herrschaft wurde auch das alte Hospital säkularisiert. Im Jahre 1811 übergab die Regierung des Königreichs Westfalen (1807–1813) das Gebäude der Universität Marburg, die zwei Jahre später ihr erstes akademisches Krankenhaus eröffnete und fortan für den klinischen Unterricht in den Fächern Chirurgie und (innere) Medizin nutzte. Vier medizinische Kranke und ein chirurgischer Patient konnten im Haus untergebracht werden. Bis dahin musste der praktische Teil der Medizinerausbildung, das »Clinicum«, in den Häusern der Patienten oder in der Privatwohnung des Professors, wo er auch behandelte, stattfinden. Allerdings lehrten in Marburg bereits um die Jahrhundertwende namhafte Professoren wie Christian Friedrich Michaelis (1754–1814), durch dessen Wirken es schon im Jahre 1804 zur Trennung von Chirurgie und innerer Medizin gekommen war. Auch eine eigene Instrumentensammlung, die vom Universitätsmechanikus verwaltet und in Ordnung gehalten wurde, war angelegt.

Dieses »Klinische Hospital«, wie das ehemalige Elisabeth-Hospital bald genannt wurde, musste jedoch bereits wenige Jahre später das Gebäude mit einem nicht-universi-

Abb. 9: Gebärhaus am Grün 3, Marburg, Foto Marburg

Abb. 10: Der Hohen Teutschen Ritter Ordens St. Elisabethen Hospitals-Rechnung 1777 mit Inventar,
Hessisches Staatsarchiv Marburg

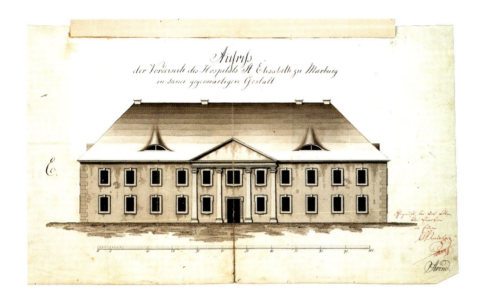

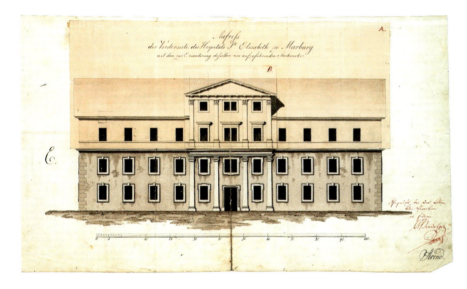

Abb. 11: Aufriss der Vorderseite des Hospitals St. Elisabeth zu Marburg und Aufriss der Vorderseite des Hospitals »mit dem zur Erweiterung desselben aufgeführten Stockwerke«, 2 Bauzeichnungen 1823, Hessisches Staatsarchiv Marburg

tären Krankenhaus teilen. Seit 1823 nämlich war auch das »Landkrankenhaus für die Provinz Oberhessen« im Elisabeth-Hospital untergebracht. Das Gebäude wurde zu diesem Zwecke um ein weiteres Stockwerk vergrößert, die Bettenzahl des Krankenhauses erhöhte sich auf insgesamt 20 Plätze.

Ein drastisches Zeichen des Wandels vom christlichen Hospital zur medizinischen Institution bildete die Nutzung der ehemaligen Elisabethkapelle im Untergeschoss als Operationsraum und später zugleich als Ort der pathologischen Anatomie. Während in der Rotunde operiert oder seziert wurde, konnte das Auditorium der medizinischen beziehungsweise chirurgischen Vorlesungen im übrigen Kapellenraum jeweils auf vier Bänken Platz nehmen. Ein Pult und ein Tisch standen zusätzlich in diesem Raum.

Abb. 12: Rest eines gemalten Glasfensters »in der ehemaligen Capelle im Hospital St. Elisabeth zu Marburg«, Zeichnung, Hessisches Staatsarchiv Marburg

Außerdem gab es im Haus, dies ist einem Gutachten aus dem Jahre 1847 zu entnehmen, zwei »Irren-Zimmer« zur kurzfristigen Behandlung Geisteskranker. Hinzu kamen im unteren Bereich die Wohnung des Aufsehers, Küche, Waschküche und Speisekammer. Aufseher war zu dieser Zeit der Bader Christian Söchting aus Ziegenhain, als »Factotum« zugleich chirurgischer Gehilfe, der auch selber zur Ader ließ, Schröpfköpfe und Klistiere setzte, das Register führte und überdies drei Mägde als Reinigungskräfte und Aufwärterinnen beaufsichtigte. Ein Krankenwärter kümmerte sich unter anderem um die regelmäßige Leerung der frei stehenden Nachtstühle und nahm an den chirurgischen Visiten teil. Köchin war die Frau des Aufsehers. Die Chirurgische Abteilung im zweiten Stockwerk verfügte nun bereits über 24 Betten in fünf Zimmern. Hinzu kamen die Wohnung des Krankenwärters, ein Bandagen- sowie ein Operationszimmer und ein Aktenraum. Im dritten Stockwerk waren die »Medicinisch-klinische« Abteilung mit insgesamt 46 Betten in acht Zimmern sowie das Sektionszimmer untergebracht. Nur während ihres Todeskampfes wurden die Patienten notdürftig mit Wandschirmen separiert. Insgesamt wurden 50 bis 60 Kranke von sechs Angestellten, zwei Medizinprofessoren und zwei Hilfsärzten mit Wohnung im Dachgeschoss betreut. An medizinischen Geräten waren in diesem Jahr offensicht-

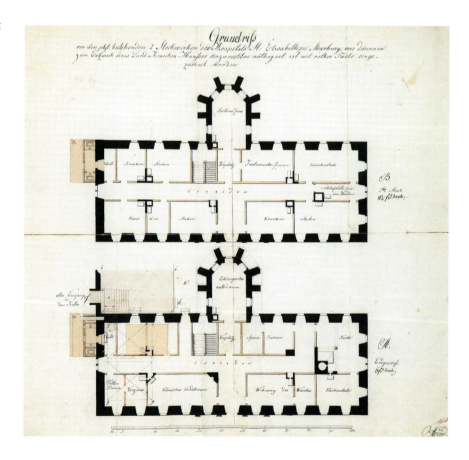

Abb. 13: »Grundriss von den jetzt bestehenden 2 Stockwerken des Hospitals St. Elisabeth zu Marburg, was darinnen zum Endzweck eines LandKrankenhauses einzurichten nöthig ist, ist mit rother Farbe eingezeichnet worden«, Hessisches Staatsarchiv Marburg

lich nur zwei Thermometer und »Trümmer eines gewöhnlichen anatomischen Bestecks« vorhanden.

Diese Ausstattung des Marburger Hospitals entsprach damit in der Mitte des 19. Jahrhunderts nicht den Standards der Zeit. Weder war eine wirkliche Binnendifferenzierung der Kranken nach Diagnose möglich (nur Krätze- und Geschlechtskranke konnten separiert werden), noch entsprachen die hygienischen Bedingungen der im Krankenhaus geforderten Reinlichkeit. Die Bettwäsche wurde nur alle vier Wochen gewechselt, Belüftung und Beleuchtung (»Nürnberger Nachtlichter« mit Sparöl und Wasser) waren mangelhaft. Immerhin dürfte die Verpflegung im Wert von fünf Silbergroschen zur Kräftigung der Patienten beigetragen haben: Zum Frühstück wurden Kaffee, Milch und Brot, mittags Suppe, Gemüse, Brot und immerhin ein halbes Pfund Ochsenfleisch, nachmittags Butterbrot und abends Suppe und Butterbrot gereicht. Gelegentlich kamen kräftige Bouillon, Pflaumenbrühe oder gekochtes Obst hinzu.

Ständig wiederholter medizinischer Kritik an der Unterbringung Kranker im alten Elisabeth-Hospital war schließlich Erfolg beschieden: In den Jahren 1854 bis 1858 wurde unmittelbar südlich eine eigene Chirurgische Klinik gebaut.

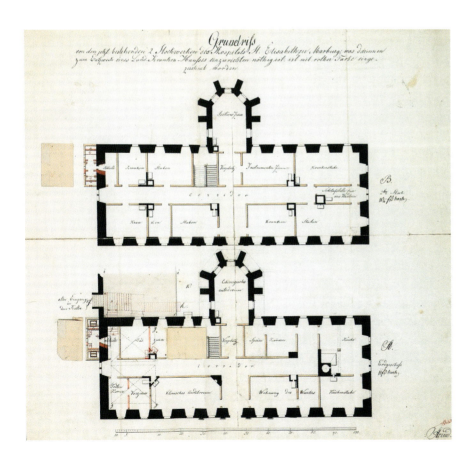

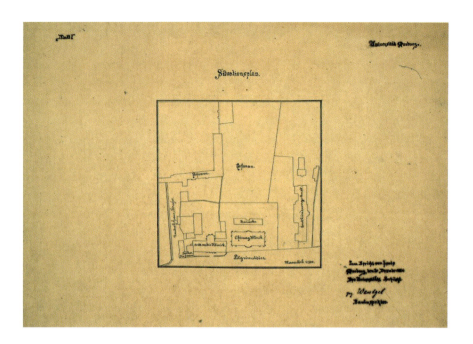

Abb. 14: Situationsplan Alte medizinische Klinik, Chirurgische Klinik und Entbindungsanstalt am Pilgrimstein, 1866, Hessisches Staatsarchiv Marburg

Im Zuge dieser Veränderung wurde die ehemalige Kapelle des Elisabeth-Hospitals vom Operationsraum zum Sektionszimmer für den Pathologen umgerüstet. Dieses waren jedoch immer noch Notlösungen. Erst nach dem Übergang des Kurfürstentums Hessen an das Königreich Preußen im Jahre 1866 setzte ein grundlegender Wandel ein: Am Ende des 19. Jahrhunderts entstand in mehreren Schritten das moderne Klinikviertel auf dem »Saurasen« am westlichen Lahnufer mit einer großen Medizinischen Klinik und einer neuen Chirurgie. Damit war jedoch auch das Schicksal des alten Elisabeth-Hospitals besiegelt. Trotz des Vetos des Marburger Bezirkskonservators Ludwig Bickell, der das traditionsreiche Hospitalgebäude bewahren wollte, wurde das Haus in den Jahren 1887/88 abgerissen. Nur die Rotunde der ehemaligen Kapelle, die nachmals als Operations- und Sektionsraum genutzt wurde, erinnert bis heute an das Hospital. Etwa an der Stelle des ehemaligen Hospitalverwaltergebäudes wurde das Physiologische Institut der Universität errichtet. In die neu gebaute Chirurgie zog später das Hygieneinstitut ein.

Die kurfürstliche Regierung in Kassel stand der Marburger Medizinischen Fakultät zumeist mit wenig Verständnis und Wohlwollen gegenüber und hielt vor allem das Finanzbudget so knapp, dass Marburg kaum mit anderen Städten konkurrieren konnte. Dennoch erwarb sich dieses erste akademische Klinikum in Marburg einen guten Ruf. Neben dem Internisten Carl Friedrich Heusinger (1792–1883), der zugleich Anatom und Physiologe war und insbesondere den Ausbau der Marburger Kliniken förderte, war es insbesondere der Chirurg Prof. Dr. Wilhelm Roser (1817–1888), der als Mediziner und Operateur eine überragende Bedeutung besaß. Roser wurde im Jahre

1850 aus Tübingen, wo er als Oberamtswundarzt tätig war, gerade 33-jährig nach Marburg berufen.

Roser hatte in Würzburg, Halle, Wien und Paris studiert und sich in Tübingen habilitiert er war ein begeisterter Anhänger der neuen, naturwissenschaftlich orientierten Medizin und Mitbegründer der fortschrittlichen Zeitschrift »Archiv für physiologische Heilkunde«. Als er nach Marburg kam, hatte er bereits drei Handbücher zu Chirurgie und Anatomie herausgebracht. Sein »Lehrbuch für allgemeine Chirurgie« erlebte immerhin acht Auflagen. In Marburg setzte sich Roser nicht zuletzt für neue Methoden im medizinischen Unterricht ein und vermittelte den Studenten seine Themen durch praktisch-klinischen Unterricht am Krankenbett beziehungsweise durch Vorführungen. Wissenschaftlich beschäftigte sich Roser besonders mit dem Sepsis-Problem, das seinerzeit unter dem Sammelnamen »Pyämie« bekannt war. Auch die Chloroform-Narkose fand zu Rosers Amtszeiten Einzug in die Marburger Chirurgie. Roser gelang es schließlich auch, beim zuständigen Minister die Genehmigung für einen chirurgischen Neubau einzuholen. Er hoffte, durch Einrichtung kleinerer Krankenzimmer auch der »Luftinfektion« Grenzen zu setzen.

Die Kosten des im Jahre 1858 eingeweihten Neubaus musste die Universität aber letztendlich selbst tragen, da es die Regierung versäumt hatte, das notwendige Einverständnis der Ständeversammlung zur Finanzierung einzuholen. Erfolg hatte Roser auch mit seiner Forderung nach einem eigenen Lehrstuhl für Augenheilkunde. Die erste (außerordentliche) Professor erhielt im Jahre 1871 der Mediziner Hermann Schmidt-Rimpler (1838–1915).

So aufgeschlossen Wilhelm Roser für die medizinischen Entwicklungen seiner Zeit auch war, er selbst wandte die Antisepsis nicht konsequent an. Im Frühjahr 1884 zog sich Roser durch die Verletzung der linken Hand beim Operieren eine schwere Entzündung zu, die zu einer Teilversteifung der Hand führte. Im Jahre 1886 legte der preußische Unterrichtsminister dem 69-Jährigen den Rücktritt nahe. Roser operierte fortan nicht mehr, hielt jedoch weiterhin Kolleg. Er verstarb 1888 an einer Hirnblutung. Bereits aus Anlass seines 70. Geburtstages wurde nach ihm eine Marburger Straße benannt.

Abb. 15: Chirurgisches Operationsbesteck, Mitte 19. Jahrhundert, Emil-von-Behring-Bibliothek für Ethik und Geschichte der Medizin, Marburg

Weitere karitative Einrichtungen in Marburg

Bereits auf das Mittelalter zurück geht das »Spital zu Wiedenhusen«, das vermutlich als Pilgerherberge entstand. Gefördert durch eine Bürgerstiftung konnte im 16. Jahrhundert das noch heute als soziale Einrichtung genutzte St. Jakobs-Spital gebaut werden.

Hier wirkten seit 1888 Diakonissen aus dem Kasseler Mutterhaus. Das Spital St. Jakob diente traditionell der Armen- und Altenpflege, während zwei durch eine gemeinsame Verwaltung mit der Einrichtung verbundene Siechenhäuser außerhalb der Stadtgrenzen vermutlich als Leproserien entstanden. Die obere Sieche beherbergte seit der Frühen Neuzeit arme kranke Männer, die untere Sieche mit der noch erhaltenen St. Jost-Kapelle (das »Jostchen«) hilfsbedürftige Frauen.

Beide historischen Siechenhäuser wurden nach dem Zweiten Weltkrieg durch die Stadt Marburg abgerissen. Nachfolgeeinrichtungen wurden von 1965 bis 1990 ein Altenheim »Alter Kirchhainer Weg«, seit 1975 das Altenzentrum »Am Richtsberg« und seit 1995 das Altenhilfezentrum »Auf der Weide«. Der Name des alten Hospitals in Weidenhausen ist in den Namen »Marburger Altenhilfe St. Jakob gemeinnützige GmbH« eingegangen.

Für die psychiatrische Versorgung waren, sieht man von den wenigen Irrenzellen in den kurhessischen Landkrankenhäusern Kassel, Marburg und Fulda einmal ab, auch im 19. Jahrhundert vor allem die Landeshospitäler Haina und Merxhausen zuständig. Da diese Einrichtungen den neuen therapeutischen Zielsetzungen nicht mehr gerecht wurden und weithin als reine Pflegeanstalten für Geisteskranke galten, setzte bereits in der ersten Hälfte des Jahrhunderts eine breit geführte Diskussion um die Eröffnung einer neuen Heilanstalt ein. Immer wieder wurde unter anderem Marburg als Standort der neuen Klinik ins Gespräch gebracht, jedoch blieben letztendlich alle Vorstöße bei der Regierung ohne Erfolg. Erst die preußische Annexion brachte Bewegung in die Planungen. Unter Einbeziehung psychiatrischer Experten (Prof. Ludwig Meyer aus dem ebenfalls preußischen Göttingen) wurde in den 1870er Jahren das Konzept für die erste deutsche Heilanstalt im Pavillonstil mit Standort an der südlichen Peripherie Marburgs entworfen. Das Ergebnis war ein in einem Parkgelände untergebrachtes Gebäudeensemble, wo Patienten und Patientinnen durch eine Mittelachse getrennt entsprechend dem Krankheitsbild in einzelnen Häusern mit eigenen Gärten versorgt werden konnten.

Im vorderen Bereich befanden sich überdies aufwändiger gestaltete Häuser für zahlende Insassen. Mit dem zentral gelegenen Direktionshaus direkt verbunden war schließlich eine Klinik für den akademischen Unterricht. Eigentümer der

Abb. 16: Hospital St. Jakob um 1900, Marburg, Foto Marburg

Abb. 17: Alte Sieche für Frauen, abgerissen 1969, Foto Marburg

im Jahre 1876 eröffneten Einrichtung mit 260 Betten war der preußische Bezirkskommunalverband Kassel als überörtlicher Fürsorgeträger, schon bei der Planung wurde jedoch eine enge Kooperation mit der Universität Marburg vereinbart. Die ersten Direktoren der Landesheil- und Pflegeanstalt (Prof. Heinrich Cramer, Prof. Franz Tuczek, Prof. Maximilian Jahrmärker) waren entsprechend zugleich Professoren für Psychiatrie, hielten Fachvorlesungen und ermöglichten den Marburger Medizinstudenten, die mit Kutschen in Richtung Cappel fuhren, den praktischen Unterricht am Krankenbett. Die Landesheilanstalt diente bis 1920 als psychiatrische Klinik der Universität. Schon vor Ausbruch des Ersten Weltkrieges endete diese enge Zusammenarbeit jedoch, die Universität plante eine eigene »Psychiatrische und Nervenklinik« im Osten Marburgs am Ortenberg. Zum ersten Leiter wurde Prof. Robert Wollenberg (1862–1942) ernannt.

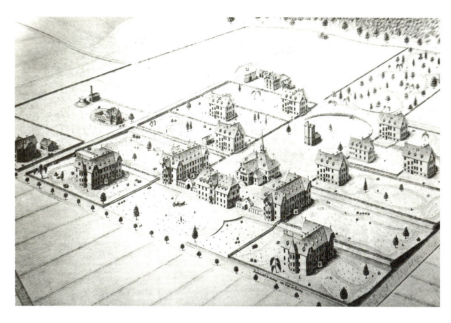

Abb. 18: Irrenheilanstalt Marburg aus der Vogelperspektive, nach einer 1873/74 durch Baumeister Wilhelm Brüning erstellten Planzeichnung, Hessisches Staatsarchiv Marburg

Die Universitätsnervenklinik wurde nach dem Zweiten Weltkrieg in einem Neubau untergebracht, während die denkmalgeschützte Pavillonanlage der Landesheilanstalt an der Cappeler Straße inzwischen einem modernen Zentrum für Soziale Psychiatrie des Landeswohlfahrtsverbandes Hessen Raum bietet.

Eine herausragende Bedeutung erlangte in Marburg die 1917 eröffnete Blindenstudienanstalt für blinde junge Menschen. Sie umfasste bald Hochschulabteilung, Realgymnasium, Berufsfachschulen und Kurse zur Wiedereingliederung spät Erblindeter. Die Studienanstalt geht auf den ebenfalls in Marburg gegründeten »Verein der blinden Geistesarbeiter Deutschlands e.V.« zurück, dessen Mitglieder sowohl Kriegsblinde als auch blinde Zivilpersonen sind. Carl Strehl, der bei einem Unfall selbst erblindete, leitete lange Jahre den Unterrichtsbetrieb. Erster ärztliche Direktor war der Ophthalmologe Alfred Bielschowsky (1871–1940).

Der Marburger St. Elisabeth-Verein wurde im Jahre 1879 gegründet. Bereits vorher bestand ein im Jahre 1855 ins Leben gerufener »Verein für freiwillige Armenpflege«, der seine Aufgabe darin sah, die Vertei-

Abb. 19: Marburg Nervenklinik, Fassade, Aufnahme vor 1920, Foto Marburg

Abb. 20: Statuten des Elisabeth-Vereins, 1879

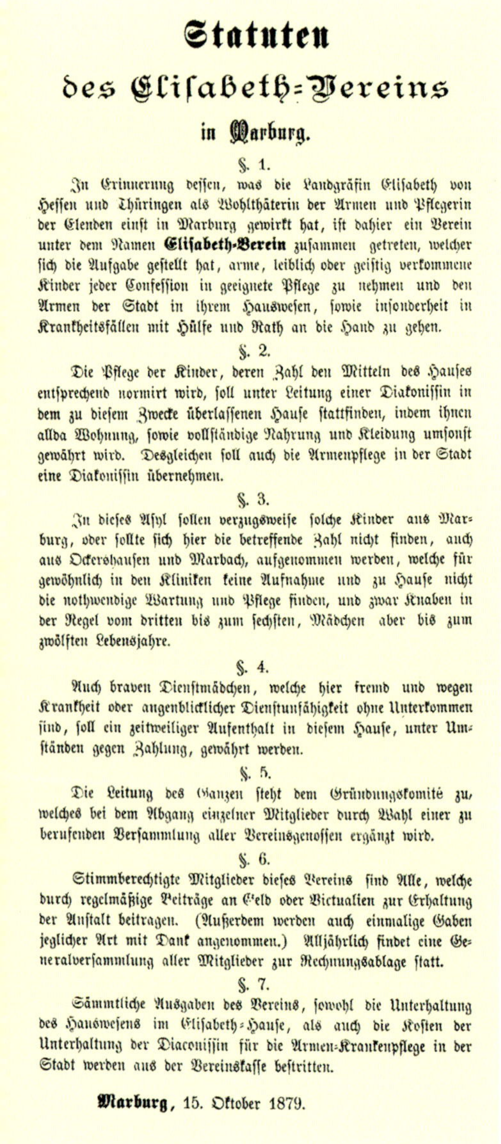

Statuten
des Elisabeth-Vereins
in Marburg.

§. 1.

In Erinnerung dessen, was die Landgräfin Elisabeth von Hessen und Thüringen als Wohlthäterin der Armen und Pflegerin der Elenden einst in Marburg gewirkt hat, ist dahier ein Verein unter dem Namen **Elisabeth-Verein** zusammen getreten, welcher sich die Aufgabe gestellt hat, arme, leiblich oder geistig verkommene Kinder jeder Confession in geeignete Pflege zu nehmen und den Armen der Stadt in ihrem Hauswesen, sowie insonderheit in Krankheitsfällen mit Hülfe und Rath an die Hand zu gehen.

§. 2.

Die Pflege der Kinder, deren Zahl den Mitteln des Hauses entsprechend normirt wird, soll unter Leitung einer Diakonissin in dem zu diesem Zwecke überlassenen Hause stattfinden, indem ihnen allda Wohnung, sowie vollständige Nahrung und Kleidung umsonst gewährt wird. Desgleichen soll auch die Armenpflege in der Stadt eine Diakonissin übernehmen.

§. 3.

In dieses Asyl sollen verzugsweise solche Kinder aus Marburg, oder sollte sich hier die betreffende Zahl nicht finden, auch aus Ockershausen und Marbach, aufgenommen werden, welche für gewöhnlich in den Kliniken keine Aufnahme und zu Hause nicht die nothwendige Wartung und Pflege finden, und zwar Knaben in der Regel vom dritten bis zum sechsten, Mädchen aber bis zum zwölften Lebensjahre.

§. 4.

Auch braven Dienstmädchen, welche hier fremd und wegen Krankheit oder augenblicklicher Dienstunfähigkeit ohne Unterkommen sind, soll ein zeitweiliger Aufenthalt in diesem Hause, unter Umständen gegen Zahlung, gewährt werden.

§. 5.

Die Leitung des Ganzen steht dem Gründungskomité zu, welches bei dem Abgang einzelner Mitglieder durch Wahl einer zu berufenden Versammlung aller Vereinsgenossen ergänzt wird.

§. 6.

Stimmberechtigte Mitglieder dieses Vereins sind Alle, welche durch regelmäßige Beiträge an Geld oder Victualien zur Erhaltung der Anstalt beitragen. (Außerdem werden auch einmalige Gaben jeglicher Art mit Dank angenommen.) Alljährlich findet eine Generalversammlung aller Mitglieder zur Rechnungsablage statt.

§. 7.

Sämmtliche Ausgaben des Vereins, sowohl die Unterhaltung des Hauswesens im Elisabeth-Hause, als auch die Kosten der Unterhaltung der Diaconissin für die Armen-Krankenpflege in der Stadt werden aus der Vereinskasse bestritten.

Marburg, 15. Oktober 1879.

lung von Almosen an Bedürftige zu bündeln. 1870 konstituierte sich außerdem ein Vaterländischer Frauenverein, um in Kriegszeiten die im Felde verwundeten Krieger zu versorgen. Bei den Gründerinnen und Gründern des St. Elisabeth-Vereins handelte es sich dabei um angesehene Marburgerinnen, die Frau eines Bauinspektors, zwei Ehefrauen von Professoren sowie vor allem um die Industriellentochter Julie Spannagel (1848–1905). Thema ihres ersten Treffens waren »Beihilfe und [...] Beirat im Hauswesen der Armen«. Schon wenig später konnte durch Spenden aus der Bevölkerung Margareta Eckhardt aus dem Diakonissenhaus in Treysa als erste Gemeindeschwester eingestellt werden. Konkretere Formen nahm die Arbeit an, als auch Pfarrer Wilhelm Kolbe (1826–1888) und der Pathologe Prof. Dr. Friedrich Wilhelm Beneke (1824–1882) zur Mitarbeit gewonnen werden konnten. Sie erarbeiteten im Oktober 1879 ein Programm, in welchem die wesentlichen Ziele des St. Elisabeth-Vereins definiert wurden.

Dabei handelte es sich vor allem um die Gemeindepflege, vornehmlich an sozial Schwachen, sowie die Fürsorge für »verwahrloste« Kinder, für die es keine staatliche oder kommunale Hilfe gab, und die Betreuung junger Mädchen in Marburger Haushalten oder auf Stellensuche. Zur Wahrnehmung dieser Aufgaben diente zunächst das ehemalige Wohnhaus der Familie Cuno am Steinweg 10, das am 19. November 1879, dem Elisabethtag, unter dem Namen St.-Elisabethhaus eröffnet wurde. In diesem Haus wurden auch ein Kinderheim und die Gemeindepflegestation, genannt »Marthaherberge«, für die Mägde sowie ein Raum des »Flick- und Nähvereins für arme Leute« (arme Frauen konnten hier unter Anleitung alte Kleidungsstücke ausbessern) untergebracht. Im ersten Jahr nahm man insgesamt 15 Kinder (für uneheliche Kinder war allerdings nach wie vor die Entbindungs- und Hebammenlehranstalt zuständig) im Elisabethhaus auf.

Prof. Beneke resümierte auf der Generalversammlung des Vereins im Jahre 1880: »Die medizinische Betreuung und die Versorgung mit Nahrung und Kleidung, die der Verein den Kindern gewährte, war [...] für zeitgenössische Verhältnisse sehr gut.« Viele Kinder, die in ihrer Entwicklung als stark zurückgeblieben beschrieben wurden, litten in dieser Zeit offensichtlich an Krankheiten durch mangelnde Hygiene und Ernährung. Eine kräftigende Diät, tägliche Waschungen, frische Luft, Lebertran und wenige Arzneimittel nebst altem Wein (!), so Beneke, genügten in der Regel, um die Kinder aus ihrem kranken Zustand »herauszuarbeiten«. Speziell für Mütter mit unehelichen Kindern wurde 1888 ein Haus angemietet, 1890 wurde ein neues »Versorgungshaus für erstgefallene Mädchen« eingeweiht. 1904 übernahm das Vandsburger (Vandsburg in Westpreußen) Diakonissen-Mutterhaus die Anstalt und richtete dort eine Filiale ein, die während des Ersten Weltkrieges nach Wehrda umsiedelte. 1912 wurde als geschlossene Fürsorgeerziehungsanstalt für schulentlassene Mädchen das Frauenheim und die Diakonissenstation Erziehungsanstalt Elisabethenhof eröffnet. Nach einem Umzug an den Rothenberg außerhalb des damaligen Stadtgebietes von Marburg wurden dort etwa 100 Zöglinge aufgenommen und durch das Frankfurter Diakonissenhaus betreut. Die andere Aufgabe des Vereins bildete die Gemeindepflege. 1882 konnte hierzu ein neues Elisabethhaus am damaligen Kaffweg (heute Hermann-Jacobsohn-Weg 2) bezogen werden. Pfarrer Kolbe betonte bei der Eröffnung, dass die heilige Elisabeth »in ihren Hospitälern stets eine Abtheilung für die Hilfsbedürftigen unter den Armen und Kranken, nämlich für kranke elende Kinder gehabt und sich derselben mit besonderer Vorliebe angenommen habe«. Über dem Eingang weist noch heute ein Steinrelief auf dieses Traditionsverständnis hin. Es zeigt die Heilige, wie sie ein um Aufnahme flehendes Kind unter ihren Mantel nimmt. Dieses Haus lag außerhalb des eigentlichen Stadtgebietes und entsprach daher ganz den Vorstellungen des inzwischen verstorbenen Prof. Beneke, der 1880 überdies den »Verein für Kinderheilstätten an den deutschen Seeküsten« gegründet hatte. Nachfolger von Prof. Beneke als Hausarzt im Elisabethhaus wurde bis 1890 Dr. Ludwig Justi, später übernahm die Medizinische Poliklinik kostenlos und ehrenamtlich die Versorgung. 1891 wurde der Grundstein für ein weiteres neues Gebäude am Leckergässchen gelegt. Hier entstand ein Kindergarten für den nördlichen Stadtteil, daneben wurde eine Schwesternstation zur gemeinsam mit der Kommune getragenen Gemeindepflege eröffnet.

Die Entstehung des heutigen Diakonissenkrankenhauses in Wehrda geht auf das Jahr 1908 zurück. Auf freiem Gelände zwischen Marburg und Wehrda konnte am 1. November ein Kinderheim durch Vandsburger Diakonissen eröffnet werden. Dieses Heim war mit einem nahegelegenen Wirtschaftshof »Ramoth« verbunden. Der Neubau des Mutterhauses selbst erfolgte seit 1914.

Die Einweihung des »Hauses Hebron« mit Buchhandlung, Schwesternsaal, Schreibstuben, Gästezimmer und Schlafsälen für die Schwestern, Küche etc. fand am 27. August 1916 statt. Schräg gegenüber befand sich das Haus »Pniel« mit einem Nähzimmer, der so genannten »blauen Stube«, in der Schwesternkleider angefertigt wurden. Im Haus »Saron«, dem früheren »Ramoth«, kamen nun junge Mädchen unter, die eine Haushaltungsschule besuchten. Die erste Hausmutter war Schwester Emilie Losereit aus Vandsburg, erster Hausvater wurde Pfarrer Köhler aus Altenburg in Thüringen. Das Haus diente zunächst nicht als Krankenhaus, sondern organisierte die Diakonissenausbildung durch Nutzung von Krankenhäusern, die den diakonischen Ideen aufgeschlossen gegenüberstanden. Hierzu gehörten das Evangelische Krankenhaus Oberhausen, das Krankenhaus zu Hamborn, die Städtischen Krankenanstalten Remscheid, das St.-Markus-Krankenhaus in Frankfurt am Main und ein Privatkrankenhaus im Frankfurter Stadtteil Sachsenhausen, Einrichtungen, die alle über staatlich anerkannte Krankenpflegeschulen verfügten. Zur Diakonissenausbildung in Wehrda gehörte jedoch ebenso die praktische Ausbildung der Schwestern in der Wöchnerinnen- und Säuglingspflege. Im Herbst 1931 wurden schließlich die beiden Frankfurter Krankenanstalten vom Marburger Diakonissenwerk übernommen. Im Jahre 1933 bestanden in Wehrda bereits eine Frauenstation, ein Operations-

Abb. 21: Diakonissenhaus Hebron bei Marburg, Titelseite der Festschrift zum 25-jährigen Bestehen, 1933, Privatbesitz Vanja

Abb. 22: Ein Schwesternschulungskursus im Diakonissenhaus Hebron, Fotografie um 1932, aus der Festschrift des Jahres 1933

saal, eine Entbindungsabteilung, eine chirurgische Frauenstation, eine Station für innere Krankheiten und eine Männerstation.

Ein Adressbuch des Jahres 1926 verdeutlicht die ganze Vielfalt der Armen-, Kranken- und Erziehungsanstalten, die sich in Marburg bis dahin aus dem ursprünglichen Gedanken der Caritas heraus entwickelt hatte.

In Marburg bestanden in diesem Jahr folgende Universitätskliniken:

- Klinik für innere Krankheiten, 126 Betten, Krankenpflegeschule,
- Poliklinik,
- Chirurgie, 200 Betten,
- HNO-Klink im Bau,
- Augenklinik, Untere Rosenstraße 4 (heute Robert Koch-Straße), 65 Betten,
- Hautklinik, 62 Betten,
- Frauenklinik am Pilgrimstein 3, 110 Betten, geplant Erweiterungsbau im Jahr 1927,
- Kinderklinik, Deutschhausstraße 12, 60 Betten, im Bau,
- Psychiatrische und Nervenklinik, Ortenbergstraße 8, 70 Betten,
- Zahnärztliches Institut, Renthof 6 und Ketzerbach,
- Institut für experimentelle Therapie »Emil von Behring«,

Außerdem befanden sich in Marburg zu dieser Zeit:

- Landesheilanstalt für Geisteskranke, 350 Betten,
- Blindenstudienanstalt, Wörthstraße,
- Jägerheim für invalide Jäger und Schützen,
- Alte Privatklinik der Direktoren der Universitäts-Kliniken, Untere Rosenstraße 7, 5 Schwestern Vincentinerinnen,
- Kinder-Bewahranstalt des Elisabethvereins (St. Elisabeth-Verein 1879 gegründet),
- Städtisches Armen- und Pfleghaus, Frankfurter Straße,
- St. Jakobs-Stift, Hospital für 12 Pfründner,
- Hospital zur oberen Sieche, 6 Pfründner,
- Hospital zur unteren Sieche, 6 Pfründner,
- Emmastift, Klinik für Krebskranke,
- Frauenklinik Prof. Dr. Rieländer,
- Kinderheilanstalt »Bethanien« des Hessisches Diakonissenhauses in Kassel,
- Katholisches Kinderheim,
- Mädchenheim Bethesda, Schwanallee,
- Kath. Schwesternhaus, Altersheim mit 30 Betten, 12 Vincentinerinnen.

Ferdinand Sauerbruch und die Marburger Universitätskliniken zu Beginn des 20. Jahrhunderts

Am Haus Biegenstraße 20 erinnert uns eine Tafel an die Jahre eines berühmten Mediziners in Marburg: »1907 – 1910 wohnte hier Ferd. Sauerbruch Mitbegründer der Thorax-Chirurgie«. Marburg war zumindest für eine kurze Zeit Lebens- und Arbeitsstation für den schon wenige Jahre später international berühmten Chirurgen.

Der 1875 in (Wuppertal-)Barmen geborene Mediziner hatte die Universitätsstadt an der Lahn allerdings bereits früher kennen gelernt: Hier nämlich hatte er im Jahre 1895 mit einem Studium der Naturwissenschaften begonnen. Nachdem er das Graecum nachgeholt hatte, wechselte er schon nach einem Jahr zum Studium der Medizin nach Leipzig, Jena und nochmals Leipzig. Im Jahre 1901 legte er das Staatsexamen in Leipzig ab, wo er ein Jahr später auch zum Dr. med. promoviert wurde. Da ihm durch den frühen Tod des Vaters die finanzielle Unterstützung für eine weitere akademische Ausbildung zunächst fehlte, arbeitete Sauerbruch als Arzt an Krankenhäusern in Kassel (Diakonissenkrankenhaus), Erfurt und Berlin-Moabit. 1903 wurde er Volontärarzt an der Chirurgischen Universitätsklinik Breslau bei Johann von Mikulicz-Radecki (1850-1905) und habilitierte sich dort für das Fach Chirurgie mit einer Schrift zum Thema: »Experimentelles zur Chirurgie des Brustteils der Speiseröhre« im Jahre 1905.

Sein Lehrer Geheimrat Professor Mikulicz regte ihn in dieser Zeit zu ersten Versuchen in der Thorax-Chirurgie an: Das Problem bei der Öffnung des Brustraumes für operationelle Eingriffe stellten bis dahin die unterschiedlichen Druckverhältnisse dar. Die Lunge besitzt ihre Spannung aufgrund eines relativ niedrigeren Luftdruckes im Körperinneren und fällt durch das Eindringen von Luft im Pneumothorax (Brusthöhle) in sich zusammen. Sauerbruch experimentierte im Tierversuch mit Unterdruckkammern. Während der Kopf des Tieres aus dem künstlichen Raum herausragte, operierte der Arzt im Unterdruckbereich. Nachdem eine derartige Operation auch am kranken Menschen geglückt war, durfte der gerade 28-jährige Sauerbruch seine pneumatische Operationskammer auf dem 33. Kongress der Deutschen Gesellschaft für Chirurgie in Berlin im Jahre 1904 vorstellen. Der Internist und Lungenchirurg Ludolf Brauer (1865–1951) war zur gleichen Zeit umgekehrt vorgegangen; er versetzte das Luftwegsystem vom Kopf her unter Überdruck und konnte dann den Brustraum unter normalem Atmosphärendruck eröffnen. Dieses Verfahren sollte sich langfristig als praktikabler erweisen und wurde später auch von Sauerbruch, für welchen die Thorax-Chirurgie ein Forschungsschwerpunkt blieb, übernommen. Nach dem Tod seines Breslauer Lehrers wechselte er als Assistenzarzt an die Chirurgische Universitätsklinik in Greifswald zu Paul Leopold Friedrich (1864 – 1916), bei dem er bereits in Leipzig studiert hatte, und wurde zugleich Privatdozent. Bereits in Greifswald begeisterte Sauerbruch die Studenten durch seine

Abb. 23: Ferdinand Sauerbruch, Gemälde von Max Liebermann, 1932 Hamburger Kunsthalle

Lehrveranstaltungen und trat im Greifswalder Medizinischen Verein mehrfach mit Spezialvorlesungen auf. Als Friedrich im Jahre 1907 einen Ruf nach Marburg erhielt, nahm er Sauerbruch als 1. Oberarzt an die Chirurgische Universitätsklinik mit. Überdies wurde Sauerbruch in Marburg zum Leiter der chirurgischen Poliklinik. Im Oktober 1907 erfolgte der Umzug. Sauerbruch wurde sofort auch in Marburg als Privatdozent zugelassen und bereits ein Jahr später am 23. Dezember 1908 zum Prädikatsprofessor ernannt. Da sich die Zusammenarbeit mit dem Klinikchef zunehmend schwierig gestaltete, bedeutete die äußerst ehrenvolle Berufung Sauerbruchs zum Ordinarius und Direktor der Chirurgischen Universitätsklinik Zürich im Jahre 1910 nicht nur einen wichtigen Schritt auf der Karriereleiter, sondern auch die Befreiung aus einem schwierigen Arbeitsverhältnis.

Die Stadt Marburg befand sich um 1900 in einem baulichen Umbruch. Modernität verkörperten nun vor allem die neu erbauten klinischen und naturwissenschaftlichen Institute, die in rascher Folge seit den späten 1860er Jahren entstanden und einen deutlichen Kontrast zur romantischen Altstadt bildeten. Zu Zeiten Sauerbruchs war dieser als Oberarzt in Marburg war dieser große Ausbau der Stadt im Umkreis des alten Elisabeth-Hospitals über den Deutschordenshof bis hin zum Hauptbahnhof (erbaut 1847) noch nicht abgeschlossen.

Der Wandel der Marburger Universität, die in den durch Armut geprägten Jahren des Kurfürstentums kaum auf Interesse und Unterstützung durch die Kasseler Regierung hoffen konnte, begann nach 1866 durch die preußische Annexion. Nun flossen aus Berlin die Geldbeträge, welche die Marburger Universität erneut zu einer konkurrenzfähigen »Stätte der Wissenschaft« machten. Dem Fach Medizin und den mit ihr verbundenen Grundlagenfächern (Physik, Chemie, Pharmazie, Anatomie, Physiologie und Hygiene) galt dabei die ganz besondere Förderung des Kultusministeriums und ihres für die Marburger Universität zuständigen Referenten Prof. Dr. jur. Friedrich Althoff (1839–1908) als »heimlichem Kultusminister« Preußens. In rascher Folge entstanden als moderne Klinikbauten die Frauenklinik mit Hebammenlehranstalt am Pilgrimstein / Botanischen Garten (1868), die Augenklinik Ecke Bahnhofstraße / damalige Untere Rosenstraße, heute Robert-Koch-Straße (1885), die bis dahin im ehemaligen Elisabeth-Hospital untergebrachte Medizinische Klinik auf dem so genannten Saurasen zwischen der heutigen Robert-Koch-Straße und der Lahn (1886), die Chirurgische Klinik, bis dahin am Pilgrimstein in einem Bau aus der Mitte des 19. Jahrhunderts, nun ebenfalls auf dem »Saurasen« im Bereich der Lahninsel (1896). Diese Gebäude erhielten in der Folgezeit noch zahlreiche Erweiterungsbauten. An neuen Instituten entstanden ein Pharmazeutisch-chemisches Institut oberhalb der Ketzerbach (1873), ein Botanisches und Pharmagnostisches Institut im Botanischen Garten (1875), ein Chemisches Institut an der Bahnhofstraße (1881), ein Physiologisches Institut an der Deutschhausstraße / Ecke Pilgrimstein (1888), ein Pathologisch-anatomisches Institut (1889) und eine neue Anatomie (1902), beide an der heutigen Robert-Koch-Straße. Andere Institute wiederum bezogen die freigewordenen Gebäude. So zogen das Hygienische Institut und die Pharmakologie in die alte Chirurgie am Pilgrimstein ein (1896), das Zoologische Institut fand 1903 in der alten Anatomie in der Ketzerbach seinen Platz. Nur die Kinder- und Hals-Nasen-Ohren-Klinik neben der Elisabethkirche sowie die Nervenklinik am Ortenberg sollten erst nach Sauerbruchs Weggang aus Marburg in den 1920er Jahren eröffnet werden.

Die Stadt Marburg, in der um 1910 rund 21.000 Einwohner, ca. 2.000 Studenten und über hundert Professoren und andere Dozenten lebten und arbeiteten, hatte mit diesem Klinikviertel einen ganz neuen Stadtteil erhalten. Natürlich bedurfte diese nun immerhin mittelgroße Universitätsstadt auch neuer Unterkünfte. Es entstand neben dem Südviertel das heutige Biegenviertel mit Deutschhaus- und Biegenstraße auf bisher völlig unbebautem Feld, das von den Marburger Bleichern genutzt worden war. In eines der gerade neu errichteten, 4 bis 5 Stockwerke hohen Häuser zog Ende 1907 oder Anfang 1908 Ferdinand Sauerbruch mit seiner jungen Frau Ada ein, der Tochter des Greifswalder Professors für Pharmakologie Schulz. In seinen Erinnerungen schilderte Sauerbruch diesen ihn beeindruckenden Wohnort: »Es lebte damals ein Herr Weißkopf in Marburg. Als Bauunternehmer. Er war auf die spekulative Idee gekommen, in der Nähe der Universitätskliniken einige neue Mietshäuser zu bauen. Die eine Seite der Biegenstraße bebaute er so und hatte natürlich mit seiner Spekulation Erfolg, denn Professoren und Dozenten beeilten sich, ihm die Wohnungen aus der Hand zu reißen. Ich hatte eine Wohnung in der ersten Etage eines Eckhauses besorgt, und da die gegenüberliegende Seite der Biegenstraße noch unbebaut war, so sahen wir über die Lahn, über Täler hinweg und auf Hügel, schauten auf die Gleise, über die die Züge brausten.«

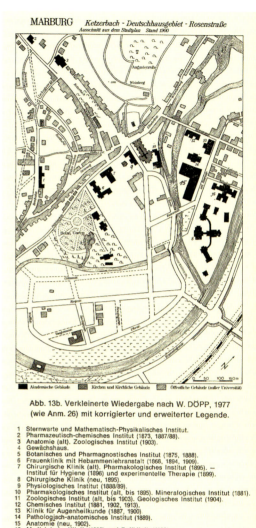

Abb. 24: Marburg Ketzerbach – Deutschhausgebiet – Rosenstraße, Ausschnitt aus dem Stadtplan, Stand 1900

Abb. 25: Marburg, Klinikviertel von Augustenruhe aus, Aufnahme vor 1900 – Foto Marburg

Von seiner modernen Wohnung aus erreichte Sauerbruch alle für ihn wichtigen Universitätsgebäude rasch zu Fuß. Zum neugotischen Zentralgebäude der Universität auf dem Terrain des mittelalterlichen Dominikanerklosters (erbaut 1874–1879) mit der Aula und der sich anschließenden Universitätskirche oberhalb des späteren Rudolphsplatzes musste Sauerbruch nur die Biegenstraße in Richtung Altstadt entlanggehen. Durchquerte er den Botanischen Garten hinter seinem Wohnhaus, kam er am neuen, ebenfalls neugotisch gestalteten Pharmakognostischen Institut, der Frauenklinik und dem Institut für Hygiene vorbei, um das neue Physiologische Institut zu besuchen, wo er zusammen mit dem wenig jüngeren Physiologen Professor Alfred Lohmann (1878–1917) an Forschungen über »Blutleere im Gehirn« arbeitete. Ganz kurz war sein Weg zur Chirurgischen Klinik, sodass er regelmäßig zu Hause zu Mittag essen konnte. Von dort waren die benachbarte Medizinische Klinik und die auf der gegenüberliegenden Straßenseite befindlichen Institute für Anatomie und Pathologische Anatomie, die Augenklinik und schließlich das Chemische Institut an der Bahnhofstraße ebenfalls in wenigen Minuten erreichbar. Diese räumliche Nähe förderte nicht zuletzt den fachlichen Austausch unter den zumeist noch jüngeren Marburger Wissenschaftlern. Für nicht wenige unter ihnen war wie für Sauerbruch Marburg ein Sprungbrett, um anschließend ein Ordinariat an einer der damals angesehenen deutschsprachigen Universitäten zu erlangen. Sauerbruch unternahm mit diesen etwa gleichaltrigen Kollegen wiederholt erholsame Ausflüge in das Marburger Umland zu den teilweise bis heute florierenden Gastwirtschaften. Auch Fahrten zu Vorträgen in Gießen wurden gemeinsam unternommen. Inwieweit er Kontakt zu den verschiedenen Instituts- und Klinikleitern, darunter an herausragender Stelle Prof. Dr. Emil v. Behring, pflegte, lässt sich seinen Erinnerungen nicht entnehmen.

Die Chirurgische Klinik war in Sauerbruchs Marburger Jahren nicht nur gerade erst rund ein Jahrzehnt alt, sie gehörte auch zu den modernsten Kliniken ihrer Zeit . Dass es überhaupt noch zu diesem Neubau an der Südspitze der Lahninsel kam, dürfte den persönlichen Kontakten des seit 1890 als Ordinarius für Chirurgie in Marburg tätigen Ernst Georg Friedrich Küster (1839–1930) zum preußischen Finanzminister zu verdanken sein, denn in der kurfürstlich hessischen Regierungszeit war es immerhin noch zum Neubau der Chirurgie am Pilgrimstein gekommen. Seitdem hatte sich das Fach jedoch deutlich verändert. Entsprechend kritisch beschrieb Küster in seinem Rückblick auf die »Geschichte der neueren deutschen Chirurgie« 1915 die Verhältnisse in der chirurgischen Abteilung der 1860er und frühen 1870er Jahre: »Dem in einen Krankensaal Eintretenden fiel zunächst der fade, süßliche Eitergeruch, nicht selten sogar ausgesprochener Fäulnisgeruch auf, der nur mühsam durch den Duft chemischer oder pflanzlicher Verbandsmittel, der Kamille, des Kampfers, später der Karbolsäure und anderer Stoffe gedämpft wurde. Schon die Gesichter der Kranken, an deren Betten man vorüberging, verrieten, dass man sich unter Schwerleidenden befand. Die hektisch geröteten Wangen, die glänzenden Augen und das schweißbedeckte Antlitz der Fiebernden, ihr ängstlicher Gesichtsausdruck, daneben die blassen, gleichgültigen Züge der Septischen, das Stöhnen und Sprechen in abgerissenen, halb unverständlichen Sätzen – das waren die immer wiederkehrenden Bilder, die jedem fühlenden Arzt das Herz zusammenschnürten. Deckte man die Wunde auf, so fand man den Verband von Eiter durchtränkt und übelriechend.«

Mit diesen Verhältnissen sollte durch den Neubau der Chirurgie, der »Visitenkarte« jedes Klinikums um 1900 (Klaus D. Thomann), Schluss sein. Durch den freien Bauplatz auf dem »Saurasen«, der zunächst trockengelegt werden musste, konnte nun nicht nur einer wachsenden Patientenzahl Rechnung getragen, sondern auch modernen Anforderungen an Hygiene und Technik entsprochen werden. Vor allem war auch bei den Klinikneubauten um 1900 die Forderung nach großzügig angelegten Räumlichkeiten mit ungehindertem »Zutritt von Licht und Luft« zentral. Diesem Bauen in der Natur entsprach bereits die Gebäudeanlage, die keinen geschlossenen Komplex, sondern – offensichtlich in der deutschen Chirurgie erstmalig – ein Ensemble von Pavillons bildete. Nur bedeckte Wandelgänge verbanden die vier Hauptgebäude. Die beiden Krankengebäude für Männer und Frauen waren symmetrisch angelegt und in der Raumausstattung gleich gestaltet.

Vom Treppenflur aus betrat man durch einen Vorraum die hellen Krankensäle mit jeweils 24 Betten. Unmittelbar benachbart lagen Baderäume,

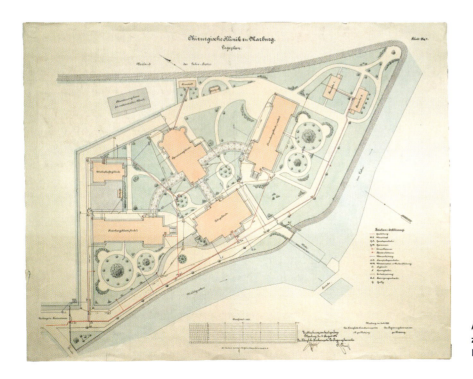

Abb. 26: Lageplan, der Chirurgischen Klinik zu Marburg, Hessisches Staatsarchiv Marburg

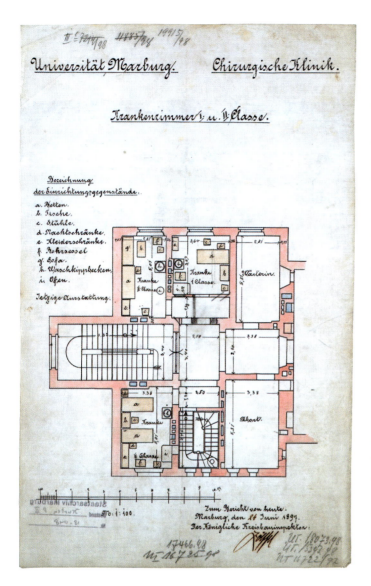

Abb. 27: Chirurgische Klinik, Krankenzimmer »I. und II. Classe, 24. Juni 1897«, Hessisches Staatsarchiv Marburg

Teeküchen und Tagesräume. Außerdem gab es zwölf Einzelzimmer für Kranke der 1. und 2. Klasse.

Im Dachgeschoss befanden sich jeweils Wohnungen für Assistenzärzte und Wärter. Die Verwaltung mit Poliklinik (ein Saal nebst Untersuchungs- und Dunkelzimmer, getrennten Wartezimmern und Räumen für infektiöse Patienten) und die Operationsabteilung waren in eigenen Häusern untergebracht. Im Operationsgebäude befand sich ein Operationssaal mit einem Hörsaal für etwas 100 Studierende, ein aseptischer Operationssaal für Laparotomien (Operationen im Bauchhöhlenbereich), ein Chloroformierzimmer, ein Raum für Operierte, Räume für Sterilisation, Gipssachen, Schienen, Instrumente, Verbandsstoffe und anderes. Ein weiterer Hörsaal diente mit 80 Sitzplätzen theoretischen Vorlesungen.

Getrennte Laboratorien waren für mikroskopische und bakteriologische Arbeiten vorgesehen. Neben der Bibliothek diente ein Mazerationsraum der Arbeit mit Geweben in Flüssigkeit; ein Sezierraum mit Käfigen war für die zu dieser Zeit innerhalb der chirurgischen Kliniken üblichen Tierversuche vorgesehen. Im Bauprogramm aufgeführt wurden weiterhin Arbeitszimmer für die Direktoren von Chirurgie und chirurgischer Poliklinik sowie den Verwalter und Wohnungen für den Verwalter, Pförtner und Oberwärter, Wohn- und Schlafräume für drei Assistenz- und sechs Hilfsärzte, für neun Schwestern, drei Wärter, zwei Heizer, Hausburschen, Oberköchin und sechs Mägde.

Im Sinne der Hygiene waren unterschiedliche Zugänge zur Klinik geschaffen. Die Studierenden, welche den Operationssaal besuchten und mit den Kranken nicht in Berührung kommen sollten, betraten das Gebäude von der Rückseite her und gelangten zu dem Saal über die Treppe mit den das Auditorium flankierenden Türmchen. Moderne Technik betraf den Krankentransport: Die Schwerkranken, die in den Erdgeschossen der Pavillons untergebracht wurden, konnten im Bett aus den Sälen in die Operationssäle gefahren werden. Die Kranken aus den oberen Geschossen allerdings waren noch über die Treppen hinunter- und hinaufzutragen. Dieser Bauentwurf für die am 3. März 1896 eröffnete Marburger Chirurgie wurde auf der Weltausstellung in Chicago preisgekrönt.

Zu ergänzen ist, dass sowohl die Chirurgische als auch die Medizinische Klinik durch eigene Generatoren von Anfang an mit Elektrizität und damit auch bei Operationen mit elektrischer Beleuchtung versorgt wurden. Die Stadt selbst bot erst seit 1905 elektrischen Strom an. Wollte man in dieser Zeit die neuen Kliniken mit den Mitteln des Personennahverkehrs erreichen, konnte man in den seit 1896 im Zwanzigminutentakt vom Wilhelmsplatz über den Pilgrimstein auf der erst 1890 gepflasterten Bahnhofstraße zum Bahnhof und zurück verkehrenden Pferdeomnibus einsteigen. Der Anschluss an das Fernsprechnetz erfolgte in Marburg jedoch gerade rechtzeitig zur Klinikeröffnung ebenfalls im Jahre 1896.

Wie kann man sich Sauerbruchs Arbeitsalltag in Marburg vorstellen?

»Wenn man mein Leben in Marburg betrachtet«, so Sauerbruch in seinen Erinnerungen, »so konnte man eigentlich nicht von dem Leben eines Mannes der großen Welt sprechen. Mein fürstliches Jahresgehalt betrug 1500 Mark. Einem Oberarzt war es damals verboten, Privatpraxis zu betreiben. War der Chef verreist und kamen Privatpatienten, so behandelte sie zwar der Oberarzt, das Honorar aber bekam der Chef, und der wiederum honorierte den Oberarzt. Unsere finanzielle Rettung waren die Einkünfte, die uns die Landes-Versicherungsanstalt zukommen ließ. Hatte jemand einen Unfall erlitten und war er bei der Landesversicherung versichert, so schickte die Anstalt ihn in die Universitätskliniken, damit sein Zustand begutachtet würde.« Sauerbruchs Hoffnungen auf Weiterarbeit an seiner Thorax-Chirurgie (das Buch erschien erst 1911 in seiner Zürcher Zeit) zerschlugen sich bald, denn: »Die Arbeit war riesengroß, mein menschliches Verhältnis zu meinem Chef nicht allzu gut […] Gott sei Dank war die Oberschwester der Poliklinik, Schwester Dorette, eine kleine, sehr temperamentvolle Frau, von äußerstem Verlaß. Sie dirigierte die Schwestern vom Kasseler Roten Kreuz, die in der Anstalt arbeiteten, mit unheimlicher Gewissenhaftigkeit. Ihre Stärke war zudem ein tatsächliches und lebhaftes Interesse für wissenschaftliche Arbeit.« Immerhin bereitete Sauerbruch in Marburg die Herausgabe eines Werkes »Chirurgie der Pleura und des Mediastinums« (ein Teil seiner Thorax-Chirurgie) beim Verlag Ferdinand Enke vor. Einen Höhepunkt in Sauerbruchs Marburger Jahren bildete nicht zuletzt die Einladung

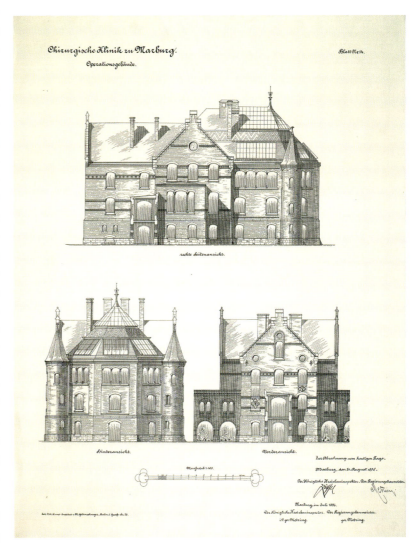

Abb. 28: Operationsgebäude der Chirurgischen Klinik zu Marburg, rechte Seitenansicht, Hinter- und Vorderansicht, 31. August 1896, Hessisches Staatsarchiv Marburg

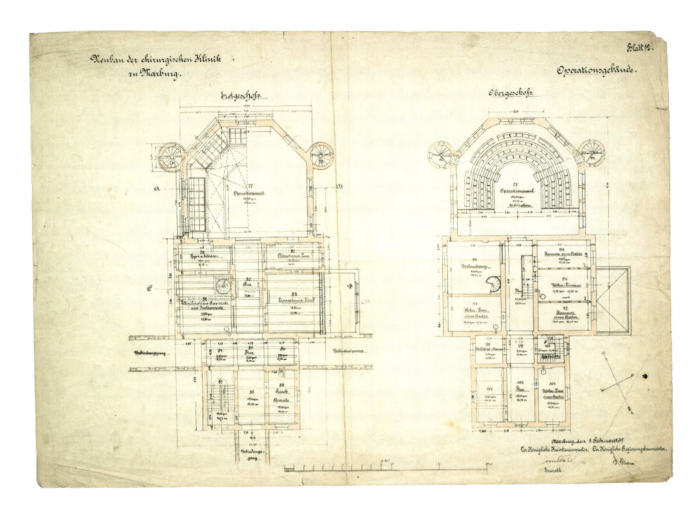

Abb. 29: Neubau der chirurgischen Klinik zu Marburg, Erdgeschoss und Obergeschoss des Operationsgebäudes,
Hessisches Staatsarchiv Marburg

nach Amerika, um dort seine Unterdruckkammer vorzuführen. Dieses Gerät wurde komplett zum Hafen geschickt, während Sauerbruch in Marburg eine Sprachlehrerin engagierte, um den englischen Vortrag vorzubereiten. Bei den für einen Oberarzt deutlich zu hohen Reisekosten (die amerikanischen Gastgeber übernahmen sie nicht) sprang Sauerbruchs Schwiegervater ein. Sauerbruchs »Gewalttour« durch die Vereinigten Staaten von New York bis zur Klinik der Gebrüder Mayo in Rochester (Minnesota), einer damals bereits weltberühmten Klinik, war äußerst beeindruckend und trug nicht wenig zur internationalen Anerkennung der durch ihn vertretenen deutschen Chirurgie bei.

Das moderne Marburger Klinikviertel lag inmitten des sehr ländlich strukturierten oberhessischen Umlandes. Entsprechend breit gefächert war auch deren Klientel. Zu den Behandelten gehörten sowohl Kranke aus Marburg als auch Einwohner der umliegenden Dörfer, die oft in höchster Not mit landwirtschaftlichen Fuhrwerken transportiert wurden. Ein sehr dramatischer Fall blieb Sauerbruch in Erinnerung:

»In meiner Marburger Zeit hatte ich ein Erlebnis, aus dem ich mehr lernte als aus einem Dutzend wohl vorbereiteter Operationen: ›Niemals resignieren‹, so

Abb. 30: Alte Chirurgische Klinik von der Lahn aus gesehen, Aufnahme von 1920, Foto Marburg

heißt der Wahlspruch der Chirurgen und der Staatsmänner. An einem frühen Morgen fuhr in scharfem Trab ein Bauernwagen vor. Ich war gerade im Begriff, das Gebäude der Klinik zu betreten, und sah, wie ein Bauer von dem Wagen einen scheinbar leblosen Körper herunternahm, der dort auf Federbetten gelegen hatte. Der Mann nahm den Menschen in die Arme und trug ihn in die Klinik. Als er an mir vorüberkam, sah ich, dass es ein etwa zwölfjähriger Junge war, blitzblau und ohne Atmung. […] Während wir durch die Gänge der Klinik gingen, fragte ich den Mann: ›Was ist mit dem Jungen geschehen?‹ Er antwortete […] ›Mein Junge hat vor einer Stunde ganz plötzlich nicht mehr schnaufen können, er schnappte nach Luft, so dass es ganz schrecklich war‹ […] Inzwischen waren wir im Operationssaal angelangt. Dorthin führte ich den Mann gleich, denn etwas sagte mir, dass hier höchste Eile am Platze war. Das war nicht ein sechster Sinn. Der Vater hatte einen Kropf, und ich hatte da einen Verdacht hinsichtlich des Knaben. Ich ließ den Jungen auf das Untersuchungsbett legen und untersuchte ihn gemeinsam mit einem Assistenten. ›Der Knabe ist asphyktisch‹ (ohne Atmung, am Ersticken – C. V.), sagte der Assistent höchst überflüssigerweise. Ich sagte: ›Zähl den Puls und nimm die Temperatur.‹ Dann betastete und beklopfte ich den Brustkorb unseres kleinen Patienten. Über dem Schlüsselbein glaubte ich eine weiche Kuppe zu fühlen. Ich sagte: ›Schau mal hier, das ist eine tiefe substernale Struma…‹ (Kropf, Vergrößerung der Schilddrüse – C. V.) […] ›Während wir uns wuschen, wurde der Junge entkleidet […] Er wurde auf den Operationstisch gelegt und von den »helfenden Händen« in höchster Eile für die Operation vorbereitet. Die Operationsschwester legte sich ihr Instrumentarium zurecht, ein Wärter strich das Operationsgebiet mit Jodtinktur an. Eine Narkose war überflüssig. Alle Beteiligten […] hielten den Eingriff für nutzlos […] Aber ich wusste genau, was ich tat. Ich hatte in Breslau schon mit solchen Kröpfen zu tun gehabt. Die Entfernung eines Kropfes, der tief nach unten hinter das Brustbein gewachsen ist, ist ein schwieriger Eingriff. Solchen Kranken droht akute Erstickungsgefahr […] Ich öffnete über der Halsmitte und ging dann, nachdem wir zwei Schlagadern versorgt hatten, mit den Fingern vorsichtig in die Tiefe des Brustkorbs ein. Ich erreichte den unteren Pol des Kropfes, packte mit der anderen Hand die Masse des Gebildes und zog es nach oben heraus. Es bedurfte all meiner Kräfte, um den Kropf herauszuholen. ›Klemmen Sie die Stränge an und unterbinden Sie‹, keuchte ich. Vorsichtig drückte ich so allmählich den eingetauchten Kropf nach oben, bis schließlich mit einem Ruck sein unterer Pol oben heraussprang. Mit dem Patienten ging in demselben Augenblick eine erstaunliche Veränderung vor sich. Die gestauten Venen, die wie dicke Wülste am Halse hervorsprangen, entleerten sich plötzlich, und das Gesicht wurde weiß. Der Kropf in meinen Händen, den ich aus der Brust herausgezogen hatte, schrumpfte förmlich zusammen. Ich sagte: ›Wir müssen uns eilen, gleich wird er aufwachen …‹ Der Assistent blickte mich zweifelnd an, aber folgte meinen Anordnungen. Ich sagte: ›Wir müssen jetzt alle offenen Venen sorgfältig schließen, sonst riskieren wir eine Luftembolie…‹ Ich sah, wie der Assistent die Achseln zuckte. Er glaubte offensichtlich nicht an einen Erfolg, wurde aber sofort widerlegt, denn der Patient begann zu atmen. Ich verlangte, dass Vorsorge für eine Narkose getroffen wurde und begann damit, den Kropf herauszuschneiden. Wir hatten Glück. Der Kropf riß nicht ein, was zu Blutungen und großen Schwierigkeiten geführt hätte. Wir konnten den eingeklemmten Tauchkropf entfernen, mussten, da der Kranke wieder aufgehört hatte zu atmen, einige Zeit künstliche Atmung durchführen, und – unser kleiner Patient genas.«

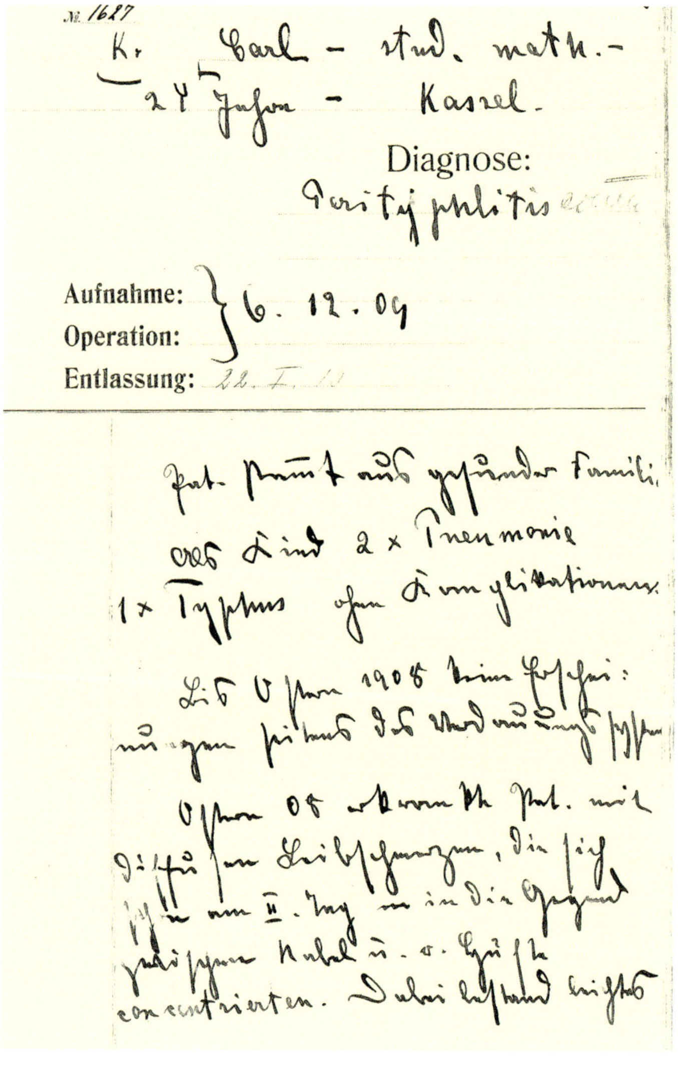

Die Operation im klinischen Behandlungsraum erscheint in dieser Schilderung als Drama der Lebensrettung beziehungsweise Wiederbelebung, das nicht ohne Parallele zu mittelalterlichen Wunderheilungen ist. Akteur ist in diesem Fall jedoch nicht Gott, sondern der kenntnisreiche, erfahrene und mutige Arzt, der an seine Geschicklichkeit und an die naturwissenschaftliche Medizin seiner Zeit glaubte. Die Bewunderung und der Dank der bäuerlichen Familie und des glücklich geretteten Jungen waren ihm gewiss.

Akten der Chirurgischen Klinik sind für Sauerbruchs Marburger Jahre erhalten. Der Krankenakte Nr. 1627 aus dem Jahre 1909 zum Beispiel ist zu ent-

Abb. 31: Erste Seite der Krankenakte Carl K. aus Kassel, 6.12.1909, Emil-von-Behring-Bibliothek für Ethik und Geschichte der Medizin, Marburg

nehmen, wie dramatisch noch zu Beginn des 20. Jahrhunderts auch heute gefährliche, aber doch schneller behandelte Krankheiten verliefen.

Der aus Kassel gebürtige Marburger Mathematikstudent Carl K. war 21 Jahre alt, als er am Nikolaustag mit heftigen Schmerzen von seinem Arzt Dr. Müller in die Chirurgie eingeliefert wurde. Bereits seit Ostern 1908 litt der junge Mann an »Leibschmerzen, die sich schon am II. Tag in der Gegend zwischen Nabel u. d. Hüfte concentrierten. Dabei bestand«, so der weitere Bericht des Hausarztes, »leichtes Fieber. Kein Erbrechen. Stuhlgang erfolgte täglich ohne Schmerzen. Allgemeinbefinden dabei gut. Nach 8 Tagen waren Fieber u. Schmerzen verschwunden.« Die Beschwerden kehrten jedoch in Intervallen immer wieder zurück. Seit dem 4. Dezember 1909 war der Kranke von Schüttelfrost geplagt, die Schmerzen nahmen deutlich zu. Es folgte heftiges Erbrechen. Noch in der Nacht vor der Einlieferung in die Klinik erbrach der Patient und litt an Schmerzen im ganzen Bauch. Nun erst nach 1½-jährigem Leiden sollte der rettende operative Eingriff erfolgen.

Die Aufnahme in der Chirurgie begann mit einer kurzen Untersuchung:

»Status. Sehr blass, aufgeregt, Puls ruhig.

Abdomen (der Bauch – C. V.) nicht erheblich aufgetrieben. Rechts an d. Beckenschaufel eine flache Resistenz von Handtellergröße, gut abgegrenzt. Von zugefüllten Darmschlingen überlagert. Ausgesprochener Druckschmerz.

Per rectum nihil. (Untersuchung vom Mastdarm aus ohne Befund – C. V.)

Bauch sonst nicht druckempfindlich.«

Die Diagnose lautete: »Perityphlitis acuta«. Es handelte sich also offensichtlich um eine akute Blinddarmentzündung. Die Operation war umgehend erforderlich.

Operateur war in diesem Fall der Ordinarius für Chirurgie selbst, Prof. Paul Friedrich.

Der Patient wurde mittels Äthertropfnarkose betäubt. Dann nahm Friedrich einen Pararectalschnitt (entlang dem geraden Bauchmuskel – C. V.) vor. Es zeigte sich »ein Abscess (Eiteransammlung – C. V.), in welchem der perforierte Processus (entzündeter Wurmfortsatz des Blinddarms, Appendix vermiformis – C. V.) liegt.« Es erfolgte die »Resection des Processus« (vermiformis, operative Entfernung des Wurmfortsatzes– C. V.). Offensichtlich zur Sekretaufsaugung und Desinfektion im Sinne der Antisepsis wurden ein »Mickulicz [!]-Tampon u. mehrere Jodoform-Tampons« eingesetzt. Es wurde »keine Naht« angelegt.

Die Krankenakte hält auch den Heilungsverlauf fest:

In den ersten Tagen kam es noch mehrfach zu Erbrechen und Durchfällen. Es mussten Magenspülungen vorgenommen werden. Ein »Salbenverband« schloss die Wunde. Bereits am 11. Dezember konnte der Arzt »Im übrigen glatter Verlauf« notieren. Nachdem sich der Kranke erholt hatte, konnte er am 22. Januar 1910 die Chirurgie gesund verlassen. Noch wenige Jahrzehnte zuvor (die erste Blinddarmoperation erfolgte erst 1880) wäre der Student vermutlich an dieser Blinddarmentzündung oder an einer Infektion infolge der Operation verstorben.

Einen für die Zeit ebenso typischen wie ohne die (allerdings nicht in jedem Fall mögliche) Hilfe der Chirurgie tragischen Fall aus der Praxis der chirurgischen Poliklinik schilderte wiederum Sauerbruch in seinen Memoiren. Anlass zur Erinnerung bot hier allerdings gerade nicht das chirurgische Problem, sondern der Zusammenhang mit Sauerbruchs weiterer Karriere:

»An einem, wie mir schien recht belanglosen Tag kam eine Mutter mit ihrem Kind zu mir in die Poliklinik. Der Fuß des kleinen Mädchens war verkrüppelt. Meine Studenten standen um mich herum, als ich dem kleinen Wesen Schuhe und Strümpfe auszog, um mir das Unglück zu betrachten. Es war eine mir recht ungelegene Zeit, in der die Untersuchung vor sich ging. Meine Frau wartete mit dem Mittagessen, ich war hungrig und wollte bald weg. Das Unglücksfüßchen hatte ich noch gar nicht angesehen, als ein Diener der Klinik kam und mir mitteilte, draußen stünden zwei Herren aus der Schweiz. Sie bäten, eintreten zu dürfen, um zuzuhören, wie ich doziere. […] Den Eintritt der beiden Herren registrierte ich nicht einmal. Meinen Studenten erläuterte ich das Leiden, tröstete die Mutter und sagte ihr, dass man das Füßchen operieren könne. […] Ich verabredete mit der Frau alles Weitere, bückte mich dann zur Erde, hob die Kleidungsstücke auf und zog der Kleinen, die artig auf meinem Schoß saß, sorgfältig Schuhe und Strümpfe wieder an […]. Dann stand ich auf und ging zum Mittagessen […] Mein Leben in Marburg ging weiter wie bisher. Ich ahnte nicht, welche Bedeutung die kleine Szene für meine ganze Laufbahn haben würde.« Die beiden Schweizer protegierten nämlich Sauerbruchs Ruf nach Zürich. Die Szene jedoch gibt zugleich Einblick in die orthopädischen Aufgaben, welche in dieser Zeit die allgemeine Chirurgie noch mitbetreute. Auch in diesen Fällen von verkrüppelten Gliedmaßen bei Kindern erschienen Operateure aus zeitgenössischer Sicht als »Retter«.

Die weitere, äußerst erfolgreiche Laufbahn Sauerbruchs sei hier nur kurz skizziert: Im Ersten Weltkrieg diente Sauerbruch als beratender Chirurg des 15. deutschen Armeekorps. Nun begannen seine bahnbrechenden Versuche mit Ersatzgelenken: Die Konstruktion einer Kunsthand, der so genannten Sauerbruch-Hand, und erste erfolgreiche Umkehroperationen, durch welche er den Oberarmstumpf eines Kriegsversehrten für die willkürlich bewegliche Prothese vorbereitete. Im Jahre 1918 erfolgte der Ruf an die chirurgische Universitätsklinik in München; seit 1927 schließlich war Sauerbruch an der Berliner Charité tätig, deren Chirurgische Klinik er bis zu seiner Emeritierung 1949 leitete.

Der sich unter nationalsozialistischer Herrschaft different verhaltende Chirurg wurde 1934 zum Preußischen Staatsrat ernannt und war seit 1937 Mitglied im Reichsforschungsrat, der auch Menschenversuche unterstützte, Sauerbruch hatte jedoch auch Kontakt zum Widerstand des 20. Juli 1944.

Noch im Jahr seines Todes 1951 erschienen die mit einem Journalisten zusammengestellten Erinnerungen »Sauerbruch – Das war mein Leben« in großer Auflage, später auch in englischer Sprache. Das Buch bildete die Grundlage der besonders durch den Schauspieler Ewald Balser als Sauerbruch eindrucksvollen Verfilmung gleichen Titels im Jahre 1954. Der erfindungsreiche und handwerklich sehr geschickte Chirurg, der als »Koryphäe« seines Faches bereits zu Lebzeiten internationale Berühmtheit genoss, wurde in Buch und Film geradezu zu einer Ikone des stets menschenfreundlichen und zugleich fachlich äußerst kompetenten Mediziners. In seiner Person schien sich der »Dienst am Kranken« in der ersten Hälfte des 20. Jahrhunderts mit ihren naturwissenschaftlichen und philanthropischen Komponenten wie kaum in einer anderen helfenden Persönlichkeit zu verkörpern.

Literatur

Allgemeine Studien

Johanna Bleker u. a. (Hg.), Kranke und Krankheiten im Juliusspital zu Würzburg 1819 – 1829. Zur frühen Geschichte des Allgemeinen Krankenhauses in Deutschland (Abhandlungen zur Geschichte der Medizin und der Naturwissenschaften H. 72), Husum 1995.

Flurin Condrau, Lungenheilanstalt und Patientenschicksal. Sozialgeschichte der Tuberkulose in Deutschland und England im späten 19. und frühen 20. Jahrhundert, Göttingen 2000.

Heinz David, »… es soll das Haus die Charité heißen …« Kontinuitäten, Brüche und Abbrüche sowie Neuanfänge in der 300jährigen Geschichte der Medizinischen Fakultät (Charité) der Berliner Universität, 2 Bde., Hamburg 2004.

Wolfgang U. Eckart, Geschichte der Medizin. Berlin, Heidelberg, New York (3., überarb. Aufl.) 1998.

Hans-Heinz Eulner, Die Entwicklung der medizinischen Spezialfächer an den Universitäten des deutschen Sprachgebietes, Stuttgart 1970.

Heiner Fangerau / Karen Nolte (Hg.), »Moderne« Anstaltspsychiatrie im 19. und 20. Jahrhundert – Legitimation und Kritik (Medizin, Gesellschaft und Geschichte – Beiheft 26), Stuttgart 2006.

Norbert Finzsch / Robert Jütte (Hg.), Institutions of Confinement. Hospitals, Asylums, and Prisons in Western Europe and North America, 1500 – 1950, Cambridge 1996.

Johann Glatzel / Steffen Haas / Heinz Schott (Hg.), Vom Umgang mit Irren. Beiträge zur Geschichte psychiatrischer Therapeutik, Regensburg 1990, S. 17 – 36.

Angela Groppi, Das Krankenhaus. In: Heinz-Gerhard Haupt (Hg.), Orte des Alltags. Miniaturen aus der europäischen Kulturgeschichte, München 1994, S. 260 – 266.

Ulrich Herrmann, Philanthropie. In: Werner Schneiders (Hg.), Lexikon der Aufklärung. Deutschland und Europa, München 1995, S. 302 – 303.

Heinz Schott, Chronik der Medizin, Augsburg 1997.

Calixte Hudemann-Simon, Die Eroberung der Gesundheit 1750–1900, Frankfurt am Main 2000.

Dieter Jetter, Das europäische Hospital. Von der Spätantike bis 1800, Köln 1986.

Robert Jütte, Entdeckung des »Inneren« Menschen, 1500 – 1800. In: Richard van Dülmen (Hg.): Erfindung des Menschen. Schöpfungsträume und Körperbilder 1500 – 2000, Wien / Köln / Weimar 1998, S. 241 – 258.

Robert Jütte, Geschichte der Alternativen Medizin. Von der Volksmedizin zu den unkonventionellen Therapien von heute, München 1996.

Jochen-Christoph Kaiser, Sozialer Protestantismus im 20. Jahrhundert. Beiträge zur Geschichte der Inneren Mission 1914 – 1945, München 1989.

Axel Karenberg, Lernen am Bett der Kranken. Hürtgenwald 1997.

Silke Köser, Denn eine Diakonisse darf kein Alltagsmensch sein. Kollektive Identitäten Kaiserswerther Diakonissen 1836 – 1914, Leipzig 2006.

Alfons Labisch / Reinhard Spree (Hg.), »Einem jeden Kranken in einem Hospitale sein eigenes Bett«. Zur Sozialgeschichte des Allgemeinen Krankenhauses in Deutschland im 19. Jahrhundert. Frankfurt am Main 1996.

Alfons Labisch / Reinhard Spree (Hg.), Krankenhaus-Report 19. Jahrhundert. Krankenhausträger, Krankenhausfinanzierung, Krankenhauspatienten, Frankfurt am Main 2001.

Roy Porter, Geschröpft und zur Ader gelassen. Eine kleine Kulturgeschichte der Medizin, Zürich 2004.

Ursula Röper / Carola Jülling (Hg.), Die Macht der Nächstenliebe. Einhundertfünfzig Jahre Innere Mission und Diakonie 1848 – 1998, Berlin 1998.

Eduard Seidler, Geschichte der Medizin und der Krankenpflege, Stuttgart u. a. (6. Aufl.) 1993.

Anna Sticker, Die Entstehung der neuzeitlichen Krankenpflege, Stuttgart 1960.

Gunnar Stollberg u. a., Die Binnendifferenzierung in deutschen Krankenhäusern bis zum Ersten Weltkrieg (Medizin, Gesellschaft und Geschichte, Beiheft 17), Stuttgart 2001.

Jürgen Thorwald, Das Jahrhundert der Chirurgen, Stuttgart 1972.

Horst-Peter Wolff / Jutta Wolff, Geschichte der Krankenpflege. Basel / Eberswalde 1994.

Studien zu Hessen, insbesondere zu Marburg

Adreßbuch der Kranken-, Pflege- und Wohlfahrtsanstalten Deutschlands, Leipzig 1926.

Gerhard Aumüller, Irmtraut Ahmland, Vom Siechenhaus zum Großklinikum. In: Marburger UniJournal Nr. 25, April 2006, S. 19 – 22.

Udo Benzenhöfer, »Schneidet für Deutschland!« – Bemerkungen zu dem Film »Sauerbruch – Das war mein Leben« (1954). In: Udo Benzenhöfer (Hg.), Medizin im Spielfilm der fünfziger Jahre, Pfaffenweiler 1993, S. 60 – 73.

Bernhard vom Brocke, Marburg im Kaiserreich 1866-1918. In: Erhard Dettmering / Rudolf Grenz (Hg.), Marburger Geschichte. Rückblick auf die Stadtgeschichte in Einzelbeiträgen, Marburg 1980, S. 367 – 540.

Geschichte des Hessischen Diakonissenmutterhauses zu Cassel und seiner Arbeitsgebiete. Eine Gabe zur Erinnerung an den fünfzigsten Geburtstag der Anstalt, Cassel 1915.

Kornelia Grundmann, Gerhard Aumüller, Das Marburger Museum Anatomicum. Geschichte und Ausstellungsgegenstände (Marburger Stadtschriften zur Geschichte und Kultur 42), Marburg 1992.

Heinrich Hermelink, Siegfrid A. Kaehler (Hg.), Die Philipps-Universität zu Marburg 1527-1927, Marburg 1927.

Herfried Homburg, Ein gesunder Zufluchtsort für Kranke: die Charité. In: Joachim Balde u. a., Zweihundert Jahre Charité – Städtische Kliniken Kassel. Beiträge zur Entwicklungsgeschichte des Krankenhauswesens von 1785 bis 1985, Kassel 1985, S. 7 – 48.

Karl-Friedrich Kaufmann, Die ersten 100 Jahre Chirurgie in Marburg. Ein medizinhistorischer Überblick über die Entwicklung des Lehrstuhls für Chirurgie und der chirurgischen Klinik der Universität Marburg von 1785 bis 1888, Diss. Med., Marburg 1963.

Ernst Küster, Geschichte der neueren deutschen Chirurgie, Stuttgart 1915.

Marita Metz-Becker, Der verwaltete Körper. Die Medikalisierung schwangerer Frauen in den Gebärhäusern des frühen 19. Jahrhunderts, Frankfurt am Main 1997.

Hubert Ose, Die Geschichte der Marburger Chirurgischen Klinik von 1527-1911, Diss. med., Marburg 1947.

Henning Rohde, Herbert Pelzl, Hans Troidl, Die Chirurgische Klinik der Philipps-Universität Marburg in historischer Sicht, Marburg 1971.

Peter Sandner, Gerhard Aumüller, Christina Vanja (Hg.), »Heilbar und nützlich«. Ziele und Wege der Psychiatrie in Marburg an der Lahn (Historische Schriftenreihe des Landeswohlfahrtsverbandes Hessen, Quellen und Studien Band 8), Marburg 2001.

Ferdinand Sauerbruch, Das war mein Leben, Bad Wörishofen 1951.

Martin Spielberg, Die Neubauten der Universitäts-Kinderklinik und der Universitätsklinik für Ohren-, Nasen- und Halskrankheiten in Marburg an der Lahn, Gießen [1927].

St. Elisabeth-Verein e.V. Marburg, 125 Jahre St. Elisabeth-Verein 1879-2004, Schwalmstadt 2004.

»…und machen daselbst Brunnen«. Ein Vierteljahrhundert Diakonissendienst. Festschrift zum 25jährigen Jubiläum des Diakonissen-Mutterhauses »Hebron« zu Marburg (Lahn)-Wehrda, Marburg (Lahn) [1933].

Christina Vanja, Das Kasseler Accouchier- und Findelhaus 1763 bis 1787. Ziele und Grenzen »vernünftigen Mitleidens« mit Gebärenden und Kindern. In: Jürgen Schlumbohm, Claudia Wiesemann (Hg.): Die Entstehung der Geburtsklinik in Deutschland 1751-1850. Göttingen 2004, S. 97 – 126.

Christina Vanja, Institutionen aufgeklärter Wohlfahrt und mittelalterlicher Karitas. In: Heide Wunder, Christina Vanja, Karl-Hermann Wegner (Hg.), Kassel im 18. Jahrhundert. Residenz und Stadt, Kassel 2000, S. 104 – 142.

Karl Vosschulte, Ernst Ferdinand Sauerbruch (1875-1951). In: Dietrich v. Engelhardt, Fritz Hartmann, Klassiker der Medizin. Zweiter Band von Philippe Pinel bis Viktor von Weizsäcker, München 1991, S. 336 – 349.

Susanne Wege, Armenfürsorge und Altenhilfe in Marburg. Die Heilige Elisabeth, eine Pilgerherberge und die Stiftung St. Jakob, Marburg 2006.

Behandeln, Leben und Sterben im modernen Krankenhaus

Die Medizin im 21. Jahrhundert und der Tod

Gerhard Aumüller, Matthias Mengel, Friedhelm Schubert

Entwicklungstendenzen der Medizin

Die Medizin im 21. Jahrhundert ist in den entwickelten Ländern durch den enormen Forschungsfortschritt im Bereich der Molekularbiologie, der Transplantationsmedizin und eine Fülle weiterer diagnostischer und therapeutischer Verfahren gekennzeichnet. Sie haben zu einer frühzeitigen Erkennung von Krankheiten, zu einer besseren Prophylaxe, zu höheren Heilungschancen und einer deutlich längeren Lebenserwartung bei zumeist besserer Lebensqualität geführt.

Dem gegenüber stehen medizinische Unterversorgung, Unterernährung, Armut, Seuchen wie HIV, verminderte Lebenserwartung und massiv verringerte Lebensqualität der Menschen in den Entwicklungsländern. Für diese globale Schieflage allein in der medizinischen Versorgung ist bislang kein Ausweg gefunden worden; sie stellt damit eine globale politische Herausforderung dar, für die bisher nicht einmal ansatzweise eine Lösung gefunden worden ist und die hier auch nicht weiter diskutiert werden kann.

Denn trotz aller positiven Entwicklungen der Medizin mit ihren vielfältigen Interventionsmöglichkeiten sind auch in den westlichen Ländern die Probleme nicht geringer geworden. Der enorme Kostendruck, den ein hoch technisiertes Gesundheitswesen erzeugt, bringt den ökonomischen Aspekt zunehmend mehr in den Vordergrund, und die Technisierung führt bei einem gleichzeitig sich entwickelnden Defizit in der Kommunikation zwischen »Gesundheitsanbietern« und »Klienten« zu Unverständnis und Ängsten auf Seiten der Patienten und extremer Spezialisierung auf Seiten der Ärzte, bei der ein ganzheitliches, humanitär oder gar religiös fundiertes Grundverständnis der eigenen Tätigkeit verloren zu gehen droht. Das äußert sich unter anderem darin, dass die an Heilungserfolgen orientierte Medizin ein Thema gerne ausspart, nämlich das Thema »Tod und Sterben«.

Aus der großen Fülle der Themen und Probleme, die das moderne Gesundheitswesen mit sich bringt, wird hier ein besonderes Augenmerk auf die Bedeutung der Pflege gerichtet, die inzwischen nachweist, dass sie einen eigenständigen Teil der Gesundheitsversorgung darstellt und eine eigene Wissenschaft entwickelt hat. Dabei werden im Folgenden drei Aspekte der Pflege herausgegriffen, die beispielhaft den Wandel im Zugang zum »Dienst am Kranken« verdeutlichen sollen:

- Die verschiedenen Formen der Pflege in der Ausbildung in der Pflegewissenschaft,
- Die Intensivpflege von Patienten als ein Beispiel für die Chancen und Probleme der »Apparatemedizin« und schließlich
- Der Umgang mit Todkranken und Sterbenden im Rahmen des ambulanten Hospiz- und Pflegedienstes.

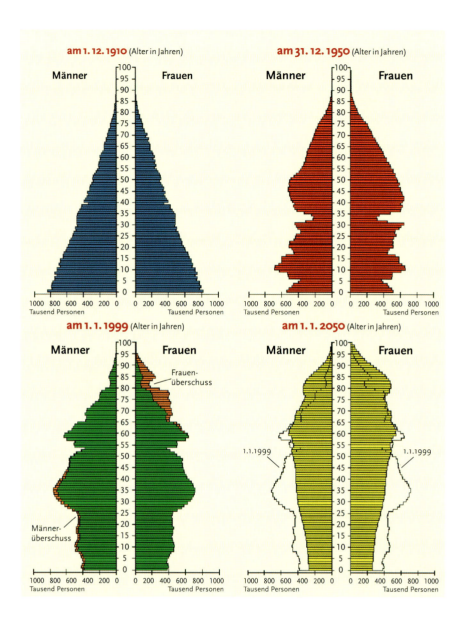

Abb.1: Vergleich der Alterspyramide (Anteile der verschiedenen Altersstufen von weiblichen und männlichen Personen in der deutschen Gesamtbevölkerung) in den Jahren 1910, 1950, 1999 und vermutlich 2050. Die kontinuierliche Zunahme älterer Bevölkerungsanteile ist deutlich zu erkennen.

Dabei kann auf örtliche Beispiele zurückgegriffen werden, die auch ein wenig die lokale Tradition und die Kontinuität des Bewusstseins in Marburg für die Ausnahmepersönlichkeit der heiligen Elisabeth verdeutlichen sollen.

Die Situation von Sterbenden

Im Hintergrund unserer Beispiele steht natürlich immer die Ausgangsfrage nach Heilung und Leben oder Versagen aller Heilungsversuche und Sterben. Die Situation des Sterbens von Menschen hat sich in den Industrienationen in den letzten Jahren deutlich verändert und einen neuen Begriff hervorgebracht, der zunehmend an Bedeutung gewinnen dürfte, die »End-of-Life-Care« (M. Ewers, D. Schaeffer, Hg., 2005), der gleich näher erläutert wird. Zunächst werden die

Gründe für den Wandel des Lebensendes dargelegt und die offenen Fragen angesprochen, die die Situation der Sterbenden in ihrer jeweiligen Lebenswelt betreffen, ihren Bedarf nach Hilfe und Begleitung am Lebensende und die Rahmenbedingungen, die die Gesundheits- und Sozialsysteme zulassen, die Bereitschaft der Solidargemeinschaft, hier einzugreifen und zu helfen und neue Aufgaben bei den Gesundheitsprofessionen zu definieren, und die Reaktionen der Gesamtgesellschaft auf die Wünsche, Werte und Normen der Sterbenden und ihre Bereitschaft, diese anzunehmen. Dazu gehört auch die Bereitschaft zu helfen, Schmerzen zu vermeiden, Leiden zu lindern und Angst zu nehmen, für die die sogenannte Palliativmedizin eine breite Fülle sehr unterschiedlicher Maßnahmen entwickelt hat (vgl. Oxford Textbook of Palliative Medicine, Hg. D. Doyle, et al. 2005).

Die oben bereits kurz angesprochene Zunahme des Anteils alter Menschen in unserer Gesellschaft mit ihrem Konsumverhalten hat dazu geführt, dass eine Verschiebung der Todesursachen stattgefunden hat: Bis zu 50% der Menschen sterben an Erkrankungen des Herz-Kreislauf-Systems, weitere ca. 25% an bösartigen Tumoren und eine weitere erhebliche Anzahl an den Folgen chronischer Erkrankungen der Atemwege und des Verdauungssystems.

Zudem haben die verbesserten Therapiemöglichkeiten zu einem Hinausschieben des Sterbens infolge einer Krankheit geführt, das heißt, die letzte Lebensphase ist immer länger geworden, es kommt zu einer Verlangsamung des Sterbens, und dies sehr häufig nicht in der eigenen Wohnung, sondern im

Abb. 2: Statistik der Todesursachen in Deutschland im Jahr 2005 nach Angaben des Statistischen Bundesamtes. Wegen der Mängel bei den Feststellungen der Todesursachen auf den Totenscheinen sind Verzerrungen nicht auszuschließen.

Todesursachen in Deutschland 2005						
Todesursachen	Gestorbene 2005					
	insgesamt		männlich		weiblich	
	830.227	100	388.554	= 46,8	441.673	= 53,2
Darunter:	Anzahl	in %	Anzahl	in %	Anzahl	in %
Bösartige Tumoren	211.396	25,5	112.066	53,0	99.330	47,0
Herz-Kreislauf-Erkrankungen	367.361	44,2	152.274	41,5	218.087	58,5
Darunter: Herzinfarkt	66.179	8,0	36.283	54,8	29.896	45,2
Erkrankungen des Atemwegssystems	57.742	7,0	29.336	50,8	28.410	49,2
Erkrankungen des Verdauungssystems	42.787	5,2	21.396	49,9	21.418	50,1
Erkrankungen durch äußere Ursachen	33.024	4,0	20.353	61,6	12.671	38,4
Darunter: a) Verkehrsunfälle	5.635	0,7	4.111	73,0	1.524	27,0
b) Selbstmorde	10.260	1,2	7.523	73,3	2.737	26,7

Krankenhaus. Während früher die alten Menschen häufig durch ihre religiösen Einstellungen klar umrissene, häufig auch positiv besetzte Vorstellungen vom Sterben als dem Eingehen in eine bessere Welt hatten, haben sich zunehmend durch die Individualisierung der Lebensläufe und die Pluralisierung der Wertvorstellungen neue Einstellungen ergeben, bis hin zur Bereitschaft zum selbstbestimmten Sterben und zum assistierten Suizid, die die professionellen ärztlichen und pflegerischen Berufe vor große Probleme stellen. Der Wandel der Familienstrukturen hat ebenfalls dazu beigetragen, dass ein Bedarf an neuen Formen informeller, aber auch professioneller Hilfe und Unterstützung in der letzten Lebensphase entstanden ist, für den unser Gesundheitssystem noch keine voll befriedigende Antwort gefunden hat. Überhaupt wird im Gegensatz zu den angloamerikanischen Ländern dieses Thema bei uns nur zögerlich aufgenommen.

Dort hat sich unter dem Schlagwort der »End-of-Life-Care« ein eigenes Arbeitsfeld entwickelt, das alle praktischen, politischen oder auch wissenschaftlichen Aktivitäten auf der zwischenmenschlichen Ebene, der Gruppenebene oder der Ebene der Solidargemeinschaft insgesamt umfasst, die zur Gestaltung und Verbesserung von Lebens- und Sterbebedingungen in einem konkreten gesellschaftlichen Umfeld beitragen. Er geht damit über die Bemühungen der bürgerlichen Hospizbewegung als Antwortversuch zur Verbesserung der Situation von Menschen am Lebensende, die Palliativmedizin, das heißt die zumeist ärztlich angewendete, wissenschaftlich begründete aktive und interdisziplinäre Interventionsstrategie hinaus, die in Fällen fortgeschrittener Erkrankungen, in denen Besserung, Rehabilitation oder Heilung nicht oder nicht mehr zu erwarten sind und die zumeist die Kontrolle beziehungsweise Linderung einer Schmerzsymptomatik betreffen.

»End-of-Life-Care« bedeutet damit auch übergeordnete wissenschaftliche und politische Aktivitäten, die sich mit der Beantwortung der Fragen nach dem Wandel des Sterbens, der Auseinandersetzung mit den veränderten populationsbezogenen Bedarfs- und Problemlagen, der Einordnung von Einstellungen, Überzeugungen und Motivationen von Nutzern und Anbietern gesundheitlicher Leistungen wie Ärzten und Pflegenden mit Blick auf Sterben und Tod, der Vorhaltung, Organisation und Nutzung von Versorgungsleistungen und -angeboten am Lebensende und mit Fragen nach der Verteilungs- und Zugangsgerechtigkeit, der Planung, Durchführung und Evaluation von Versorgungsangeboten für Menschen am Lebensende befassen (Ewers/Schaeffer 2005) und die in Deutschland erst mit großer Verzögerung behandelt werden. Ein wesentliches Anliegen unserer Ausstellung ist es daher auch, diese Problematik verständlich zu machen.

Moderne Pflegekonzepte und die Ausbildung in den Pflegeberufen

Theoretische Grundlagen der modernen Pflegeberufe

Die Veränderungen in der Bevölkerungsstruktur in Deutschland beinhalten bekanntlich eine stetige Zunahme älterer beziehungsweise alter Menschen und eine Zunahme der Ein-Personen-Haushalte, die erhebliche sozial- und gesundheitspolitische Probleme mit sich bringen. Gesundheitspolitisch bedeutsam sind der teilweise drastische Anstieg chronischer Krankheiten, oftmals als Folge ungesunder Lebensführung, die Schieflage der beitragzahlenden Bevölkerungsanteile durch erhöhte Arbeitslosigkeit und die Rahmenbedingungen im Gesundheitssystem mit seinem enormen Kostendruck, die eine Reform des gesetzlichen Rahmens notwendig gemacht haben. Ob dieser neue Rahmen ausreicht und gesundheitspolitisch wie volkswirtschaftlich sinnvoll ist, kann erst die Zukunft zeigen.

Der Gesundheitsreform deutlich vorausgegangen ist eine Anpassung der pflegerischen Versorgung der Bevölkerung, wie sie durch das Pflegeversicherungsgesetz von 1995 (Elftes Buch der Sozialgesetzbücher: »Soziale Pflegeversicherung« SGB XI) festgelegt wurde.

Das SGB XI hat zwar gezeigt, dass Pflege einen eigenständigen Versorgungsbereich darstellt, hat diesen aber zugleich stark eingeengt. Der Bereich der pflegerischen Versorgung ist äußerst vielfältig geworden (S. Bartholomeyczik, 2006), weil er sämtlich Gebiete der gesundheitlichen Versorgung, der Prävention, der Kuration, der Rehabilitation und der Palliativversorgung, das heißt der Schmerzlinderung, betrifft. Der Bedarf an wissenschaftlicher Bearbeitung der damit verbundenen Probleme, die einer interdisziplinären Bearbeitung bedürfen, ist durch die Gründung Pflegewissenschaftlicher Lehrstühle oder Gesundheitswissenschaftlicher Fakultäten nicht nur in Fachhochschulen, sondern auch in Universitäten gekennzeichnet (zum Beispiel an der Universität Bielefeld oder Witten-Herdecke). Er spiegelt sich auch wider im gestiegenen Stellenwert der Sozialmedizin beziehungsweise Medizinischen Soziologie und Gesundheitsökonomie (Universität Köln), zum Beispiel bei der Ausbildung der Medizinstudenten.

Zunächst muss deshalb geklärt werden, was der moderne Begriff der »Pflege« überhaupt aussagt und welche Konzepte sich dahinter verbergen.

Wie in vielen anderen Bereichen des Gesundheitswesens, sind auch hier entscheidende Anstöße aus dem angloamerikanischen Bereich gekommen (siehe Harmer & Henderson 1939; Dolan 1964), dazu gehört vor allem die Orientierung an der Unabhängigkeit beziehungsweise Selbständigkeit und an den Aktivitäten des täglichen Lebens eines Menschen, mit anderen Worten ist ein Kennzeichen moderner Pflege die Ausrichtung auf das Ziel der Autonomie der Lebensführung. So hat man in der Altenpflege schon zu Anfang der 90er Jahre die Aktivitäten des täglichen Lebens (abgekürzt als ATL) wie Selbstversorgung mit Essen und Trinken und Einrichtung des Tagesablaufs (Gleichgewicht von

Tätigkeit und Ruhe) auch um den Begriff der »existenziellen Erfahrung« (zum Beispiel durch zwischenmenschliche Kontakte und sinnvolle Beschäftigung) erweitert. Das professionelle moderne Pflegeverständnis umfasst demnach verschiedene Bereiche (Bartholomeyczik 2006).

Pflege befasst sich mit den Auswirkungen von Gesundheits-Beeinträchtigungen, Krankheit oder Alter auf die Selbständigkeit bei der täglichen Lebensführung. Ihr Ziel ist der Erhalt, die Förderung oder die Wiederherstellung der Unabhängigkeit bei der alltäglichen Lebensführung und richtet sich gleichermaßen auf körperliche, psychische und soziale Aspekte des Lebens, das heißt nicht nur auf die körperlichen Funktionen wie Atmen und Beweglichkeit, sondern auch auf das Gleichgewicht zwischen Arbeit und Ruhe, Gespräche und Freisein von Angst und Schmerzen.

Pflegerische Maßnahmen beschränken sich also nicht auf körperliche Behandlung, sondern umfassen auch die Unterstützung bei der Lösung täglicher Probleme, gezielte Kommunikation und Beziehungsgestaltung und schließlich auch Beratung, Schulung und Anleitung der Betroffenen selbst und der ihnen Nahestehenden. Ein zunehmend wichtigerer Bereich sind Prävention und Gesundheitsförderung und die Begleitung Sterbender. Mit anderen Worten: Moderne Pflege hat in allen Bereichen des Versorgungsprozesses Anforderungen zu erfüllen, bei Prävention, Kuration, Rehabilitation und Palliativversorgung.

Auf die Ausbildung und Fähigkeiten der Pflegenden bezogen bedeutet dies, dass eine eigenständige Diagnostik oder Fallanalyse erforderlich ist, das heißt die nachvollziehbare Einschätzung der jeweils vorliegenden pflegebezogenen Beeinträchtigungen und verbliebenen Restfähigkeiten. Dabei muss natürlich auch die Perspektive des betroffenen Pflegebedürftigen mit einbezogen werden. Ausgehend von der jeweiligen Fallanalyse müssen dann die angemessenen Maßnahmen geplant, durchgeführt und die Ergebnisse überprüft werden, das heißt, Pflege betrifft nicht eine einzelne Akutmaßnahme, sondern bedeutet einen Prozess, in dessen Mittelpunkt der Pflegebedürftige steht. Dazu gehört dann auch die Einbeziehung von Angehörigen oder anderen Bezugspersonen, deren Kenntnisse und Fähigkeiten zu pflegerischen Maßnahmen gestärkt werden. Um Brüche in der Versorgungskette zu vermeiden, müssen natürlich pflegerische Maßnahmen auf Gemeindeebene verankert sein, das heißt es muss eine Koordination und Kooperation mit anderen Gesundheitsberufen stattfinden. Ein Beispiel dafür ist die in Hospizen typische Teamarbeit bei der Palliativversorgung und Sterbebegleitung.

Ein Modell könnte die Sprechstunde einer Pflegenden in der Praxis eines niedergelassenen Arztes sein, zum Beispiel zur Versorgung chronischer Wunden und Einübung von selbst durchgeführten Maßnahmen (etwa beim Diabetiker der Blutzucker-Kontrolle, des Spritzens und der Festlegung der Diät; S. Bartholomeyczik, persönliche Mitteilung).

Der gesetzliche Rahmen für den Handlungsspielraum der sozialen Pflegeversicherung, wie er im SGB XI festgeschrieben wurde, hat zwar die Bedeutung pflegerischer Versorgungsleistungen für die Gesellschaft verdeutlicht, hat aber in seinem Geltungsbereich deutliche Lücken. Insbesondere fasst er in der Regel nur die Pflege alter Menschen ins Auge, bei denen die medizinisch-kurative Behandlung nicht mehr im Vordergrund steht. Vermutlich aus Kostengründen ist man bei der Definition von Pflegebedürftigkeit von einem eher reduktionistischen Pflegebegriff ausgegangen. Nach SGB XI § 14 gelten nämlich nur Personen als pflegebedürftig, die bei »gewöhnlichen und regelmäßig wiederkehrenden Verrichtungen des täglichen Lebens« Hilfe benötigen. Dadurch kommen die häufig nur mit Unverständnis aufzunehmenden engherzigen Einstufungen der Pflegebedürftigkeit zustande, die dann bald zur Überforderung der Angehörigen führen.

Existenzielle negative Erfahrungen wie Schmerzen, Angst im Zusammenhang mit dem Krankheitsgeschehen, verändertes Selbstschutzverhalten oder einfach mangelhafte Krankheitsbewältigung, aber auch präventive Maßnahmen, die eine Verstärkung der Pflegebedürftigkeit verhindern würden, begründen beispielsweise keinen Leistungsanspruch nach dem SGB XI.

Unsere Ausstellung versucht, diese unterschiedlichen Situationen der Pflegebedürftigkeit durch die Gegenüberstellung der Pflegesituation auf einer Intensivstation mit der in einem ambulanten Hospiz zu verdeutlichen. Um solchen unterschiedlichen Anforderungen professionell zu begegnen und gewachsen zu sein, bedarf es einer differenzierten Ausbildung, die an einem weiteren Beispiel einer Lehrsituation dargestellt wird.

Veränderungen in der Ausbildung in Pflegeberufen

Deutschland ist die einzige Industrienation, in der noch grundständig unterschiedliche Ausbildungsberufe getrennt nach den Altersgruppen der zu Pflegenden existieren. Die Kerngruppe stellen die pflegerischen Berufe der Krankenpflege dar, die seit einem neuen Krankenpflegegesetz von 2003 künftig Gesundheits- und Krankenpflegerinnen beziehungsweise Gesundheits- und Krankenpfleger heißen. Daneben gibt es die Ausbildung in Kinderkrankenpflege und in Altenpflege. Erst langsam beginnt sich die Erkenntnis durch- und umzusetzen, eine Zusammenlegung der drei Erstausbildungszweige zu erproben, um so die Synergieeffekte zu erzielen, die in anderen entwickelten Ländern bereits selbstverständlich sind. So beginnt sich in Deutschland erst zögerlich eine grundständige Pflegeausbildung in Fachhochschulen zu entwickeln. In vielen anderen europäischen Ländern ist dies längst Regelausbildung.

Die Bereitschaft von Schulabgängern und anderen jüngeren Menschen, einen Pflegeberuf zu ergreifen mit dem umfassenden professionellen Anspruch, wie ihn die »nurses« zum Beispiel in England haben, wird bei uns durch die ständigen Reformen im Gesundheitswesen mit seiner Abhängigkeit vom Kostendruck nicht gerade gefördert. Der Zwang, Kosten zu senken, die Verminderung der Bettenzahl und die Verkürzung der Verweildauer bei stationärer Behandlung lässt den (falschen) Eindruck aufkommen, als seien künftig weniger Gesundheits- und Krankheitspflegerinnen gefragt. Das Gegenteil wird wegen der eingangs geschilderten demographischen und strukturellen Entwicklungen der Fall sein, das heißt, der nächste Pflegenotstand ist bereits vorprogrammiert, wenn es nicht gelingt, die Wichtigkeit und Herausforderungen einer umfassenden Pflege für die Gesellschaft mit hohem Anteil alter Menschen zu verdeutlichen und den ökonomischen und Sozialstatus der Pflegeberufe drastisch zu verbessern.

Von pflegewissenschaftlicher Seite sind die gegenwärtigen Mängel der pflegerischen Versorgung eindeutig herausgearbeitet und dargestellt worden (Bartholomeyczik 2006) und harren der politischen Lösung:

»[Pflegerische Versorgung] bezieht sich auf alle Phasen des Lebenslaufs und ist im Rahmen gesundheitsfördernder, kurativer, rehabilitativer, langzeitorientierter und schließlich palliativer Maßnahmen meist in Zusammenarbeit mit anderen Gesundheitsberufen aktiv. Welche Bedeutung pflegerische Maßnahmen in all diesen Feldern haben, kann sehr unterschiedlich sein, denn gesundheitliche Beeinträchtigung und Unterstützungsnotwendigkeit bedeutet noch nicht immer, dass Unterstützung von Seiten der Pflege notwendig ist. Andererseits werden in Deutschland die Aufgaben der Pflege zu Lasten derer, die Hilfe benötigen, meist viel zu eng gesehen. Sie müssen dringend erweitert werden, soll die notwendige Neuordnung der Arbeitsteilung zwischen stationärem und ambulantem Sektor effektiv greifen. Darüber hinaus werden auch erweiterte Kompetenzen benötigt, denn eine neu geordnete Arbeitsteilung geht zwangläufig mit einer weit reichenden Verlagerung von Aufgaben und Verantwortlichkeiten einher. … [Es] müssen überkommene hierarchische Muster der Kooperation überwunden und durch aufgabenorientierte ersetzt werden. Auch Fallverantwortung – oder Case Management und Care Management – werden künftig zu Kernaufgaben der Pflege. … Die Professionalisierung muss daher auch zukünftig mit verstärkter Aufmerksamkeit vorangetrieben werden. Unerlässlich ist zudem eine weitere Stärkung der Position der Pflege und eine Revision des gesetzlich festgeschriebenen und den deutschen Versorgungsalltag beherrschenden überholten Pflegeverständnisses, das Pflege auf manuelle körperorientierte Maßnahmen reduziert.«

**Alte und neue Ausbildungskonzepte
in der Elisabeth von Thüringen-Akademie für Gesundheitsberufe**
Die volle, etwas umständliche Bezeichnung der früheren »Krankenpflege-Schule« in Marburg lautet: »Elisabeth von Thüringen-Akademie für Gesundheitsberufe am Universitätsklinikum Gießen und Marburg GmbH, Standort Marburg, in Kooperation mit der DRK-Schwesternschaft Marburg e.V.« und umfasst die beiden Krankenpflegeschulen (für Frauen und Männer), die Kinderkrankenpflegeschule, die Hebammenlehranstalt und die Aus-

bildungsstätte der DRK-Schwesternschaft in Marburg. Zusammen mit der Ausbildungsstätte für Operationstechnische Assistenz und einer Krankenpflegehilfeschule wurden die genannten Institutionen auf Beschluss des Klinikumsvorstandes im Jahr 2002 zu einer neuen organisatorischen Einheit zusammengefasst und einer einheitlichen neuen Leitung unterstellt.

In den knapp fünf Jahren hat die Akademie ein beachtliches Leistungsprofil vorzuweisen, von dem hier nur einige herausragende Punkte genannt werden sollen: So wurde bereits 2004 mit der Planung eines Raumkonzeptes für einen Neubau zur Unterbringung der Akademie begonnen, der Bauantrag gestellt und bereits in Juni 2005 konnte das Richtfest gefeiert werden. Im November 2005 zogen dann alle Gesundheits- und Krankenpflegeschüler und -schülerinnen in den Neubau in der Sonnenblickallee 13, die Gesundheits- und Kinderkrankenpfleger und -pflegerinnen folgten im Januar 2006, im März 2006 dann auch die Hebammenschülerinnen, nachdem bereits im April alle Praxisübungsräume eingerichtet worden waren. Die alten Standorte werden damit endgültig aufgegeben.

Die begleitenden organisationsrechtlichen und strukturellen Maßnahmen im Zusammenhang mit der Privatisierung der beiden Universitätsklinika in Gießen und Marburg und die Etablierung neuer Ausbildungs- und Qualitätsstandards wie zum Beispiel die Erstellung eines Qualitätshandbuchs der Akademie für Gesundheitsberufe haben ermöglicht, dass die Elisabeth von Thüringen-Akademie für Gesundheitsberufe eine zertifizierte Bildungseinrichtung ist.

Rahmenbedingungen für die neuen Ausbildungskonzepte, die weiter unten genauer dargestellt werden sollen, wurden im neuen Krankenpflegegesetz mit der dazugehörigen Ausbildungs- und Prüfungsverordnung festgeschrieben und stellen tiefgreifende Veränderungen in der Ausbildung von Kranken- und Kinderkrankenschwestern dar. Obwohl der Hessische Rahmenplan für die Umsetzung des Gesetzes noch nicht vorlag, konnten durch die umfassenden örtlichen Vorbereitungsarbeiten (Weiterbildungslehrgänge, Modellprojekt für die Pflegeausbildung, Mitgliedschaft in der Kerngruppe des »Transfernetzwerks Innovative Pflegeausbildung« TIP) bereits im Oktober 2004 die beiden ersten integrierten Kurse, in denen Gesundheits- und Krankenpfleger und -pflegerinnen und Gesundheits- und Kinderkrankenpfleger und -pflegerinnen über weite Strecken gemeinsam unterrichtet werden, durchgeführt werden.

Die theoretische und organisatorische Basis hierfür bietet das »**Modellvorhaben Integrative Pflegeausbildung mit Fachhochschulreife**«. Es geht von zwei zentralen Punkten aus:

- Entwicklung, Realisierung und Evaluation eines neuen Ausbildungskonzepts für Gesundheitsberufe mit Einschluss von allgemeinbildenden Inhalten zur Vorbereitung auf die externe Fachhochschulreifeprüfung für den Einsatz in den Einrichtungen des Gesundheits- und Sozialwesens im Geltungsbereich des Sozialgesetzbuchs V und XI,

Abb.3: Das neue Domizil der Elisabeth von Thüringen-Akademie in Marburg (oben). In der 1927 eröffneten Kinderklinik (unten) war früher die Kinderkrankenpflegeschule untergebracht, die jetzt in die Elisabeth von Thüringen-Akademie integriert ist. (Aufnahme der Schulleiterin Frau Dipl. Päd. M. Benz).

- Wahlweiser Abschluss der integrativen Pflegeausbildung in Krankenpflege, Kinderkrankenpflege oder Altenpflege.

Es wurde ein Testcurriculum erstellt, nach dem ein Modellkurs durchgeführt und evaluiert wurde; durch fortschreitende Optimierung des Curriculums soll bis 2009 ein definitives Curriculum zur integrativen Pflegeausbildung mit Fachhochschulreife erarbeitet sein. Dieser innovative Ansatz, berufliche Ausbildung mit der Qualifikation zur Fachhochschulreife, liegt ganz im Trend der oben dargestellten modernen Pflegeforschung.

Durch die vertiefende Allgemeinbildung wird eine Kompetenzerweiterung erzielt, die zum Verständnis, der Interpretation und der Umsetzung von Forschungsergebnissen in den beruflichen Alltag benötigt wird. Aus einer ganzheitlichen Sichtweise des Menschen sollen die Fähigkeiten vermittelt werden, dem zu Pflegenden in seiner gesamten Lebensspanne beratend und pflegend zur Seite zu stehen. So müssen Pflegende schon in ihrer beruflichen Erstausbildung in die Lage versetzt werden, auf wechselnde Anforderungen durch sich ändernde Rahmenbedingungen im Gesundheitswesen flexibel zu reagieren. Die Aufgabenfelder der Pflege werden ja immer vielfältiger und spezialisierter. Ein breites Allgemeinwissen, verbunden mit einer fundierten Grundausbildung, fördert die berufliche Handlungskompetenz. Die Fachhochschulreife kommt diesen Ansprüchen entgegen.

In dem Modellvorhaben werden auch solche Schüler und Schülerinnen angesprochen, die von vornherein eine Fachhochschulbildung anstreben, um zum Beispiel später den Pflegelehrernachwuchs stellen zu können, der künftig über eine akademische Ausbildung verfügen muss.

Um eine auf europäischer Ebene vergleichbare und anerkannte Ausbildung zu vermitteln, ist das Curriculum in modularisierter Form erstellt worden, das heißt, die einzelnen Module richten sich nach träger- und betriebsübergreifenden Standards und stellen Lernsequenzen, Lernorte und Lernformen dar, aus denen sich der gesamte Lernprozess erschließt; sie ersetzen nicht eine Abschlussprüfung, sondern ermöglichen eine größere Transparenz, bessere Evaluation und größere Flexibilität bei der Wissensvermittlung. Um die Vergleichbarkeit der Ausbildung auf europäischer Ebene weiter voranzutreiben, wird das »European Credit Transfer System« (ECTS) angewendet, das die Übersetzung der nach wie vor gültigen deutschen Noten in ein Leistungspunktesystem für einzelne Lehrmodule und Zeugnisse zulässt.

Was sind nun konkret die Ausbildungsinhalte und wie unterscheiden sie sich von denen der alten »Schwesternschulen«?

Ein willkürlich herausgegriffenes »Modul« kann verdeutlichen, auf welche Weise und mit welchem didaktischen Ansatz die Inhalte der Pflegewissenschaft vermittelt werden.

Im Kommentar zu diesem Modul ist das Lernziel folgendermaßen definiert:
»Die Schüler lernen die Entwicklungsphasen eines Menschen kennen, setzen sich mit der Kindheit und der Adoleszenz als Lebensabschnitt-

Lernfeld	Lerneinheit	Lerninhalt
1. Pflege in bestimmten Lebensabschnitten (210)	1.1 Entwicklungstheorien und Sozialisation (30) 1.2 Altersgemäße Pflege (180)	1.1.1 Entwicklungstheorien 1.1.2 Sozialisation von Generationen 1.1.3 soziale Konstruktion von Gender 1.1.4 Pflegetheorien 1.2.1 Altersabhängiges Erleben von Krankheit und Gesundheit 1.2.2 Gestaltung altersgerechter Pflegesituationen 1.2.3 Sorge und Erziehung in verschiedenen Altersstufen 1.2.4 Professionelle Rolle der Pflegenden in der altersabhängigen Interaktion
2. Pflege in spezifischen Lebenssituationen (46)	2.1 Pflege bei Behinderung (10) 2.2 Pflege in verschiedenen Versorgungsbereichen (18) 2.3 Pflege von Menschen mit sozialer Benachteiligung (8) 2.4 Pflege in Lebenskrisen (10)	2.1.1 Def. Behinderung und ethische Aspekte 2.1.2 Soziale Aspekte 2.1.3 behindertengerechter Lebensraum 2.2.1 Pflege in Alten- und Pflegeeinrichtungen 2.2.2 Pflege in Behinderteneinrichtungen 2.2.3 Pflege im Krankenhaus 2.2.4 Pflege im betreuten Wohnen 2.2.5 Pflege im Maßregelvollzug 2.2.6 Pflege in Schulen und Kindergärten 2.2.7 häusliche Pflege 2.3.1 Definition und ethische Aspekte von sozialer Benachteiligung 2.3.2 Lebenslagen von Obdachlosen 2.3.3 Lebenslagen von Arbeitslosen 2.4.1 Einführung 2.4.2 Pflegebedarf in Verlustsituationen 2.4.3 Pflegebedarf bei Suizidgefahr

Abb. 4: Auszug aus einem Ausbildungsmodul des Testcurriculums der Elisabeth von Thüringen-Akademie für Gesundheitsberufe

beziehungsweise Lebensphase auseinander. Sie setzen sich mit dem Alter als Lebensphase in der Gesellschaft auseinander. Auszubildende kennen Altersphänomene.

Sie können aus diesem Wissen heraus ihr pflegerisches Handeln gestalten und begründen.

Sie akzeptieren und unterstützen die Rolle der Bezugsperson. Die Schüler verstehen die Bedeutung von Erziehung, Beziehung und Sozialisation für die Entwicklung von Kindern und Adoleszenten. Die Auszubildenden können Behinderung definieren und kennen die persönlichen, familiären und gesellschaftlichen Einflussfaktoren und die Folgen einer Behinderung. Auszubildende sollen sich mit dem eigenen Diskriminierungspotential auseinandersetzen und eigene Vorurteile reflektieren können. Sie sollen die Begriffe Stigma und Normalität in ihren unterschiedlichen Verständnissen in den Gesellschaften kennen. Auszubildende kennen die Gründe für die Aufnahme in eine Institution, die Auswirkungen auf die Lebensgestaltung und Privatsphäre und spezifischen Aufgabenbereiche, die institutions-abhängig sind. Dabei reflektieren sie mögliche Selbst- und Fremdbestimmungsaspekte der Patienten. Sie kennen Einflüsse von Stigmata auf Gesundheit und Krankheit und auf die Biografie.«

Ähnlich differenziert sind auch die übrigen Module auf die Anforderungen bei Auszubildenden und Schülern ausgelegt und entsprechen damit in weiten Teilen den inzwischen auch gesetzlich festgelegten Vorgaben.

Regelung der Ausbildung seit dem neuen Krankenpflegegesetz von 2003
Das Krankenpflegegesetz vom 16. Juli 2003 legte gegenüber der Ausbildungs- und Prüfungsverordnung vom 4. Juni 1985 folgende wesentliche Veränderungen fest (G. Dielmann, 2006):
- Die Einführung der neuen Berufsbezeichnung »Gesundheits- und Krankenpfleger(in)«,
- Eine Verbesserung der Durchlässigkeit zwischen den Berufen der Kinderkrankenpflege und der allgemeinen Krankenpflege sowie einheitliche Ausbildungsgänge mit Differenzierungsphasen,
- Ausweitung der Ausbildungsanteile in der ambulanten Pflege und weiteren Fachgebieten (präventive, rehabilitative und palliative Pflege),
- Neuformulierung der Ausbildungsziele und Unterscheidung in solche, die zur eigenverantwortlichen Tätigkeit, zur Mitwirkung und zur interdisziplinären Zusammenarbeit befähigen sollen, ferner Bezugnahme auf die Pflegewissenschaft und andere Bezugswissenschaften,
- Höhere qualifikatorische Anforderungen an Schulleitungen und Lehrkräfte (Hochschulabschluss) bei Bestandsschutz für die Lehrkräfte mit Weiterbildung (Übergangsregelung),
- Verbesserung der praktischen Ausbildung durch die Vorschrift berufspädagogisch qualifizierter Fachkräfte für die praktische Anleitung,
- Abschaffung der Krankenpflegehilfenausbildung,
- Annäherung an Vorschriften des Berufsbildungsgesetzes zum Ende der Ausbildung, zu einer angemessenen Ausbildungsvergütung, zur Bereitstellung von Lernmitteln (Fachbücher) und zur Freistellung von Jugend- und Auszubildendenvertretungen,
- Vor allem aber Erhöhung des Anteils des theoretischen und praktischen Unterrichts in fächerübergreifende Themenbereiche, und schließlich
- Eine geänderte Zusammensetzung der Prüfungsausschüsse.

Kurz, es wurde unter dem Einfluss sozialwissenschaftlicher, erwachsenenpädagogischer und letztlich auch betriebwissenschaftlicher beziehungsweise gewerkschaftlicher Prämissen eine stärker wissenschaftlich und handlungsorientierte Ausrichtung des Ausbildungsganges vorgenommen, wie sie zum Beispiel in den angloamerikanischen Ländern bereits Jahre zuvor in Gang gesetzt wurde.

Damit wurde eine Korrektur des Ausbildungsgangs erreicht, der in den Grundmustern 1938 im »Gesetz zur Ordnung der Krankenpflege« zusammen mit mehreren Durchführungsverordnungen festgelegt worden war. Dies betraf 1. die Anforderungen an die Krankenpflegeschulen, 2. die Zugangsvoraussetzungen zur Ausbildung, Dauer und Inhalte der Ausbildung und 3. Ausbildungsabschluss und damit verbundene Berechtigungen. Die Ausbildung sollte eineinhalb Jahre dauern; für den theoretischen Unterricht waren 200 Stunden als unterste Grenze, davon 100 Stunden Arztunterricht vorgesehen. Der Unterricht umfasste 9 Fächer, unter denen die »weltanschauliche Schulung, Erb- und Rassenkunde, Erb- und Rassenpolitik und Bevölkerungspolitik« für die gewünschte ideologische Einstellung der »Braunen Schwestern«, das heißt die Mitglieder der NS-Schwesternschaft, sorgen sollte.

Die notwendigen Korrekturen wurden nach dem Kriege zunächst auf Länderebene, 1957 dann auf Bundesebene herbeigeführt und 1985 noch einmal novelliert (A. P. Kruse, 1987). Als wichtigstes Ergebnis ist dabei ein Positivkatalog anzusehen, in dem die Zielsetzungen der Ausbildung und die Aufgaben der ausgebildeten Krankenpflegepersonen genau definiert waren und die Schulleitung nun nicht mehr nur einem Arzt beziehungsweise einer leitenden Pflegekraft, sondern diesen nur gemeinsam mit einer Unterrichtsschwester beziehungsweise einem Unterrichtspfleger gestattet wurde. Die Ausbildung dauerte damals drei Jahre, in denen mindestens 1600 Stunden Unterricht erteilt wurden, die sich wie folgt verteilten: 1. Berufs- und Gesetzeskunde (120 Stunden), 2. Hygiene und medizinische Mikrobiologie (120 Stunden), 3. Biologie, Anatomie und Physiologie (120 Stunden), 4. Fachbezogene Chemie und Physik (40 Stunden), 5. Arzneimittellehre (60 Stunden), 6. Allgemeine und spezielle Krankheitslehre (360 Stunden), 7. Grundlagen der Psychologie, Soziologie und Pädagogik (100 Stunden), Krankenpflege (480 Stunden), 9. Grundlagen der Rehabilitation (20 Stunden), 10. Einführung in Organisation und Dokumentation im Krankenhaus (30 Stunden), 11. Sprache und Schrifttum (20 Stunden) und 12. Erste Hilfe (30 Stunden).

Dazu kam ein wesentlicher Anteil an praktischer Ausbildung in: 1. Allgemeiner Medizin und medizinischen Fachgebieten inklusive Pflege alter Menschen und Alterskrankheiten (900 Stunden), 2. Allgemeiner Chirurgie und chirurgischen Fachgebieten (750 Stunden), 3. Gynäkologie oder Urologie und der Wochen- und Neugeborenenpflege (350 Stunden) und 4. der Psychiatrie, Kinderkrankenpflege und Kinderheilkunde sowie in der Gemeindekrankenpflege (Hauskrankenpflege) oder entsprechenden Einrichtungen des Gesundheitswesens (400 Stunden).

Zusätzliche 600 Stunden waren zur weiteren Verteilung und Spezialisierung in einem der genannten Bereiche angesetzt.

Insgesamt war als Ausbildungsziel angestrebt, Kenntnisse, Fähigkeiten und Fertigkeiten zu vermitteln, die zur eigenverantwortlichen Mitwirkung bei der Verhütung, Erkennung und Heilung von Krankheiten erforderlich sind. Um dies zu erreichen, war ein strenges und anspruchsvolles Prüfungssystem entwickelt worden, das einen hohen Grad von Professionalisierung bei den Pflegekräften gesichert hat.

In der Anlage 1 der 2005 geänderten Ausbildungs- und Prüfungsverordnung für die Berufe in der Krankenpflege (KrPflAPrV) sind folgende Vorgaben für den theoretischen und praktischen Unterricht festgelegt und näher kommentiert. Danach umfasst der Unterricht die Themenbereiche

- Pflegesituationen bei Menschen aller Altersgruppen zu erkennen, zu erfassen und zu bewerten,
- Pflegemaßnahmen auszuwählen, durchzuführen und auszuwerten,
- Unterstützung, Beratung und Anleitung in gesundheits- und pflegerelevanten Fragen fachkundig zu gewährleisten,
- Bei der Entwicklung und Umsetzung von Rehabilitationskonzepten mitzuwirken und diese in das Pflegehandeln zu integrieren,
- Pflegehandeln personenbezogen auszurichten,
- Pflegehandeln an pflegewissenschaftlichen Erkenntnissen auszurichten,
- Pflegehandeln an Qualitätskriterien, rechtlichen Rahmenbestimmungen sowie wirtschaftlichen und ökologischen Prinzipien auszurichten,
- Bei der medizinischen Diagnostik und Therapie mitzuwirken,
- Lebenserhaltende Sofortmaßnahmen bis zum Eintreffen des Arztes beziehungsweise der Ärztin einzuleiten,
- Berufliches Selbstverständnis zu entwickeln und zu lernen, berufliche Anforderungen zu bewältigen,
- Auf die Entwicklung des Pflegeberufs im gesellschaftlichen Kontext Einfluss zu nehmen,
- In Gruppen und Teams zusammenzuarbeiten.

Die theoretischen Wissensgrundlagen umfassen danach:

- Kenntnisse der Gesundheits- und Krankenpflege, der Gesundheits- und Kinderkrankenpflege sowie der Pflege- und Gesundheitswissenschaften (950 Stunden),
- Pflege-relevante Kenntnisse der Naturwissenschaften und der Medizin (500 Stunden),
- Pflege-relevante Kenntnisse der Geistes- und Sozialwissenschaften (300 Stunden),
- Pflege-relevante Kenntnisse aus Recht, Politik und Wirtschaft (150 Stunden) sowie weitere 200 Stunden zur Verteilung auf die Schwerpunkte. Insgesamt sind für den theoretischen Unterricht also 2.100 Stunden vorgesehen.

Die praktische Ausbildung ist in einen Allgemeinen Bereich (800 plus 500 Stunden) und einen Differenzierungsbereich (500 plus 700 Stunden) sowie weitere 500 Stunden zur Schwerpunktbildung aufgegliedert.

Der Allgemeine Bereich umfasst die Gesundheits- und Krankenpflege von Menschen aller Altersgruppen in der stationären Versorgung in kurativen Gebieten der Medizin in den Fächern Innere Medizin, Geriatrie, Neurologie, Chirurgie, Gynäkologie, Pädiatrie, Wochen- und Neugeborenenpflege sowie in mindestens zwei dieser Fächer in rehabilitativen und palliativen Gebieten. Dazu kommt die Gesundheits- und Krankenpflege von Menschen aller Altersgruppen in der ambulanten Versorgung in präventiven, kurativen, rehabilitativen und palliativen Gebieten.

Der Differenzierungsbereich umfasst die stationäre Gesundheits- und Krankenpflege in den Fächern Innere Medizin, Chirurgie, Psychiatrie oder in den Fächern Gesundheits- und Kinderkrankenpflege, stationäre Pflege in den Fächern Pädiatrie, Neonatologie, Kinderchirurgie, Neuropädiatrie und Kinder- und Jugendpsychiatrie. Die Gesamtstundenzahl beläuft sich in diesem Ausbildungsabschnitt auf 2.500 Stunden.

Nur mit einer so differenzierten und anspruchsvollen Ausbildung sind die äußerst belastenden und hoch spezialisierten Arbeiten zu bewältigen, wie sie auf Intensivstationen besonders konzentriert anfallen.

Leben auf der Intensivstation

Warum Intensivstation?
Große, langwierige Operationen, die gelegentlich von mehreren Teams nacheinander über 24 Stunden oder mehr durchgeführt werden, sind heute keine Seltenheit mehr. Aber auch die Häufigkeit schwerer Verletzungen, etwa bei Verkehrsunfällen, bei denen Kopf und Gehirn, Brust- und Bauchorgane und Arme und Beine gleichzeitig betroffen sind, haben zur Entwicklung der so genannten Intensivmedizin geführt, die es ermöglicht hat, dass Patienten, die früher binnen kürzester Zeit gestorben wären, heute am Leben bleiben und nicht nur Pflegefälle werden, sondern ihren alltäglichen Beschäftigungen selbständig nachgehen können. Auch schwere Entzündungen des gesamten Körpers, häufig als Blutvergiftung bezeichnet (»Sepsis«), schwere Schockzustände, massive Atemnot mit Erstickungsgefahr und so genannte Multiorganversagen, wie sie als Komplikationen von Allergien, Herzinfarkten, Schlaganfällen oder Blutverlusten auftreten können, und schließlich die Endphase von Tumorerkrankungen, bei denen unerträgliche Schmerzzustände fast die Regel sind, bedingen ein Maximum an medizinischer Versorgung, wie sie nur auf Intensivstationen geleistet werden kann.

Mit ihrem großen Einsatz an Personal verschiedenster Fachrichtungen, an sehr teuren und hochkomplizierten Apparaten und einer ergonomisch ausgefeilten, aufwändigen Infrastruktur mit Intensivbetten, Versorgungs- und Überwachungseinheiten, zentraler Datenerfassung und kostenintensiver Diagnostik und Therapie stellt die Intensivmedizin als Hochleistungsmedizin einen besonderen Kostenfaktor in einem jeden Krankenhaus dar.

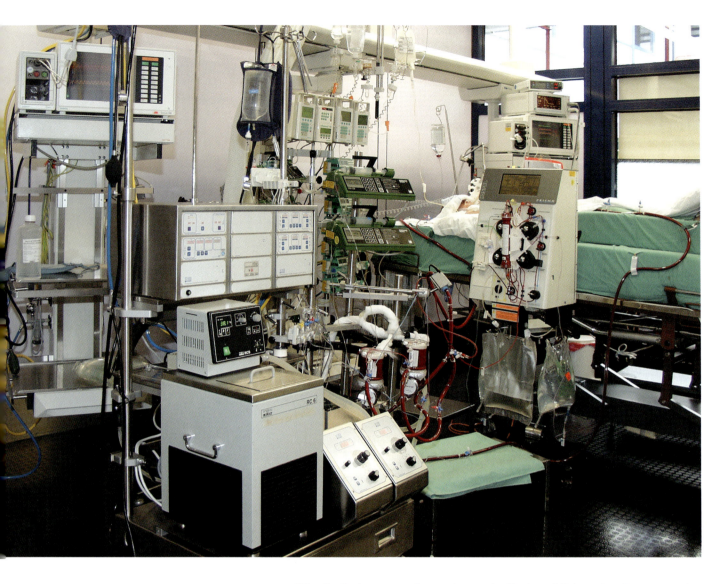

Abb. 5: Die für die Aufrechterhaltung der Vitalfunktionen notwendigen Apparate umgeben einen Patienten auf der Intensivstation.

Für die Patienten und zumeist auch die Angehörigen ist der apparative Aufwand, weil unverständlich, oft furchteinflößend oder abschreckend und hat mit zum Schreckensbild der »seelenlosen Apparatemedizin« beigetragen.

Durch Initiativen der Pflegenden, Ärztinnen und Ärzte, Sozialarbeiter(innen) und Psycholog(inn)en vieler Intensivstationen sind neue Entwicklungen der Pflege angestoßen worden, wie zum Beispiel die Orientierung an Konzepten wie der Salutogenese. Darunter versteht man die von dem israelisch-amerikanischen Stressforscher Aaron Antonovsky entwickelte Einstellungsänderung, die nicht mehr die Krankheit zum Zentrum der Pflege hat, sondern die Aktivierung gesundheitsfördernder Kräfte, die als »sense of coherence«, eine Art Gefühl innerer Stärke, bezeichnet werden. Ein wesentlicher Punkt ist dabei das Vertrauen auf die Tatsache, dass 1. die Ereignisse des eigenen Lebens sich aus Bedingungen der inneren und äußeren Umgebung ergeben, strukturiert, vorhersehbar und erklärbar sind (eng. ›comprehensibility‹), 2. einem selbst Kräfte zur Verfügung stehen, um diesen Anforderungen gewachsen zu sein (engl. ›manageability‹), und 3. sich die Bewältigung dieser Herausforderungen lohnt (engl. ›meaningfulness‹).

Die folgende Darstellung orientiert sich an der Arbeit des Teams der Intensivstation 3 (»I3«) der Klinik für Anästhesie und Intensivmedizin im Universitätsklinikum Marburg, die hier Maßstäbe gesetzt hat.

Was geschieht auf einer Intensivstation?
In vielen Fällen bleiben Patienten nach größeren Operationen nur etwa ein oder zwei Tage auf der Intensivstation und in vergleichsweise wenigen Fällen etwa 10 Tage und mehr; das bedeutet, dass auf der Intensivstation zunächst einmal die so genannten Vitalfunktionen überwacht und notfalls unterstützt oder gar maschinell ersetzt werden. Zu diesen Vitalfunktionen gehören das Funktionieren des Herz-Kreislauf-Systems, der Atmung und der Sauerstoffversorgung der Organe, die Ausscheidung von Schadstoffen durch die Nieren und im weiteren Sinne dann erst die Tätigkeit der übrigen Organe, etwa des Verdauungsapparats, des Zentralnervensystems (Gehirn und Rückenmark), des Immun- und Abwehrsystems und anderer Funktions- und Regulationssysteme des Körpers.

Um die Vitalfunktionen zu überwachen, wird der Körper des Patienten mit Mess-Stationen verbunden, die zum Beispiel den Herzschlag (EKG) und den Blutdruck überprüfen, die Atmung und Sauerstoffsättigung und eine drohende Über- oder Untersäuerung des Blutes (Azidose, Alkalose) feststellen, die Nierenfunktion durch Messung der in einer gegebenen Zeit produzierten Harnmenge kontrollieren und bei Abweichungen über beziehungsweise unter einen bestimmten Schwellenwert Warnsignale erzeugen. Meist werden die entsprechenden Werte aller auf einer Station liegenden Patienten bei einer zentralen Überwachungsstelle zusammengeführt, die bei drohenden Beeinträchtigungen der Vitalfunktionen eines Patienten eingreifen und die richtigen Maßnahmen durchführen kann.

Dazu erhält der Patient über Zuleitungssysteme (zum Beispiel Dauervenenkatheter oder zentraler Venenkatheter, Intubationstubus oder Sauerstoffsonde, Magensonde, gegebenenfalls sogenannte PEG = perkutane endoskopische Gastrostomie: Verbindungsschlauch durch die Bauchhaut in den Magen) flüssige Nahrung, notwendige Mineralien und Flüssigkeit, Medikamente, Bluttransfusionen und so weiter, und es können Proben für die klinisch-chemische Untersuchung punktuell oder kontinuierlich entnommen werden.

Ein wichtiger Bereich ist die postoperative Schmerzbehandlung, häufig durch so genannte Periduralkatheter vorgenommen, bei denen die zum Rückenmark führenden Nerven mit einem Schmerzmittel (›Leitungsanästhetikum‹) umspült werden. Aber auch andere Vorkommnisse, wie sie nach Operationen häufig sind (Zittern, Kältegefühl, Hitzestau, Erbrechen, Hus-

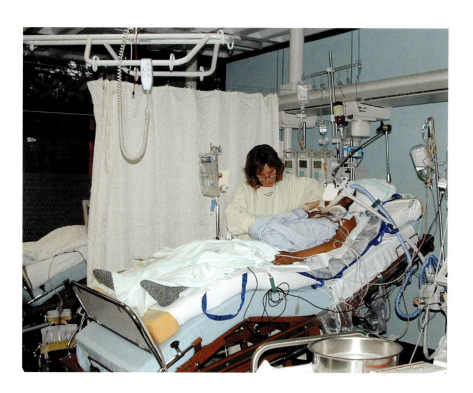

Abb. 6: Krankenpflege auf der Intensivstation

tenanfälle usw.), können rechtzeitig behandelt werden. Dies geschieht freilich um den Preis, dass der Patient durch die vielen Schläuche und Kabel in seiner Bewegungsfreiheit beeinträchtigt ist und in einem Spezialbett liegen muss, in dem die erforderliche Stellung oder Lage gezielt durch Abheben und Senken einzelner Abschnitte herbeigeführt werden kann.

Neben der Erhaltung der Vitalfunktionen und der Schmerz- und Allgemeinbehandlung gibt es auf den Intensivstationen natürlich weitere Behandlungsziele, die letztlich auf eine Wiederherstellung der normalen Lebensaktivitäten gerichtet sind.

Zu diesen Behandlungszielen gehört:
- Für eine sichere Umgebung sorgen, das heißt Verhinderung von Infektionen oder sonstigen Gesundheitsbeeinträchtigungen,
- Kommunizieren, also nicht nur ansprechen und Fragen beantworten, sondern bei Patienten mit behinderter Kommunikation, etwa durch Bewusstlosigkeit, durch sogenannte basale Stimulation, Aktivierung verschiedener Sinneseindrücke, damit die zwischenmenschliche Verbindung und die Wahrnehmung und Verarbeitung durch das Gehirn aufrecht erhalten bleiben kann,
- Unterstützung beziehungsweise Aufrechterhaltung der Organfunktionen durch Organersatzverfahren,
- Versorgung mit Nahrung und Flüssigkeit, Hilfe beim Essen und Trinken, Entsorgung und Kontrolle der Ausscheidungen, Waschen und Körperpflege,

- Unterstützung beim Wechsel von Schlaf-, Ruhe- und Aktivitätsphasen,
- Stärkung und Aktivierung des Bewegungsapparats durch Krankengymnastik und andere Maßnahmen,
- Psychologische und psychosoziale Betreuung der Patienten und ihrer Angehörigen.

Wer arbeitet auf einer Intensivstation?

Es ist verständlich, dass diese Fülle von Aufgaben nicht nur vom ärztlichen und Pflegepersonal geleistet werden kann, denen zunächst die Behandlung des Patienten, die Beseitigung lebensbedrohlicher Organ- und Funktionsausfälle, die Stabilisierung der Vital- und Organfunktionen, die Schmerzbehandlung und Symptomenkontrolle zukommt, sondern dass weitere Fachkräfte beteiligt sind, die ein gemeinsames Team bilden. Dazu gehören Psychologen, Physiotherapeuten, Diätassistenten, Seelsorger, Sozialarbeiter, Techniker, Krankenhaushygieniker, medizinisch-technische Assistenten und andere mehr, die je nach Situation erforderlich sind. Dieser hohe Personalbedarf mit dem notwendigen sehr teuren Gerätepark technischer Hochleistungsgeräte, die ergonomisch normiert sein und den Hygieneerfordernissen entsprechen müssen, macht die Intensivmedizin zu einer sehr teuren Fachdisziplin. Dabei kann durch sehr aufwändige Behandlungsverfahren und sehr teure Medikamente der Kostenfaktor unter Umständen noch einmal steigen.

In der Intensivstation 3 des Marburger Universitätsklinikums, die unser Modell darstellt, besteht das ärztliche und pflegerische Team aus 22 Planstellen für den Pflegedienst, die im 3-Schichtbetrieb arbeiten. Die Hälfte von ihnen verfügt über die Fachweiterbildung für Anästhesie und Intensivmedizin. Die Arbeitsabläufe sind nach ökonomischen und ergonomischen Gesichtspunkten strukturiert und orientieren sich an Leitlinien auf der Basis des Salutogenese-Konzepts und der so genannte Evidenz-basierten Medizin. Das bedeutet, dass die Arbeitsabläufe nach einem reproduzierbaren wissenschaftlichen Konzept oder Standard ablaufen, die eine optimale Heilungsförderung gestatten.

Es ist klar, dass eine solch anspruchvolle Tätigkeit vielerlei Absprachen, reibungsloser Übergänge an Schnittstellen von Arbeitsabläufen und genauer Instruktion und Dokumentation bedarf. Deshalb sind regelmäßige Teamschulungen und Weiterbildungen, aber auch Betreuung für die Verarbeitung sehr belastender Situationen erforderlich.

Zudem kommt es auch bei den Intensivstationen zu Spezialisierungen. Dies hängt nicht nur davon ab, welche Patienten versorgt werden, also Früh- und Neugeborene, Kinder, operierte ältere Menschen, Unfallopfer oder Patienten mit schwerem Organversagen, sondern auch davon, ob bestimmte medizinische Probleme durch die Bereitstellung von Fachkräften mit spezialisiertem Wissen und eine ganz besondere apparative Ausstattung behandelt werden sollen, also etwa Brandverletzte, Patienten mit Multiorganversagen, hochinfektiöse Erkrankungen und anderes mehr.

So ist eine Sonderaufgabe der hier beschriebenen Intensivstation die Behandlung von Patienten mit schwerster Atemnot (»ARDS = acute respiratory distress syndrome«), die mit Erstickungsängsten einhergeht und durch ganz verschiedene Ursachen hervorgerufen wird, vor allem in der Folge einer schweren Lungenschädigung durch Reizgase, Wasser (beim Ertrinken) oder Infektionen. In solchen Fällen, aber auch bei Komplikationen der so genannten COPD (chronic obstructive pulmonary disease mit einer Verschleimung und Überblähung der Lunge), ist eine Langzeitbeatmung notwendig, häufig auch die so genannte extrakorporale Membranoxygenierung, ähnlich wie die Hämodialyse ein Organersatzverfahren zur Aufrechterhaltung der Sauerstoffversorgung des Blutes.

Trotz des enormen apparativen und personalen Aufwandes kommt es dennoch immer wieder vor, dass ein Patient verstirbt. Hier zeigt sich dann, dass die viel gescholtene Apparatemedizin durch den persönlichen Einsatz der verschiedenen Teammitglieder auch im Krankenhaus einen Tod in Würde und ohne Angst und Schmerzen möglich machen kann.

Der Mensch im Mittelpunkt der Intensivpflege
Frisch Operierte oder Schwerkranke sind in der Regel hilflos, wenn nicht gar bewusstlos, das heißt, sie sind auf eine umfassende äußere Hilfe und Umsorgung angewiesen. Deshalb haben die Leitlinien des Pflegeteams der Intensivstation 3, die uns als Modell dient, festgelegt, dass der Kranke als Mensch im Mittelpunkt der täglichen Arbeit steht und im Sinne des Dienstleistungsgedankens auch als Kunde angesehen werden kann, der Anspruch auf eine professionelle Pflege hat, die seinen persönlichen Bedürfnissen und Gewohnheiten respektvoll gegenübersteht.

Dabei muss man sich immer wieder vergegenwärtigen, wie der Kranke seine Situation auf der Intensivstation erlebt beziehungsweise erfährt und dass sich dieses Erleben grundlegend von dem der Pflegenden, aber auch dem der besuchenden Angehörigen unterscheidet.

Aus diesem Grund wurde eine Erhebung durchgeführt, die eine Reihung der als besonders unangenehm empfundenen Erlebnisse oder Erfahrungen auf einer Intensivstation gegenüberstellt, wie sie vom Patienten beziehungsweise seinen Angehörigen und dem Pflegeteam wahrgenommen werden. Diese Tabelle sagt wohl sehr viel mehr aus, als viele Einzelberichte zusammenfassen können. Jeder, der bereits einmal als Patient auf einer Intensivstation gelegen hat, wird dies nachempfinden können; um einen kleinen Eindruck einer solchen Situation zu vermitteln, läuft in unserer Ausstellung ein Tonband in der aufgebauten hell erleuchteten Intensivstation, das allein die Höreindrücke aufgefangen hat, denen ein Patient auf einer Intensivstation ausgesetzt ist. Die übrigen belastenden Eindrücke kann die nachfolgende Tabelle nur andeuten.

Diese Empfindungen mögen bei einem nur kurzen Aufenthalt auf der Intensivstation erträglich sein, werden aber bei längerem Aufenthalt immer unerträglicher, ganz besonders bei Patienten, mit denen die Kommunikation

Wahrnehmungen	Patient	Familie	Pflegeteam
Schmerzen haben	01	01	01
Nicht schlafen können	02	04	04
Schläuche in Mund und Nase haben	03	02	02
Keine Kontrolle über sich selbst haben	04	06	19
Von Schläuchen »gefesselt« sein	05	03	03
Keine Erklärung der Behandlung bekommen	06	11	09
Bewegungseinschränkung	07	05	21
Nicht wissen, wann etwas geschieht	08	14	16
Mit Spritzennadeln gestochen werden	09	19	07
Durstig sein	10	12	18
Ständige Helligkeit	11	23	13
Angehörige nur kurz sehen können	12	09	14
Unbequemes Bett oder Kissen	13	18	24
Keine Privatsphäre haben	14	22	11
Zu laute Gespräche des Teams	15	15	12

Abb. 7: Zusammenstellung der belastenden Situationen in der Wahrnehmung durch den Patienten, seine Angehörigen oder das Pflegeteam

gestört oder nicht mehr möglich ist. Sie erfordern vom Pflegeteam ein besonders hohes Maß an Einfühlungsvermögen und Rücksichtnahme, was umso schwieriger ist, je höher die Belegungsdichte und der Arbeitsanfall werden.

Eine noch stärkere Herausforderung stellt dann der Umgang mit Patienten dar, bei denen eine Besserung nicht mehr möglich und der nahende Tod erkennbar ist. Hier werden dann in gut geführten Intensivstationen auch die Hilfen und Maßnahmen angeboten, wie sie unten für die Hospize dargestellt werden, in denen sie ursprünglich entwickelt wurden. Die zahlreichen ethischen Probleme, die sich hier stellen, etwa die Wahrheitsverpflichtung in der Kommunikation mit den Sterbenden und ihren Angehörigen, die Verteilungsgerechtigkeit der Zuwendung und Behandlung, die Problematik der Sterbehilfe und so weiter können hier nicht weiter behandelt, sondern nur betont werden.

Qualitätssicherung und Qualitätsmanagement
In einer Zeit, in der die Presse immer häufiger von »ärztlichen Kunstfehlern« berichtet mit zum Teil schlimmen Folgen für die Patienten, ist die Überwachung der Sicherheit des Patienten und die Überprüfung des Nutzens von ärztlichen Maßnahmen mindestens genauso wichtig wie die Erfassung und Berechnung der entstehenden Kosten. Diese für den Patienten und den Heilungsvorgang so wesentlichen Punkte werden durch die verschiedenen Verfahren der Qualitätssicherung überprüft. Diese Verfahren entstammen

zumeist der Betriebswirtschaftslehre und zerlegen und bewerten die verschiedenen Arbeitsabläufe in einzelne Schritte (›benchmarking‹). So hat man festgestellt, dass von der Einweisung eines Patienten in ein Krankenhaus bis zu den ersten Behandlungsmaßnahmen nicht weniger als 60 Einzelschritte ablaufen, die aufeinander abgestimmt sein müssen, damit der gewünschte Erfolg eintritt.

Ein einfaches Beispiel für die dabei wesentlichen Probleme und ihre Bewältigung mag dies erklären: Hände waschen – eine alltägliche Maßnahme, die wir schon als kleine Kinder lernen und die uns »in Fleisch und Blut« übergegangen sind, denkt man. Denkt man vor allem natürlich auch beim Umgang von medizinischem Personal mit Patienten. Fachleute in den USA haben indes herausgefunden, dass Angehörige von Heilberufen weniger als 50 % der erforderlichen Zeit für das Händewaschen aufbringen – und das hat schlimme Folgen. Fast 2 Millionen Patienten in US-amerikanischen Krankenhäusern werden jedes Jahr nach einem Bericht des »Institute for Healthcare Improvement« (www.ihi.org / IHI/Topics / CriticalCare) angesteckt. Dabei sind die häufigsten Überträger die mit Krankheitskeimen besiedelten Hände des ärztlichen und Pflegepersonals! Und nicht weniger als achtzigtausend Patienten sterben jedes Jahr an solchen so genannten ›nosokomialen‹ Infektionen in Amerika.

Die einfachste und wirksamste Methode zur Bekämpfung der Übertragung solcher Krankenhauskeime ist eine angemessene und wirksame Händehygiene. Dem stehen aber einige Hindernisse im Weg. So sind in einigen Kliniken einfach die nötigen Voraussetzungen nicht gegeben, das heißt, es findet sich in der Nähe des Krankenbetts keine Waschgelegenheit; in anderen Fällen ist durch Überbelegung die Zeit zu knapp, um jedes Mal vor und nach dem Patientenkontakt die Hände zu waschen. Es entwickeln sich Überempfindlichkeiten der Haut gegen die verwendeten Seifen oder sie wird durch das viele Waschen geschädigt. Manchmal ist es auch schlicht Unwissenheit, Gedankenlosigkeit oder Nachlässigkeit und fehlende Aufsicht, die unzureichende Handhygiene bedingen beziehungsweise zulassen. Oft sind die Vorschriften für das richtige Händewaschen wiederum so umfangreich und kompliziert, dass sie nicht gelesen werden. Es wird umständlich ausgeführt, in welchen Fällen Einmal-Gummihandschuhe zu tragen sind (zum Beispiel beim Katheterisieren), ob und wie die Hände vorher und nachher zu waschen und/oder zu desinfizieren sind, wie der Umgang mit Keimeintrittspforten. Manchmal sind sich auch die Pflegekräfte nicht bewusst, dass alle Gegenstände im Bereich eines Patienten als potentielle Übertragungsquellen für Infektionen in Frage kommen. Die Beispiele lassen sich beliebig verlängern.

Professionelles Qualitätsmanagement hat nun auf der Basis weitergehender Untersuchungen folgende kritische Punkte für die Durchführung einer korrekten Handhygiene im Umgang mit Patienten und zur Vermeidung nosokomialer Infektionen ausgearbeitet: 1. die Teammitglieder müssen die Grundelemente des richtigen Umgangs verstehen; 2. sie müssen bereit sein, die richtige Durchführung auch anzuwenden; 3. im Pflegebereich, das heißt in Reichweite zum Patienten, müssen ein funktionierender, intakter Spender für ein Handreinigungsgel auf Alkoholbasis und Einmal-Gummihandschuhe bereit stehen und 4. müssen die Durchführung und die Verlässlichkeit in der Durchführung der Handhygiene immer wieder kontrolliert und eventuell verbessert werden. Dabei ist bei Nichtdurchführung auch die Anwendung von Sanktionen bis hin zur Abmahnung zulässig. Die Kontrolle kann und braucht sich nicht auf alle Einzelschritte bei der Handhygiene sämtlicher beteiligter Personen erstrecken, sondern es reicht aus, wenn nach dem Zufallsprinzip bei verschiedenen Personen einzelne Schritte überprüft und gegebenenfalls korrigiert werden.

Auf diese Weise ist es in vielen Kliniken gelungen, die gefürchteten Krankenhausinfektionen auf ein Minimum zu reduzieren.

Dieses Beispiel für Qualitätskontrolle und Qualitätsmanagement ist nur eines von unendlich vielen: Die Probleme reichen von der Qualitätskontrolle der Behandlung über die technische Kontrolle der Geräte bis hin zum Umgang des Teams mit den Patienten und ökonomischen Aspekten wie der Kosten-Nutzen-Beziehung und dem Verhältnis von Liegedauer und Ausnutzung der Bettenkapazität.

Das Gesundheitssystem steht dabei neuen Herausforderungen gegenüber. So wurden im Gesundheitsreformgesetz 2000 weitreichende Änderungen im Krankenhausbereich eingeleitet. Demnach soll ab 2003 ein pauschalierendes Entgeltsystem, das sich an den so genannten »diagnosis related groups« (DRG's) orientiert, zum Einsatz kommen. Damit sind Fallpauschalen gemeint, die durch eine bestimmte Berechnungsgrundlage für jede diagnostizierte Krankheit einen Normwert ausgerechnet haben, der für die Behandlung des Falles üblicherweise ausreicht. Das kann zu einer Unterfinanzierung führen, die im schlimmsten Fall eine ärztliche Unterversorgung bedingen würde. Die Profitorientierung der Krankenhausträger und der Kostenanstieg durch immer neuere und teurere diagnostische Verfahren und Behandlungsformen tun ein Übriges, um ethische Fragen der Verteilungsgerechtigkeit und der Finanzierbarkeit des Gesundheitswesens überhaupt aufkommen zu lassen.

Dies führt dann zu weitergehenden Fragen nach den Grenzen der Intensivmedizin und den damit verbundenen ethischen Problemen, aber auch institutionellen Fragen, welchem medizinischen Fach die Intensivmedizin zuzuordnen oder ob sie als fachübergreifende Disziplin anzusehen ist. Das hat dann natürlich auch Einfluss auf die Strukturierung der Arbeitsteilung und die Ausbildung der einzelnen Teammitglieder. So sollen sich gut ausgebildete, teilweise hoch spezialisierte Pflegekräfte nicht mehr in pflegefernen Tätigkeiten verschleißen, sondern ihre Kernkompetenz sach- und zielgerecht einsetzen können. Dabei schließt sich der Kreis mit den neuen differenzierten und mehrstufigen Ausbildungswegen, die verschiedene Qualifikationsstufen des Pflegepersonals ermöglichen und differenzierte Einsatzmöglichkeiten erlauben. Die modernen Pflegestudiengänge sollen deshalb auch mehr auf eine Annäherung an ärztliche Tätigkeit abzielen als etwa die stark verwaltungslastige Ausrichtung vieler Pflegemanagement-Studiengänge. Dabei ergibt sich in vielen Fällen eine konvergente Entwicklung mit der Palliativmedizin, wie sie zum Beispiel im modernen ambulanten und/oder (teil)stationären Hospizwesen angewendet wird.

Hospize gestern und heute

Das Wort »Hospiz« ruft unterschiedliche Erinnerungen hervor: Mancher denkt an die Novelle vom »Hospiz am St. Bernhard« und an die Aufnahme von Pilgern und Fremden, die sich durch Kälte und Schnee kämpfen; andere verbinden damit Namen, wie in Marburg zum Beispiel das Hospiz St. Jacob oder in anderen Städten das Hospiz zum Heiligen Geist. Der hinter solchen Erinnerungen liegende Gedanke der Versorgung Gefährdeter, der gastfreundlichen Aufnahme Fremder geht auf eine tatsächliche Wurzel dieses Wortes zurück: Das lateinische Wort ›hospes‹ bedeutet eigentlich ›Fremder‹ und wurde erst später mit der Bedeutung ›Gast‹ belegt, wie sie sich in Bezeichnungen wie ›Hostel‹ (Youth Hostel = Jugendherberge) und Hotel widerspiegelt, aber auch im Wort Hospital, verkürzt oft auch ›Spital‹, ›Spittel‹ usw., das auf gastfreundliche Aufnahme Fremder oder Kranker deutet. Ebenfalls davon abgeleitet ist ›hospitium‹, das ursprünglich die freundliche Beziehung zwischen Wirt und Gast bezeichnet, später dann den Ort, an dem diese Beziehung sich entwickeln konnte.

Solche Stätten der Begegnung und der gastlichen Aufnahme gab es in vielen Kulturen und schon in frühen Zeiten. Dazu gehörten bereits im griechischen Altertum Herbergen, die als »Xenodochien« bezeichnet wurden, ein Name der sich über das byzantinische Kaiserreich fortgesetzt hat und sich dort in Nosokomien oder Krankenhäuser weiterentwickelt hat, in Westeuropa in die Hospitäler, Infirmarien und Hospize. Orte, an denen die Armen, Kranken, Elenden, Verlassenen Zuflucht, ein Bett, Essen, Trinken und Kleidung finden konnten. Der Geist der christlichen Nächstenliebe sorgte für die Ausbildung eines ganzen Netzes solcher Hospize und Hospitäler, häufig entlang der Pilgerwege, aber auch in den großen Zentren der geistlichen und weltlichen Mächte, des Handels und des Verkehrs.

Diese historische Verbindung der Hospize mit der Versorgung und Pflege, der Begleitung in Krankheit und beim Sterben ist heutzutage in moderner Form in der Hospizbewegung zu finden, wie sie ab den 60er Jahren von England aus sich entwickelt hat und über die weiter unten ausführlicher berichtet werden soll.

Siechenhöfe, St. Jost-Friedhof und Hospiz St. Jakob in Marburg

Zunächst sollen jedoch als ein Beispiel der frühen karitativen Einrichtungen hier kurz das Marburger Hospital St. Jakob, die benachbarten Siechenhäuser und der Pilgerfriedhof St. Jost im Stadtteil Weidenhausen dargestellt werden (S. Wege, 2006). Sie sind in engem Zusammenhang mit dem mittelalterlichen Pilgerwesen zum Grab des Apostels Jacobus des Älteren zu sehen, das in Spanien in Santiago de Compostela verehrt wurde. Jacobus war eine Symbolfigur für die Abwehr des Islams durch das Christentum: Seine Gebeine sollen ursprünglich von Kaiser Justinian von Byzanz († 565 n. Chr.) dem Kloster Raithu am Sinai geschenkt worden sein. Von dort wurden sie vor islamischen Kriegern nach Spanien in Sicherheit gebracht, später dann, als der Islam sich

Abb. 8: Die »Untere Sieche« in Marburg, abgebrochen 1969 (Foto Marburg)

auch in Süd- und Zentralspanien auszubreiten begann, wurden sie auf abenteuerlichen Wegen nach Santiago im Nordwesten der iberischen Halbinsel verbracht. Sehr rasch begann sich die Wallfahrt dorthin über ganz Europa auszubreiten. Ein Arm des Pilgerstroms aus Ost- und Mitteldeutschland führte wohl schon vor den Zeiten der heiligen Elisabeth auch durch Marburg; ehe sie die Lahnfurt an der Weidenhäuser Brücke überquerten, kehrten sie, wie F. Dickmann herausgestellt hat, in einer Herberge ein, die bald den Namen des Reiseziels erhielt, das ›Gottshaus‹ St. Jakob in der Weidenhäuser Straße, noch heute Sitz einer der größten wohltätigen Stiftungen der Stadt.

Abb. 9: Das Hospital St. Jakob in Weidenhausen (Marburg) Historische Aufnahme (Foto Marburg)

Ein weiteres Ziel auf der Pilgerfahrt war das Grab des Hl. Jodokus, der der Legende nach im 7. Jahrhundert als Keltenherzog in Nordfrankreich lebte und Mönch wurde. 669 soll er während einer Messfeier in der von ihm begründeten Einsiedelei St. Josse-sur-Mer in der Bretagne verstorben sein. Wunderheilungen von Kranken an seinem Grab machten St. Jost, wie er auf Deutsch genannt wurde, bald zum Schutzpatron der Siechen und Kranken.

Nach ihm haben heimkehrende Pilger im 14. Jahrhundert einem Pesthof vor dem Weidenhäuser Tor in Marburg den Namen St. Jost gegeben, in dem vornehmlich kranke Frauen gepflegt wurden. In unmittelbarer Nachbarschaft der St. Jost-Kapelle stand bis zum Abriss 1969 im Zuge der Einrichtung der Stadtautobahn diese sogenannte »Untere Sieche«, ein 1607 errichteter zweistöckiger Fachwerkbau, in dem vor allem Kranke mit ansteckenden Krankheiten untergebracht wurden, die sie sich auf ihrer Pilgerreise zugezogen haben mögen und von denen sie durch einen Besuch am Grab der heiligen Elisabeth Linderung oder Heilung erhofften.

Weiter oberhalb am Alten Kirchhainer Weg lag die »Obere Sieche«, erbaut 1580, die den alten und kranken Männern diente. Sie war deutlich größer als die »Untere Sieche«, besaß ebenfalls eine (dem heiligen Laurentius geweihte) Kapelle und wurde 1962 abgerissen, um dem Altenheim Alter Kirchhainer Weg Platz zu geben.

Im Mittelalter hatte der Deutsche Orden das Patronat über die beiden Siechenhöfe, die Trägerschaft lag jedoch in Händen der St. Jost-Bruderschaft, einer geistlichen Gemeinschaft Marburger Bürger, ähnlich den Kaland-Gesellschaften anderer Städte, die für die Unterbringung, Pflege und Verköstigung alter, gebrechlicher und kranker Menschen sorgte und von denen es allein in Marburg acht verschiedene gab. Ihre kirchliche Heimat hatte die St. Jost-Bruderschaft im Barfüßerkloster Am Plan (heute Institut für Leibesübungen).

Vorsteher war der so genannte Brudermeister, der das Vermögen verwaltete, das aus steuerfreien Geschenken, Spenden und Stiftungen zusammenkam. Das Kapital der Marburger Bruderschaften wurde nach der Einführung der Reformation und der Hessischen Kastenordnung in den »gemeinen Gotteskasten« eingebracht, der als eine Art Stadt-Armenkasse eingerichtet worden war. Die beiden Siechenhöfe wurden Stadtarmenhäuser; später übernahm sie die Stiftung St. Jakob, die durch die Stiftung eines Marburger Bürgers, Heinrich Sinning, ihre finanzielle Basis erhielt. Auch die Landgräfin Hedwig, Gattin des Landgrafen Ludwig IV., eine geborene Herzogin von Württemberg, unterstützte die beiden Siechen finanziell. Zu Ostern und Pfingsten wurde in den Marburger Pfarrkirchen zudem eine besondere Kollekte zu Gunsten der beiden Siechen erhoben. Strafgelder, die die Stadtdiener von Bürgern als Strafe bei Beleidigungen, lautem Fluchen in der Öffentlichkeit, wegen des Übertretens der Schankstunde nach Läuten der Weinglocke oder unentschuldigtem Fehlen beim Gottesdienst einzogen, kamen den beiden Siechen zugute.

Zu den Aufgaben der Bewohner der »Unteren Sieche« gehörte unter anderem auch die Betreuung der St.-Jost-Kapelle und die Pflege des Friedhofs. Außerdem mussten sie das regelmäßige Läuten zu den Andachten und bei Beerdigungen auf dem St.-Jost-Friedhof übernehmen.

Auch nach der Reformation wurde auf den Siechenhöfen jeden Morgen um 8.00 Uhr und jeden Mittag um 3.00 Uhr Andacht gehalten. Der »Schlüsselmann« las dabei ein Kapitel aus der Bibel vor, es wurde ein Gebet gesprochen und ein Choral gesungen. Alle 14 Tage war der Oberpfarrer der Pfarrkirche St. Marien gehalten, morgens in St. Jost eine Predigt für die Bewohner der beiden Siechenhöfe zu halten, und vier Mal jährlich wurde Abendmahl gehalten, wobei ein Pfarrer der Elisabethkirche oder der Pfarrkirche Assistenz zu leisten hatte. Ein strenges Reglement galt dem Verhalten der Pfründner: Unentschuldigtes Fehlen bei der Andacht, Schlafen während der Predigt, lautes Fluchen oder Zanken im Hause wurde in den Siechenhöfen im Sommer mit Bierentzug, im Winter mit zeitweiligem Ausschluss des Betreffenden aus der geheizten Pfründnerstube bestraft.

Der St. Jost-Friedhof wurde bis 1952 belegt. Er diente bis dahin außer den Bewohnern der Siechenhäuser auch den Mitgliedern der St. Jost-Bruderschaft als letzte Ruhestätte, und auch die am Rabenstein, der oberhalb gelegenen Richtstätte, Hingerichteten wurden auf dem St.-Jost-Friedhof beigesetzt, vorausgesetzt, sie hatten zuvor Buße getan.

Abb. 10: Holzskulptur des St. Jakob aus dem St. Jakob-Hospital in Marburg-Weidenhausen (Foto Marburg)

Eng verbunden mit den beiden Siechen war das Hospiz St. Jakob, das noch heute besteht und die Kontinuität des Hospizgedankens vom Mittelalter bis in die Jetztzeit eindrucksvoll unterstreicht.

Träger ist die St.-Jakob-Stiftung, sie geht im Wesentlichen zurück auf eine Dotation des bereits genannten Marburger Bürgers Heinrich Sinning, der das Hospital St. Jakob neu begründete. Das Gebäude des St. Jakobs-Hospitals wurde 1570 durch den landgräflichen Baumeister Eberhard Baldewein errichtet. Über die Entwicklung des Hospitals St. Jakob und seiner Stiftung berichtet ausführlich S. Wege (2006). Aus dieser Darstellung, auf die hier verwiesen wird, können nur einige wenige Punkte angesprochen werden.

1888 beschloss der Vorstand des Hospitals St. Jakob, die Pflege den Diakonissen mit dem Mutterhaus in Kassel anzuvertrauen; sie sollten sich der Insassen des Hospitals und der Siechen annehmen, die christliche Hausordnung aufrecht erhalten, die häuslichen Andachten halten und zusätzlich in der Stadt Aufgaben der Gemeinde- und Armenpflege übernehmen. Mit den Bismarckschen Sozialreformen ab 1881 wurde auch eine Neustrukturierung der Verfassung der Armenfürsorge durch das Hospital St. Jakob erforderlich; mit den Statuten von 1904 wurde die Umwandlung in eine rechtsfähige Stiftung festgeschrieben und Einzelheiten der Zugangsberechtigung und der Versorgung sowie der Verwaltung des Vermögens, vor allem des Grundbesitzes, festgelegt. In der Folgezeit wurde nahezu der gesamte Grundbesitz der Stiftung veräußert und das gewonnene Kapital zu Errichtung neuer Bausubstanz, vor allem des Altenpflegeheims »Alter Kirchhainer Weg«, verwendet. Damit ist der Weg vom Altenheim in ein modernes Altenhilfezentrum vorgezeichnet, das auch Elemente der Hospizbewegung aufgenommen hat und nach modernen Management-Prinzipien, wie sie auch für Sozialeinrichtungen gelten, geführt wird (Wege, 2006).

St. Christopher's Hospice in London und der Beginn der Hospiz-Bewegung
Die Hospizbewegung ist in England entstanden; wesentlich war dabei die Initiative und Durchsetzungskraft der Krankenschwester und späteren Ärztin Dame Cicely Saunders. Sie hat 1967 in Sydenham (bei London) das St. Christopher's Hospice begründet und sich dabei bewusst von der Zielsetzung eines modernen Krankenhauses abgesetzt, die ja im Wesentlichen in der Heilung des Patienten besteht.

Gelingt diese Heilung jedoch nicht und muss ein Mensch trotz aller medizinischen Bemühungen und ärztlichen Kunst sterben, so bietet das Hospiz seine Begleitung auf dem Weg zum Sterben an. Schwerstkranke und Sterbende erfahren eine ganzheitliche Betreuung, bei der die Linderung der Schmerzen, der seelischen und sozialen Nöte und, sofern der Wunsch besteht, die Auseinandersetzung mit dem nahenden Tod im Mittelpunkt stehen. Angehörige und Freunde sind in diese Betreuung mit einbezogen und erhalten ebenfalls Hilfe und Begleitung.

Abb. 11: Holzskulptur der heiligen Elisabeth aus dem St. Jakob-Hospital in Marburg-Weidenhausen (Foto Marburg)

Aktive Sterbehilfe, wie immer wieder behauptet wird, lehnt die Hospizbewegung in jeder Form strikt ab; grundsätzlich wird das Leben bejaht und der individuelle Sterbeweg als Teil des Lebens angesehen.

Im Hospiz arbeiten Menschen unterschiedlicher Herkunft, Ausbildung und sozialer Stellung in einem Team zusammen, dessen Arbeitsteilung und Funktion fallbezogen und nicht starr hierarchisch gegliedert ist. »[Dessen] Mitglieder sind erfahren in gemeinsamen Arbeiten und Lernen, sie sind darin geübt, ihre Arbeit zu reflektieren. Sie wählten diese Themen [das heißt im vorliegenden Handbuch], um ihrem fachlichen Wissen und Können in einer anspruchsvollen Art und Weise auf den Grund zu gehen. Jeder Mitarbeiter hat die Verpflichtung übernommen, sein Kapitel mit Leuten aus anderen Berufen zu diskutieren, Leuten, mit denen er normalerweise arbeitet und seine Probleme teilt. Jeder der Verfasser spricht also nicht nur für seine eigene Disziplin, sondern auch als Teammitglied. ... Alle würden zustimmen, dass die Leute, denen wir zu helfen versuchen, in einem gewissen Sinne Teil des Teams sind, zu Hause, indem sie die Hauptlasten der Pflege tragen, aber auch überall dort, wo immer der Patient sein mag. Dies trifft natürlich besonders in der Sorge um die Kinder eines sterbenden Eltern- oder Großelternteiles zu. Hier sind die Kinder die wichtigsten Betreuer und Vermittler«, schreibt Cicley Saunders in der Vorrede zu den verschiedenen Kapiteln in dem von ihr herausgegebenen Buch »Hospiz und Begleitung im Schmerz. Wie wir sinnlose Apparatemedizin und einsames Sterben vermeiden können.« (C. Saunders, Hrsg., Freiburg 1993).

Sie spricht dabei neben der Teamfähigkeit und -arbeit ein weiteres Merkmal der Hospizbewegung an, die Symptomenkontrolle, insbesondere die Schmerzbehandlung. Dabei hat sich eine eigene Disziplin, die so genannte »Palliativmedizin«, herausgebildet, die ein multiprofessionelles Angehen der existenziellen Erfahrung des Schmerzes mit allen emotionalen, sozialen und spirituellen Dimensionen umfasst. Über sie soll am Beispiel örtlicher Einrichtungen in Marburg näher berichtet werden.

Der ambulante Hospizdienst in Marburg
Der erste Hospizdienst in Deutschland wurde 1974 von Frau Irmgard Heß, der Ehefrau des damaligen Leiters der Klinik für Strahlentherapie, Prof. Dr. Friedhelm Heß, in Marburg eingerichtet. In dieser Klinik, in der zahlreiche Tumorpatienten behandelt wurden, nahm man den in England schon weiter entwickelten Gedanken auf, ein hilfreiches Angebot für sterbende Menschen und ihre Familien zu entwickeln und sie gemeinsam in dieser besonders schwierigen und schmerzlichen Lebenslage zu begleiten.

Man ging dabei von den Grundgedanken der Hospizbewegung aus, den Bedürfnissen, Erwartungen und Hoffnungen der Sterbenden und der Trauernden gerecht zu werden; das bedeutet:

Abb. 12: Das Team des ambulanten Hospiz- und Pflegedienstes der Malteser in Marburg (zwischen Fahrertür und Fahrersitz Frau Irmgard Heß, die Begründerin des ambulanten Hospizdienstes in Deutschland)

- Menschenwürdig sterben in vertrauter Umgebung und im Kreise von Angehörigen, Freunden, wenn möglich, zu Hause;
- Leben ohne Schmerzen oder andere belastende Krankheitssymptome;
- Zusammenwirken von Pflegepersonal, Ärzten, Sozialarbeitern und therapeutischen Diensten und Hospizen;
- Begleitung von Angehörigen und Hinterblieben;
- Ausschluss von lebensverlängernden oder -verkürzenden Maßnahmen.

Gemeinsam mit vier Mitarbeiterinnen baute Frau Heß ein System der psychosozialen Betreuung von ständig 8 bis 10 Patienten in deren häuslicher Umgebung aus. Bereits zuvor hatten Frau Heß und die Betreuerinnen Tumorpatienten der Klinik für Strahlentherapie 2 bis 3 Mal wöchentlich besucht mit dem Ziel, diese Menschen wieder in ihr soziales Umfeld einzugliedern. Das konnte durch Einkäufe, gemeinsame Ämter- und Arztbesuche, auch durch eine Begleitung in einen Gottesdienst, gemeinsame Spaziergänge oder auch nur einfach durch Vorlesen oder ein Gespräch geschehen.

Es wurden Wassergymnastik, Entspannungs- und Atemübungen angeboten, außerdem Gesprächsgruppen und andere Freizeitbeschäftigungen. Zudem gab es durch Prof. Heß, seine Frau und weitere Mitarbeiter Vorträge zu Themen wie Ernährung, Erkrankungen der Knochen und des übrigen Bewegungsapparats, der Schmerztherapie und vieles andere mehr.

Ein wichtiges Anliegen war von vornherein die Schulung und die gemeinsame Aussprache für die Mitarbeiter, die ja sämtlich ehrenamtlich tätig waren, die einmal pro Woche durchgeführt wurde. Für die Patienten wurde monatlich ein gemeinsames Treffen organisiert. Neben dieser Betreuung wurden zweimal pro Woche neue Patienten in der Klinik oder zu Hause besucht.

Die Frage einer Patientin, die bereits einige Zeit zu Hause betreut wurde: »Was wird aus mir, wenn ich mich einmal nicht mehr selbst versorgen kann?«, führte dann 1979 zur erstmalig in Deutschland eingerichteten Gründung des Ambulanten Hospizdienstes mit dem Grundgedanken, schwerstkranke Tumorpatienten und -patientinnen medizinisch, pflegerisch und psychosozial, also ganzheitlich, in ihrem gewohnten Zuhause zu versorgen. Seit dieser Zeit werden vom Ambulanten Hospizdienst, der seit November 2003 als eigenständiger Arm der Malteser eingerichtet wurde, etwa 18 bis 20 Kranke von 25 qualifizierten und geschulten Mitarbeitern und Mitarbeiterinnen versorgt.

Seit 2002 besteht ein Gesprächskreis für trauernde Angehörige, und seit 2003 bieten die drei Hospize einen Vorbereitungskurs für ehrenamtliche Mitarbeiter in der Hospizarbeit an.

Der von Frau Heß und ihrem Mann begründete Ambulante Hospizdienst trägt seit November 2003 den Namen »Förderverein des Ambulanten Hospiz- und Palliativpflegedienstes Marburg« (AHPP), der zur Sicherung der anfallenden Kosten ein Spendenkonto eingerichtet hat.

Neben der Zusammenarbeit mit den Maltesern bündelt und regelt (seit Mai 2006) ein Kooperationsvertrag mit dem stationären St.-Elisabeth-Hospiz und dem Ambulanten Hospizdienst der Johanniter die Aktivitäten der Hospizdienste in Marburg. So bieten die drei Hospize seit dem 1. 6. 2006 ein Beratungstelefon von 8 bis 18 Uhr an.

In den vergangenen 30 Jahren wurden gemeinsam mit den Hausärzten über 4000 Patienten bis zu ihrem Lebensende zu Hause betreut. Die umfassende pflegerische, psychosoziale und intensiv-medizinische Pflege ermöglicht die Umsetzung des Hospizgedankens einer »Lebensbegleitung« im letzten Abschnitt des Lebens. Diese Art der Lebensbegleitung erlaubt den Menschen, in Würde und Geborgenheit ihren eigenen Tod zu sterben.

Die Übersicht des ambulanten Hospiz- und Palliativ-Pflegedienstes Marburg der Malteser zeigt zusammenfassend die Maßnahmen, die unternommen werden, um dem Patienten Einsamkeit, Mutlosigkeit, Depression, Verzweiflung und Isolierung zu nehmen.

Die Maßnahmen der Palliativpflege beim Marburger ambulanten Hospiz- und Palliativ-Pflegedienst gehen in sehr unterschiedliche körperliche und seelische Zielrichtungen.

Der hier benannte Bereich der »basalen Stimulation« entstammt einem Konzept der Heilpädagogik und zielt auf die Aktivierung der Selbstwahrnehmung durch Sinnesreize, Bewegung, Kommunikation und Berührung ab bei Menschen, deren Eigenaktivität auf Grund ihrer mangelnden Bewegungsfähigkeit eingeschränkt ist und die in ihrer Wahrnehmung und Kommunikation behindert sind.

Abb. 13: Logo des ambulanten Marburger Hospiz- und Palliativ-Pflegedienstes

Abb. 14: Pflegeangebot der ambulanten Hospiz- und Palliativpflege Marburg der Malteser

Man versucht, durch einfache Kontaktmaßnahmen und die Aktivierung der wichtigsten Sinne den Kontakt mit diesen Menschen aufzunehmen, um ihnen den Zugang zu ihrer Umgebung und ihrem Umfeld zu ermöglichen und Lebensqualität zu erfahren.

Man will demnach durch basale Stimulation:

- Leben erhalten und Entwicklung erfahren,
- Sicherheit geben und Vertrauen aufbauen,
- Das eigene Leben spüren,
- Eigenen Rhythmus entwickeln,
- Die Außenwelt erfahren,
- Beziehung aufnehmen und Begegnung gestalten,
- Sinn und Bedeutung geben,
- Sein Leben gestalten,
- Autonomie und Verantwortung leben.

Die entscheidende Bewährungsprobe für alle Hospizdienste ist sicher der Umgang mit den Sterbenden und ihren Familien. Dort hat sich durch die internationalen Vorarbeiten ein Handlungsrahmen herausgebildet, der auch in Marburg erfolgreich angewendet wird, der aber an persönlichem Einsatz ein Maximum von den ehrenamtlich tätigen Mitarbeitern verlangt.

Die folgende Übersicht gibt die wesentlichen Elemente bei der Betreuung von Sterbenden an:

Abb. 15: Betreuung und Pflege von Sterbenden durch den ambulanten Hospiz- und Palliativpflegedienst Marburg der Malteser

Stationärer Hospizdienst und weitere Einrichtungen

In Ergänzung zum ambulanten Hospizdienst besteht in Marburg auch das stationäre St. Elisabeth-Hospiz, das zusammen mit weiteren Einrichtungen in Marburg einem überregionalen Verbund, der Bundesarbeitsgemeinschaft Hospiz (www.hospiz.net), angehört. Es sieht seine Aufgaben in den folgenden Bereichen (Auszug aus der Satzung des Fördervereins St. Elisabeth-Hospiz, gegründet 1995):

- Eine umfassende pflegerische, ärztliche, psychosoziale und seelsorgerische Betreuung.
- Ein enges Zusammenwirken aller Hospizbetreuer und Betreuerinnen, das heißt, der angestellten und ehrenamtlichen Mitarbeiter und Mitarbeiterinnen, mit dem Ziel, die Kranken zu pflegen und Sterbenden zu begleiten.
- Eine häusliche Atmosphäre zu schaffen.
- Das Einbeziehen der Angehörigen und Freunde, unter anderem die Möglichkeit zeitlichen Mitwohnens.
- Trauernde Familien und Nahestehende über den Tod des »Gastes« hinaus in der Trauerarbeit zu unterstützen.
- Unverzichtbare Mitarbeit ehrenamtlicher Hospizbetreuer und -betreuerinnen und deren spezifische Vorbereitung, Weiterbildung und ehrenamtliche Begleitung.

- Enge Vernetzung mit bestehenden ambulanten Hospizdiensten, ambulanten Krankenpflegediensten und Sozialstationen.
- Eine zeitlich befristete Aufnahme von Schwerstkranken und Sterbenden in das Hospiz, damit sich die bisher betreuenden Angehörigen erholen können.
- Die Möglichkeit einer vorübergehenden Aufnahme für Schwerstkranke und Sterbende, wenn sie aus Krankenhäusern entlassen werden, bis eine mögliche Weiterversorgung zu Hause erreicht worden ist.

Erwünscht ist auch im Hospiz eine Fortführung der Behandlung im Sinne der Hospizbewegung durch den Hausarzt. Steht der Hausarzt nicht zur Verfügung, so stehen andere Ärzte bereit, die in der ärztlichen Versorgung und Betreuung von Schwerstkranken und Sterbenden (Palliativmedizin) besonders ausgebildet sind. Sie können mit ihren besonderen Kenntnissen und aus der breiten Erfahrung fast immer eine gute Linderung der Schmerzen sowie anderer belastender Symptome erreichen. Dabei werden auch Verfahren der Naturheilkunde, der traditionellen chinesischen Medizin oder der Akupunktur angewendet, wenn der Kranke dies wünscht. Die Vielzahl ehrenamtlicher Mitarbeiter und Helfer aus den verschiedensten Berufsgruppen erfordert Teamarbeit und Teambetreuung, wie sie bereits von Cicely Saunders ganz frühzeitig herausgearbeitet wurden.

Ausblick

Die moderne Hochleistungsmedizin hat in Industrienationen wie Deutschland zu einer Verschiebung der Alterspyramide mit einer immer längeren Lebenserwartung und einer Verlangsamung des Sterbeprozesses geführt. Dadurch und durch eine Reihe weiterer Faktoren sind gleichzeitig die Kosten für die Behandlung und Pflege von Schwerstkranken und Sterbenden so gestiegen, dass das Gesundheitssystem an den Rand der Finanzierbarkeit geraten ist. Die Situation unterscheidet sich damit grundlegend von den in Entwicklungsländern herrschenden Verhältnissen, wo Armut, Hunger und unzureichende medizinische Versorgung bei steigenden Zahlen etwa AIDS-Kranker oder Hungernder ein bisher ungelöstes Problem der globalen Verteilungsgerechtigkeit von Gesundheitsressourcen darstellen. Anliegen unserer Ausstellung ist es, auf diesen Missstand hinzuweisen und jeden Einzelnen aufzufordern, über Maßnahmen für eine angemessene Pflege Kranker und ein würdiges Sterben nicht nur der eigenen Person, sondern aller Menschen nachzudenken.

Dabei ist zu bedenken, dass durch die Beschränkung von Gesundheitleistungen, wie sie nach der Einführung der Diagnose-bezogenen Fallpauschalen zu erwarten sind, die ethischen Probleme der Verteilungsgerechtigkeit von Gesundheitsleistungen noch verschärft werden und sich in Richtung einer Verzichtsethik zu entwickeln drohen. Dass auch die Existenz von Krankenhäusern auf dem Spiel steht und damit die Chancen der Berufsausübung im Gesundheitsbereich sich verringern, liegt auf der Hand. Dennoch soll wegen des sich abzeichnenden Mangels an gut ausgebildeten Pflegekräften bei jüngeren Besuchern das Interesse am Beruf in der Gesundheits- und Krankenpflege geweckt werden, weil hier ein zukunftssicheres Arbeitsfeld offen liegt, das zwar anspruchsvoll, aber in jeder Hinsicht interessant und lohnend ist.

Danksagung

Frau Prof. Dr. S. Bartholomeyczik, Univ. Witten-Herdecke, Frau Prof. Dr. D. Schaeffer, Univ. Bielefeld, Frau Dipl.-Päd. M. Benz, Schulleiterin der Elisabeth von Thüringen-Akademie Marburg und Herrn Dr. H. Kolling, Bad Staffelstein, danken wir für Literaturhinweise und zahlreiche weitere Informationen. Herrn Prof. Dr. M. Max, Leiter der Intensivstation 3, danken wir für seine Hilfe bei der Darstellung der Intensivmedizin, und Frau und Herrn Dr. Oehler, Sterzhausen, sowie Frau Hess, Frau Beil und Frau Scharf für ihre freundliche und intensive Unterstützung bei der Beschaffung von Informationsmaterial zum Hospizdienst in Marburg.

Literatur

Bartholomeyczik, Sabine: Pflegerische Versorgung. In: K. Hurrelmann, U. Laaser, O. Razum (Hrsg.): Handbuch Gesundheitswissenschaften. 4. vollständig überarbeitete Auflage. Weinheim 2006.

Dickmann, Friedrich: Von der Weintrautseiche zum »Alten Ritter«. Stadtgeschichtliche Wahrzeichen in Marburg-Mitte. Marburg 2005.

Dielmann, Gerd: Krankenpflegegesetz und Ausbildungs- und Prüfungsverordnung für die Berufe in der Krankenpflege. Kommentar für die Praxis. Frankfurt ²2006.

Dolan, Josephine A.: Goodnow's History of Nursing. Philadelphia, London, 1964.

Doyle, D., Hanks, G., Cherny, N., and Calman, K.: Oxford Textbook of Palliative Medicine. 3rd ed. Oxford 2005.

Ewers, Michael; Schaeffer, Doris (Hrsg.): Am Ende des Lebens. Versorgung und Pflege von Menschen in der letzten Lebensphase. Bern, Göttingen, Toronto, Seattle 2005.

Harmer, Bertha, Henderson, Virginia: Textbook of the Principles and Practice of Nursing. New York 1939.

Kruse, A. P.: Berufskunde II: Die Krankenpflegeausbildung seit der Mitte des 19. Jahrhunderts. Stuttgart, Berlin, Köln, Mainz 1987.

Saunders, Cicely (Hrsg.): Hospiz und Begleitung im Schmerz. Wie wir sinnlose Apparatemedizin und einsames Sterben vermeiden können. Freiburg, Basel, Wien 1993.

Wege, Susanne: Armenfürsorge und Altenhilfe in Marburg. Die Heilige Elisabeth, eine Pilgerherberge und die Stiftung St. Jakob. Marburg 2006.

Seelsorgerliche Begleitung von kranken und sterbenden Menschen in der Universitätsklinik

Marion Kohl-Eckardt

Die Rosen in den Glasfenstern der Kapelle im Klinikum erinnern viele Besucherinnen und Besucher an die Heilige Elisabeth und die Legende vom Rosenwunder. Sie sind somit für viele gleichzeitig auch ein Bindeglied zur Elisabethkirche und der ehemaligen Elisabethklinik. Dies sei nun ganz und gar zufällig gewesen, so der Künstler Oswald Krause-Rischard, bei der Einweihung der Klinikkapelle im Frühjahr 2006. Und doch, ein erfreulicher und schöner Zufall, der eine solche Nähe und Verbindung herstellt.

In der Kapelle, die auf der Nahtstelle des alten und neuen Klinikbaues errichtet ist, und dementsprechend zentral und gut erreichbar liegt, öffnet sich die Türe viele Male tagsüber, aber auch in der Nacht. Hier kommen Menschen hin, die einen Augenblick Ruhe und Andacht suchen, beten wollen, auf der Suche sind oder etwas auf dem Herzen haben. Manches davon ist in dem dort ausliegenden Fürbittenbuch zu lesen.

Gott nahe sein wollen, sich wieder auf den Weg machen und sich von ihm finden lassen wollen, aber auch alle Klage und Verzweiflung einmal aussprechen zu dürfen, oder von der Angst zu sagen, die das eigene Leben plötzlich ganz fest im Griff hat, das können wir dort lesen, und dann auch immer wieder Dankgebete, dass Gott durch all das Dunkel geführt hat, manchmal ja auch ganz anders, als erbeten und viele andere bewegende Gedanken mehr.

Und immer wieder stecken Menschen hier auch eine Kerzen an für ihre Mitmenschen oder gegen die Angst, die Dunkelheit, die Ohnmacht und die Traurigkeit, ein kleines Licht der Hoffnung, dass Gott da ist, gerade den Kranken und Hilfsbedürftigen, den Sterbenden nahe sein will.

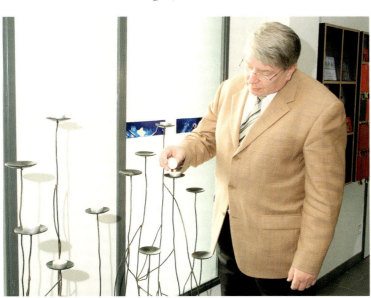

Hier an diesem Ort der Andacht, begegnen auch wir, die Pfarrerinnen und Pfarrer, den Menschen, im Gottesdienst, wie auch zu anderen Zeiten. Wir hören ihren Lebensgeschichten zu und nehmen uns Zeit, bleiben da.

Bei unseren Besuchen auf den Stationen lassen uns Patientinnen und Patienten, wie auch oft deren Angehörige Anteil haben in seelsorgerlichen Gesprächen an dem, was sie in der Klinik erlebt haben und erfahren mussten.

Die Begegnung mit den Menschen ist die Basis für den Dienst in der Klinikseelsorge und ebenso die Achtung des Anderen, wie die Bereitschaft, ihn so anzunehmen, wie er ist, und die Wertschätzung seiner Person, eine liebevolle Zuwendung, Liebe zu den Menschen und natürlich auch der persönliche Glaube.

Sehr unterschiedlich sind die Menschen, denen wir hier oft in kürzester Zeit begegnen. Vielfach befinden sie sich in einer Lebenskrise, hat die Krankheit das bisherige Leben, wie das persönliche Wertesystem auf den Kopf gestellt, und man sieht sich plötzlich mit schweren Lebensthemen konfrontiert, wie etwa

Abschied nehmen müssen, zum Beispiel von eigenen Lebensmöglichkeiten, Sterben und Tod. Und es brechen existentielle, spirituelle und religiöse Fragen auf:

»Was hält mich jetzt?« »Wo kann ich hin mit all meinen Zweifeln?«

»Ich möchte schreien, aber ich brauche jetzt jemanden an meiner Seite!« »Wo ist Gott, ich habe doch alles getan, ich bin doch kein schlechter Mensch, wie kann er das jetzt zulassen?« »Ich kann nicht mehr, weiß nicht mehr weiter.« »Wenn ich sterbe, was kommt dann, wie mag das sein?« »Wo ist der Sinn?« »Ich verliere den Boden unter meinen Füßen.« »Wie halte ich die Angst aus…vor dem (eigenen) Sterben, dem Tod, vor Einsamkeit oder Verlassenheit, davor, dass ich immer weniger kann und anderen plötzlich zu Last fallen könnte?«

»Was ist, wenn die Operation, die Chemotherapie, die Bestrahlung nun doch nicht mehr hilft?« Aber auch: »Wie rede ich mit meinen Angehörigen, wie nehme ich Abschied, wie lerne ich loslassen und gibt es eine Hoffnung für mich, über den Tod hinaus?«

Begleitung von Menschen in der Klinik ist so unterschiedlich, wie die Menschen es selbst sind, die uns begegnen. Und dabei ist es auch ihre Entscheidung, ob sie ein Gespräch oder eine Begleitung wünschen. Mit ihrem Einverständnis aber ist es dann ein von ihnen »mit auf den Weg genommen werden«.

Und es sind die Menschen selbst, die wissen oder dann auch entdecken, was für sie jetzt gut und wichtig ist, was sie brauchen und was sie nun nicht (mehr) wollen. Manchmal ist es ein auf die Suche gehen, ein Entdecken, was trägt, was hält, wo neue Kraft – »Quellen« zu finden sind. Aber auch immer wieder ist es wichtig, einfach da zu sein, auch die Ohnmacht auszuhalten, die Klagen, die Zweifel und Verzweiflung zuzulassen oder Gefühle, wie Wut, Neid, Schuld, zur Sprache zu bringen, diese nicht zudecken, totschweigen oder gar tabuisieren, etwa, weil es »bequemer« wäre, sondern gerade dann dabei nahe sein und da bleiben, beistehen.

Immer wieder ist dabei auf die Bedürfnisse zu achten. Manchmal sind diese vorsichtig zu erspüren, etwa auf den Intensivstationen und dann behutsam anzusprechen und ein anderes Mal sind sie auch einfach zu erfragen: »Was wünschen Sie sich jetzt? Was brauchen Sie? Was wollen Sie jetzt nicht?«.

Es kann eine behutsame Berührung sein, ein dastehen und beistehen, freundliche Worte, ein Gebet, mitunter auch ein Lied, ein Besuch und das seelsorgerliche Gespräch, ja auch die Beichte, das Abendmahl oder die Krankensalbung, ein Segenswort, und dann auch die Aussegnungsfeier, wenn der Mensch verstorben ist. In den vergangenen Jahren hat sich die Betreuung gerade auch in Abschieds-und Sterbesituationen erheblich verbessert. In den Stationsbereichen, auch den Intensiveinheiten, wird alles Erdenkliche möglich gemacht, dass Menschen voneinander Abschied nehmen können. Der schwerstkranke oder sterbende Mensch steht im Mittelpunkt, eine möglichst ruhige Atmosphäre wird hergestellt, die Familie wird mit betreut und begleitet. Dabei orientieren sich alle möglichst an den Interessen und Bedürfnissen der zu begleitenden Menschen.

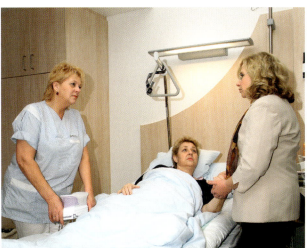

Wie Begleitung geschieht und aussehen kann, möchte ich nun an anonymisierten Beispielen kurz veranschaulichen.

Es ist Freitagnachmittag. Das Wochenende steht vor der Tür. Im Foyer des Klinikums herrscht rege Betriebsamkeit. Bei meinen Besuchen auf den Stationen muss ich immer wieder den Weg durch die Eingangshalle nehmen, und es fällt mir eine Frau auf. Sie sitzt schon länger da und weint. Ich gehe zu ihr und stelle mich vor, frage sie, ob ich mich einen Augenblick zu ihr setzen darf. Die Frau lädt mich dazu ein und erzählt, dass ihr Mann auf der Intensivstation eben gestorben ist und sie zu spät gekommen ist. Sie erzählt, dass sie aus Süddeutschland kommt und nun gar nicht weiß, was sie tun soll, wie es weiter geht. Ich bitte sie, mit in unser Büro zu kommen. Dort telefoniert sie mit ihren Angehörigen und wir verabreden einen Termin zur Aussegnungsfeier auf der Intensivstation. Stunden später versammelt sich die ganze Familie um Abschied zu nehmen.

Oder, es klopft an der Bürotüre. Eine junge Frau steht in der Tür, unsicher und völlig aufgelöst. Ihre Mutter liegt im Sterben und sie weiß gar nicht, was sie jetzt machen kann. Ich frage sie, was ich für sie tun kann und sie bittet mich, einfach mit zu kommen, weil sie so große Angst hat. Auf dem Weg zur Intensivstation erzählt sie weinend, dass ihr Verhältnis zur Mutter sehr schwierig sei und sie sich nun viele Vorwürfe macht. Trotz allem liebe sie doch ihre Mutter und möchte auf keinen Fall, dass ihre Mutter nun mit dem Gefühl sterben muss, nicht geliebt zu sein. So gerne würde sie ihr noch etwas Gutes sagen und eben auch, dass sie sie liebt. Im Gespräch entschließt sich die junge Frau, nun die noch bleibende Zeit zu nutzen, um ihrer Mutter das zu sagen, was jetzt wirklich wichtig ist. Wenig später verstirbt die Mutter. Die Tochter bittet um ein Gebet und den Segen.

Oder eine junge Frau, die spürt, dass sie nicht mehr lange leben wird, will mit mir überlegen, wie sie sich nun von ihrem neunjährigen Kind verabschieden kann. Sie erarbeitet ein Abschiedskästlein mit vielen Erinnerungstücken und Briefen, einem kleinen Kliniktagebuch mit Gedanken und Erlebnissen. Oder ein älterer Herr auf einer Intensivstation spürt, dass er die Operation wohl nicht überleben wird und will in der Rückschau sein Leben noch einmal betrachten und die Dinge für seine Beerdigung besprechen. Oder auch ein junger Patient überlegt, ob er noch weitere Therapien über sich ergehen lassen will, oder nicht einfach Schluss macht. Er möchte einfach mal jemanden, der zuhört, ohne zu bedrängen und Druck zu machen. Er sucht eine tragbare Entscheidung und braucht ein Gegenüber.

Oder ein Einsatz im Notfallbereich, mehrere Tote nach einem Autounfall und mehrere Schwerverletzte. Die Angehörigen sind völlig aufgelöst, zutiefst erschreckt und fassungslos, verzweifelt und voller Angst. Da bleiben, beistehen, zu Wort kommen lassen, kleine Hilfen anbieten und bleiben, auch in der eigenen Sprachlosigkeit und Ohnmacht, bis zum Abend und darüber hinaus, bei Bedarf, auch in den kommenden Wochen weitere Gespräche anbieten.

In der seelsorgerlichen Begleitung wird dem Menschen Raum und Zeit angeboten, im Gespräch und der Begegnung das auszudrücken, was ihm auf der Seele liegt. Sie ist stets personale Zuwendung.

Seelsorgerliche Begleitung »geschieht im Horizont« der » umfassenden Zuwendung Gottes und im Vertrauen auf die Nähe Gottes auch über den Tod hinaus«.
Und geschieht im Auftrag der Kirche:
»Ich bin krank gewesen und ihr habt mich besucht«(Matth. 25,36).

Herzlichen Dank den Patientinnen und dem Patienten, sowie den Mitarbeitenden der Universitätsklinik für ihr Einverständnis, die Fotos veröffentlichen zu lassen. Besonderen Dank auch an den Fotografen der Universitätskliniken Herrn Szameitat.

Autoren

Die heilige Elisabeth
Elisabethschrein in der Marburger
Elisabethkirche, um 1235/36 – 1249
Foto Marburg

Dr. phil. Rainer Atzbach M.A.
Geboren 24.2.1967 in Wetzlar, Lahn-Dill-Kreis. 1986-1994 Studium der Mittelalter- und Neuzeitarchäologie, mittelalterlichen Geschichte und Denkmalpflege als Stipendiat der Studienstiftung des Deutschen Volkes in Gießen, Bamberg und Basel. Abschluss Magister Artium, Examensarbeit: »Die mittelalterlichen Funde und Befunde der Grabung Hannover-Bohlendamm«. 1995 Wissenschaftler am Landesamt für Archäologische Denkmalpflege Sachsen-Anhalt, 1995-97 Wissenschaftlicher Mitarbeiter und Dozent am Lehrstuhl für Archäologie des Mittelalters und der Neuzeit Universität Bamberg. 1997-1998 Freier Mitarbeiter der Kantonsarchäologie Basel-Stadt, 1998-2003 Vorbereitung und Durchführung des DFG-Projektes »Mühlberg-Ensemble« am Institut für Archäologie, Bauforschung und Denkmalpflege Universität Bamberg, in dessen Rahmen Promotion über »Leder und Pelz am Ende des Mittelalters und zu Beginn der Neuzeit«. 2003-2005 Wissenschaftler im Sachgebiet Mittelalter- und Neuzeitarchäologie, Landesamt für Denkmalpflege Hessen, seit 2005 Dozent am Vorgeschichtlichen Seminar der Philipps-Universität Marburg und Wissenschaftlicher Mitarbeiter der Ausstellung des Landes Hessen »Elisabeth in Marburg. Der Dienst am Kranken«.
Publikationen in Auswahl: »Die St. Laurentius-Kapelle in Seligenstadt. Ergebnisse der Ausgrabung von 1997 zur Bau- und Stadtgeschichte«. Herausgegeben vom Förderkreis Historisches Seligenstadt e.V. (Münsterschwarzach Abtei 1998); (Herausgeberschaft mit Ingolf Ericsson), »Depotfunde aus Gebäuden in Zentraleuropa. Medieval Concealed Finds from Buildings in Central Europe«, Bamberger Kolloquien zur Archäologie des Mittelalters und der Neuzeit 1 (Berlin 2005); »Leder und Pelz am Ende des Mittelalters und zu Beginn der Neuzeit«, Bamberger Schriften zur Archäologie des Mittelalters und der Neuzeit 2 (Bonn 2005); (mit Thorsten Albrecht) »Elisabeth von Thüringen. Leben und Wirkung in Kunst und Kulturgeschichte« (Petersberg 2006 und 2. Aufl. 2007).

Prof. Dr. med. Gerhard Aumüller
Geboren 1942, Studium der Medizin und Anthropologie in Mainz, Marburg und Würzburg. 1974 Habilitation für das Fach Anatomie und Zellbiologie in Heidelberg. 1977 Ruf einer C3-Professur für Anatomie an die Universität Marburg; 1981 nach Ablehnung eines Rufs an die Universität Münster Berufung zum Professor (C4) für Anatomie und Zellbiologie in Marburg, seither alternierend Institutsdirektor. 2000-2006 Beauftragter für die Emil von Behring-Bibliothek für Geschichte und Ethik der Medizin am Fachbereich Medizin der Universität Marburg. Vorstandsmitglied der Historischen Kommission für Hessen und im Verein für Hessische Landesgeschichte (Zweigverein Marburg). Außer Fachpublikationen zahlreiche Veröffentlichungen zur hessischen Musik- und Medizingeschichte.

Marion Kohl-Eckardt
Klinikpfarrerin in den Universitätsklinken Gießen und Marburg, Standort Marburg, Mediatorin und Bibliodramaleiterin. Nach dem Abitur Studium der Evangelischen Theologie in Marburg, Vikariat im Kirchspiel Viermünden. Nach dem 2. theologischen Examen Einführung in die 1. Klinikpfarrstelle in Marburg. Zusatzausbildungen: Klinische-Seelsorge-Ausbildung, Bibliodramaleiterin, Mediatorin/Konfliktberatung. Lehrauftrag für Medizinstudierende, Vorträge, Unterricht und Fortbildungsveranstaltungen für (Ausbildungs-) Gruppen zu Themen wie: Begleitung von Sterbenden und Schwerkranken; Trauerbegleitung, Diagnosemitteilungen, Kinder und der Tod, und anderes mehr. Verschiedene Veröffentlichungen zu Themen wie Beerdigung von fehlgeborenen Kindern, Psycho-Bibliodrama bei Essgestörten, Gottesdienste mit Kranken. Pfarrerin Kohl-Eckardt ist verheiratet und hat einen 15-jährigen Sohn.

Dr. Christa Meiborg M.A.
Geboren am 20.7.1960 in Mainz, Studium der Vor- und Frühgeschichte in Münster und Marburg. Seit 1992 als Bezirksarchäologin tätig am Landesamt für Denkmalpflege in Marburg, Abteilung Archäologie. Seit 2002 Leiterin der Archäologischen Denkmalpflege Marburg und des neu gegründeten Sachgebietes für Mittelalter- und Neuzeitarchäologie am Landesamt für Denkmalpflege Hessen. Wichtigste Ausgrabungen: Marburger Schloss (Unterer Westsaal), Burg Weißenstein in Marburg-Wehrda, Elisabethkirche Marburg (Inneres und Deutschordensbezirk). Aktuelle Publikation: »Das Kanonissenstift in Wetter, Kreis Marburg-Biedenkopf«. Fundberichte aus Hessen 39/40, 1999/2000, S. 71-248.

Dipl. Pflegewirt (FH) Matthias Mengel, cand. eMBA
Geboren 1966 in Marburg, verheiratet, zwei Kinder, begann 1983 seine pflegerische Laufbahn als Praktikant der Altenpflege in Orendelsall. 1984 Ausbildung als Krankenpfleger im Diakoniekrankenhaus Wehrda. 1987 Funktionsdienst im Operationsbereich/Ambulanz im KKH Forbach. 1991 Anästhesiepflegekraft und Fachweiterbildung in der Intensiv-Anästhesiepflege im Städt. Klinikum Darmstadt. 1992 Beschäftigung im Klinikum Marburg. Dort erfolgte die Weiterbildung als Stationsleiter und Praxisanleiter für Pflegeberufe. Seit 1995 als stellvertretender Stationsleiter und Praxisanleiter auf der Intensivstation III beschäftigt. 2005 Studium Pflegemanagement an der University of applied sciences Hamburg. 2007 postgradualer Abschluss »executive Master of Business Administration (MBA)« in Health Care Management (HCM) an der Universität Trier. Dozent der Weiterbildungsstätte für Intensiv- und Anästhesiepflege, zahlreiche Präsentationen und Referate zu aktuellen pflegewissenschaftlichen Themen.

Publikationen u.a.: »Die Gestaltung einer lernenden Organisationskultur unter Berücksichtigung des Gesundheitskonzeptes von A: Antonovsky«, Leadership beim strategischen Change Management. Vereinsvorsitzender der Vereinigung zur Förderung der Intensivpflege Marburg e.V.

Natascha Noll M.A.
Geboren 1978 in Büdingen/Hessen. Studium der Mittleren und Neueren Geschichte, Religionswissenschaft und Europäischen Ethnologie in Marburg und Alicante/Spanien. 2004 Abschluss des Studiums mit einer Magisterarbeit zum Thema »Die Generalkapitalsbeschlüsse der Zisterzienser als Quellen für die Haltung des Ordens zu Frauen«. Seit April 2005 wissenschaftliche Mitarbeiterin im DFG-Projekt »Die Hessischen Hohen Hospitäler. Patienten- und Leitungsstruktur einer frühneuzeitlichen Fürsorgeeinrichtung«. Veröffentlichung zusammen mit Aumüller und Sahmland: »Trotz der geringen medicinalischen Pflege geschicht es doch, dass einige genesen« » Eine Reise in die Lebenswelt von Wahnsinnigen während der Spätaufklärung. In: Pott, Sandra (Hg.): Medizinische Schreibweisen [im Druck].

Prof. Dr. phil. Irmtraut Sahmland
Geboren 1955 in Detmold/Lippe. Studium der Geschichtswissenschaften und der Germanistik an der Justus-Liebig-Universität in Gießen 1974–1980. Promotion 1986 mit dem Thema: »Christoph Martin Wieland und die deutsche Nation. Zwischen Patriotismus, Kosmopolitismus und Griechentum« (Tübingen 1990). Am Institut für Geschichte der Medizin in Gießen tätig als wissenschaftliche Mitarbeiterin (1984–1989), als wissenschaftliche Assistentin (1989–1997), als Hochschuldozentin (1999–2005). Freie Mitarbeiterin an der Soemmerring-Edition der Akademie der Wissenschaften und der Literatur Mainz (1987–1999). Habilitation für das Fach Geschichte der Medizin 1998 mit der Studie »Alternativen zum Kaiserschnitt. Medizinhistorische Untersuchung zur Sectio caesarea, Embryotomie, Symphyseotomie und künstlichen Frühgeburt im 18. und 19. Jahrhundert«. Lehrbeauftragte für Geschichte der Medizin an der Philipps-Universität in Marburg (1999–2003). Außerplanmäßige Professorin an der Philipps-Universität in Marburg seit 2006; zur Zeit Wissenschaftliche Mitarbeiterin im DFG-Projekt »Die Hessischen Hohen Hospitäler – die Patienten- und Leitungsstruktur einer frühneuzeitlichen Versorgungseinrichtung« der Universitäten Kassel und Marburg.
Arbeitsschwerpunkte: Medizingeschichte der Frühen Neuzeit (bevorzugt des 18. Jahrhunderts), und des 19. Jahrhunderts; Geschichte der medizinischen Aufklärung, Geschichte der Geburtshilfe, der Arbeitsmedizin; Hospital- und PatientInnengeschichte; Medizin und Religion, Medizin und Literatur.

Friedhelm Schubert

Geboren 1959, Ausbildung zum Krankenpflegehelfer 1979 im Hessischen Diakonie-Zentrum Hephata, Krankenpflegehelfer im Psychiatrischen Krankenhaus Ludwig Noll in Kassel, Ausbildung zum Krankenpfleger, 1982-85 in den Städtischen Kliniken in Kassel, Krankenpfleger in der Allgemeinchirurgie und Kardiologie der Städtischen Kliniken Kassel, viersemestrige Weiterbildung zum Lehrer für Pflegeberufe und Entbindungspflege an der Krankenpflege-Hochschule Marburg, seit 1991 als Lehrer an der Elisabeth von Thüringen Akademie für Gesundheitsberufe in Marburg.

PD Dr. phil. habil. Christina Vanja

Geboren 1952 in Winterthur/Schweiz. Studium der Geschichte, Politischen Wissenschaften und Germanistik in Marburg und Frankfurt am Main. Promotion über hessische Nonnenklöster im Spätmittelalter (Universität Kassel 1982). Von 1983 bis 1985 Ausbildung zur wissenschaftlichen Archivarin an der Archivschule Marburg. 1985/86 wissenschaftliche Mitarbeiterin im Deutschen Bergbauarchiv in Bochum. Seit 1986 Leiterin des Bereichs Archiv, Gedenkstätten, Historische Sammlungen beim Landeswohlfahrtsverband Hessen in Kassel. 2001 Habilitation für das Fach Neuere Geschichte an der Universität Kassel Veröffentlichungen zur Medizingeschichte, insbesondere zur Hospital- und Krankenhausgeschichte, unter anderem »Das Hospital am Beginn der Neuzeit. Soziale Reform in Hessen im Spiegel europäischer Kulturgeschichte«, Petersberg 2004 (Herausgeberin zusammen mit Arnd Friedrich und Fritz Heinrich); »Hadamar. Heilstätte » Tötungsanstalt – Therapiezentrum« (Historische Schriftenreihe des Landeswohlfahrtsverbandes Hessen, Quellen und Studien Band 12), Marburg 2006 (Mitherausgeber/in Uta George, Georg Lilienthal, Volker Roelcke und Peter Sandner); »Das Kasseler Accouchier- und Findelhaus 1763 bis 1787. Ziele und Grenzen »vernünftigen Mitleidens – mit Gebärenden und Kindern«, in: Jürgen Schlumbohm und Claudia Wiesemann (Hg.): »Die Entstehung der Geburtsklinik in Deutschland 1751-1850«. Göttingen 2004, S. 97-126.

Katja Wehry M.A.

Geboren 1974 in Visbek (Niedersachsen), Studium der Kunstgeschichte, Europäischen Ethnologie und Neueren Deutschen Literatur an der Philipps-Universität Marburg, Magister-Abschluss 2002, seitdem angestellt im Marburger Universitätsmuseum für Kunst und Kulturgeschichte, zuständig unter anderem für die Organisation von Sonderausstellungen, 2004 »Robert Budzinski (1874-1955) »Graphik und Malerei« , 2004 »Landgraf Philipp der Großmütige – Hessen im Zentrum der Reform«, Ausstellungskatalog »Robert Budzinski«, Ausstellungsdokumentation »Landgraf Philipp der Großmütige – Hessen im Zentrum der Reform«. Seit 2004 praxisorientierter Unterricht zur Museumskunde an der Archivschule Marburg.

Kuratorin

Elisabethschrein in der Marburger Elisabethkirche, um 1236/36 – 1249
Foto Marburg

Krone Brot und Rosen
800 Jahre Elisabeth von Thüringen

Die Evangelischen Kirchen und Diakonischen Werke in Hessen präsentieren in Kooperation mit dem Hessischen Staatsarchiv Marburg die Wanderausstellung »Krone, Brot und Rosen« zu Leben, Werk und Wirkung Elisabeths an rund 100 Standorten in Deutschland und in mehreren Ländern der EU. Nicht nur Geschichte wird darin in vielen Bildern und verständlichen Texten vorgestellt, sondern auch Kunst und Kultur finden ihren angemessenen Raum. Bis in unsere Gegenwart spannt sich der Bogen der modern und zeitgemäß gestalteten Ausstellung. So wird Elisabeth von Thüringen für uns als Mensch erkennbar, der für viele unserer Fragen erstaunliche Antworten parat hat. Lassen Sie sich anstecken vom Optimismus und der Stärke dieser jungen Frau: »Wir sollen die Menschen fröhlich machen!«

Informationen unter:
www.800.jahre-elisabeth.de
Email elisabethjahr@ekkw.de
Begleitband und CD-ROM im Buchhandel und in der Ausstellung

ELISABETH VON THÜRINGEN
1207-2007

Mit freundlicher Unterstützung der

Helaba
Landesbank
Hessen-Thüringen

3. THÜRINGER LANDESAUSSTELLUNG

WARTBURG – EISENACH

ELISABETH VON THÜRINGEN
EINE EUROPÄISCHE HEILIGE
07. 07. – 19. 11. 2007

   Sparkassen-Kulturstiftung Hessen-Thüringen

Informationen: Telefon 03691/25-00
www.elisabeth.wartburg.de